历史的烟火

两个人的战国秦汉

赵海峰 著

中国出版集团公司
华文出版社

图书在版编目（CIP）数据

历史的烟火 / 赵海峰著. —— 北京：华文出版社，2022.1（2022.2 重印）
  ISBN 978-7-5075-5509-7

  Ⅰ.①历… Ⅱ.①赵… Ⅲ.①中国历史-战国时代-秦汉时代-通俗读物 Ⅳ.①K230.9

中国版本图书馆CIP数据核字(2021)第235657号

历史的烟火

作　　者：	赵海峰
责任编辑：	胡慧华
出版发行：	华文出版社
地　　址：	北京市西城区广安门外大街305号8区2号楼
邮政编码：	100055
网　　址：	http://www.hwcbs.com.cn
电　　话：	总编室 010-58336239　发行部 010-58336212　58336238
	责任编辑 010-58336197
经　　销：	新华书店
印　　刷：	三河市龙大印装有限公司
开　　本：	880mm×1230mm　1/32
印　　张：	15
字　　数：	256千
版　　次：	2022年1月第1版
印　　次：	2022年2月第2次印刷
标准书号：	ISBN 978-7-5075-5509-7
定　　价：	68.00元

版权所有，侵权必究

◇目 录◇

◇◇害死人的仪式感——豫让和赵襄子　　　1

从专业角度讲，豫让准备得足够充分，又是更名改姓，又是漆身吞炭，过程整得很热闹，实际效果却为零。

为什么会这样呢？这位仁兄太讲究仪式感了。了解内幕的，清楚豫让是要行刺，不知道的，还以为他在拍戏。

◇◇要死大家一起死——楚悼王和吴起　　　17

看不上他的人，觉得吴起是为了实现目的不择手段的小人，母丧不归，杀妻求将，劣迹斑斑，结局是咎由自取，不值得同情。

欣赏他的人，觉得这家伙是个大牛人，读书厉害，打仗厉害，治国更厉害。集儒家、兵家、法家于一身，哪国得之哪国强大，哪国用之哪国无敌，即使是死，都考虑的那么完美。

◇◇出来混迟早要还的——孙膑和庞涓　　　31

庞涓的失败命中注定，有两个因子起了决定作用——嫉妒和傲慢。

嫉妒使他变得残忍，将同学整成了一个残疾人。傲慢使他变得愚蠢，居然两次掉进同一个坑。

只是，第一次勉强爬了出来，第二次便没有那样的好运了。

◇◇不作死就不会死——赵武灵王和公子章　　　47

始作俑者正是赵雍，本来心甘情愿让位，却又感觉大权旁落，借助大儿子起来夺权，想坐收渔翁之利，这无疑是一招险棋，更是一步臭棋。

如果您一直昏庸或残暴，有这样的结局，顺理成章，咎由自取。但如果英武半生，落得这样的下场，多少有些令人感到不是滋味。

◇◇忽悠，接着忽悠！——楚怀王和张仪　　　　　　63

大贪如楚怀王，想着商於六百里地，小贪更是数不胜数。

易中天先生说，人生有两大悲剧，一是踌躇满志，二是万念俱灰，这实际上就是被骗前后的心理反应，更为可怕的是，中间往往没有什么过渡。

◇◇老夫老妻的相爱相杀——芈八子和义渠王　　　　79

宣太后目光长远，意志坚定，为国家不惜杀掉情人。赵太后色令智昏，迷失自我，为情人不惜毁掉国家。

还是那句老话：有什么样的格局，就有什么样的人生。

◇◇本是同根生，相煎太着急——信陵君和魏安釐王　　93

本是同根生，相煎何太急，其实何必呢？安釐王也不想想，如果信陵君对权力有欲望，他那个王位怎么能保得住。

这种无欲无求的人才不好好使用，完全是作死的节奏。

◇◇请让我放下这口锅——白起和赵括　　　　　　　111

话说回来，输给白起并不丢人，拉出当时六国中任何一位名将，哪一个敢拍胸脯说，一定能够战胜白起！

赵括打成这样，应该可以交差，是时候让他把背了几千年的这口大锅放下了。

◇◇别闹了，什么叫睚眦？——范雎和魏齐　　　　　127

"三十年河东，三十年河西"，谁敢保证上帝永远站在自己一边，将别人送上绝路，往往也是自己通往绝路的开始。

老话说得好："做人留一线，日后好相见。"得饶人处还是要饶人一下，风水轮流转，谁知到哪家呢？

◇◇谁是谁爸爸——嬴政和吕不韦　　　　　　　　　143

这种事，只有当妈的赵姬最清楚，可是她敢讲清楚吗？"水清则无鱼"，历史的有趣有时正是在于"不清不楚"。

由此说来，谁是嬴政的老爸并不重要，重要的是这个话题可以一直消费下去。

◇◇过把瘾就死——太子丹和荆轲　　　　　　　　　159

不干这一票，荆轲只是一个围着"老婆孩子热炕头"的凡夫俗子，干了这一票,他便成了流芳千古的"英雄侠客"。只是,干与不干?您觉得荆轲有得选吗?

◇◇你是老鼠我是猫——李斯和赵高　　　　　　　　　175

　　李斯和儿子一同押赴刑场,他回头对儿子说:"我想和你再牵着黄犬,到上蔡东门追逐狡兔,还能这样吗?"

　　到头来,一直享受"仓中之鼠"待遇的李斯,又想着回去做"厕中之鼠",哪有这样的好事。

◇◇别拿霸王不当干部——项羽和范增　　　　　　　　193

　　生前功劳不高,死后待遇可不低,又是立祠,又是建庙,如果范增地下有知,该作何感想呢?

　　清朝学者顾嗣立的诗相当到位,算是对范增一生的盖棺定论——七十衰翁两鬓霜,西来一笑火咸阳。平生奇计无他事,只劝鸿门杀汉王。

◇◇老大很生气,后果很严重——刘邦和韩信　　　　　　211

　　有兵权时不敢谋反,无兵权时不愿当孙子,如此造次,除了"死",难道还有第二条路吗?说到底,韩信在军事上智商爆棚,政治上却相当低能。

◇◇女人的狠才叫狠——吕雉和戚夫人　　　　　　　　233

　　如此恶毒的吕后和当年那个贤惠的吕雉是一个人吗?没错,那个种过田、坐过牢的吕雉,如今完全活成了另一副样子。

　　她走到这一步,刘邦和戚夫人发挥的作用最大,每一次相遇,便积攒一份仇恨,终于等到了爆表的那一天。

◇◇有一种痛叫生不逢时——汉文帝和贾谊　　　　　　247

　　大丈夫能屈能伸,只要活着,总会有机会,况且贾谊提的都是真知灼见,只是时机不成熟,无法完全实施,假以时日,条件成就,必会大展宏图。

　　不得说,隐忍是一个人走向成功的必经关卡,贾谊就倒在了这两个字面前。

◇◇没有金刚钻,别揽瓷器活——汉景帝和晁错　　　　267

　　削藩这种事不是不能干,关键是"吾发之,吾能收之,然后有辞于天下",我挑起的事端,我能妥善处置,能给天下人一个有说服力的说辞。

　　晁错最大的问题,只能"发之",不能"收之",惨死东市,就不足为怪了。

3

◇◇站住，我要和你做朋友——窦婴和田蚡　　　　　293

遇到小人，最好绕道而行，否则，你光明正大怼他，他暗地里使坏，而且无所不用其极，到最后他毫发无损，你却遍体鳞伤。

有句话说得好——"余生很贵，别和小人纠缠"，你只有一动念，就已经输了。

◇◇牛掰舅甥两人组——卫青和霍去病　　　　　　323

尘埃散尽，无须再争论谁比谁强，如果非要追根溯源，还是要感谢卫子夫，没有她，卫青是个奴，霍去病照样也是个奴。正确的是，年轻时应学学霍去病，再不疯狂就老了。年龄大些，学学卫青，沉稳收敛没坏处。

◇◇来世不生帝王家——汉武帝和刘据　　　　　　337

如果让刘据复生，恐怕会感叹："愿来世不复生于帝王之家"，三十八年的太子又怎么样，到头来不过是黄粱一梦。

对于权力的无尽欲望有时就像黑洞一样，一旦陷进去，价值会扭曲，道德会崩塌，人伦会丧尽。

◇◇论管好配偶的重要性——汉宣帝和霍光　　　　363

"用好手中权，管好身边人"，还真不是一句空话。老话说得好，"修身齐家"才能"治国平天下"。家风不正，权力越大，下场往往也就越悲惨。

◇◇苍天到底饶过谁？——王政君和王莽　　　　　397

王政君是老子不疼，老公不爱，儿子不孝，最终还被侄子坑死，留了千古骂名。王莽的代价更大了！他牺牲了整个家庭，到头来还陪上了自己。

还是那句话："不信抬头看，苍天饶过谁。"

◇◇来吧，干了这碗鸡汤——刘秀和阴丽华　　　　423

刘秀和阴丽华合葬于原陵，相爱相伴一辈子的他们，在另一个世界继续着他们的爱和幸福。所以，别动不动就不相信爱情，这个世界还是有真爱的。关键是要在正确的时间遇到正确的人，更关键的是能够彼此珍惜和包容。

◇◇财迷帝和假半仙——刘宏和张角　　　　　　　449

一句话，没有黄巾起义就没有后来的三国演义。黄天未立，依旧黑暗，不过在暗夜中，有一些星辰即将闪烁耀眼的光芒，他们是曹操、刘备、孙坚……

害死人的仪式感——
豫让和赵襄子

一

公元前403年,古代历史的一个大年,不可一世的超级大国晋国解体了。

这与一个人的死息息相关。

此人名叫智瑶,又称荀瑶、智伯、智伯瑶、智襄子,为啥有如此多的名字,不过多解释,反正知道这些名字说的是一个人就成了。

他怎么会有如此大的能量,把晋国整没了,还顺带着把春秋整成了战国?

回答这个问题,先要说说这个超级大国。

晋文公重耳建立了霸业,维持了百年之久,不过盛极必衰,到了春秋后期,晋国开始走下坡路。

究其原因,还是老毛病——内乱。

晋国有六十多个世家大族,争权夺利,最后胜出的有六家——韩、赵、魏、范、中行、智。

这注定是短暂的平衡，接着倒下的是范家和中行家。

六家变四家，其中以智家的势力最大，智瑶就是智家的老大。

这位老大如何呢？简单概括，优点众多，缺点致命。

智家有个叫智果的人精准概括他家老大有五大优点和一个缺点。

先说优点：其一，身材高大，相貌英俊；其二，驾车娴熟，擅长射箭；其三，才情出众，才艺超群；其四，精于文辞，巧言善辩；其五，坚毅果敢，决断力强。

看上去文武双全，相当牛掰，但细想想好像和治国理政没啥关系，更像是一个"网红"。

只有第五个优点好像和"领导力"沾点边，但还要看什么时候果敢，对什么决断，搞不好就变成了自以为是、刚愎自用。

缺点是什么呢？没有仁德之心，喜欢仗势欺人，不擅长与别人搞好关系。

这位老大刚上台，便在宴会上戏弄韩家的老大韩康子和他的家臣。胳膊扭不过大腿，韩康子忍了。

老大就是威风，智瑶感觉好极了。

得寸便要进尺，他向其他三家提出每家拿出一百里的土地和户口来献给晋国国君。

理由冠冕堂皇，好像没什么不对，但醉翁之意哪在酒，谁都不傻，智瑶心里的小算盘大家都懂。

韩康子不想给，手下段规表示不给也得给，没有讨价还价余地。

理由有二：一是你打得过智家吗？既然惹不起，就要认尿，好汉不吃眼前亏。二是智伯得逞后会更加狂妄，如果有一家不给，他就会兴兵讨伐，到时候看情况再伺机而动。

还是这小子心眼多，韩康子拍板同意，不仅要给，还要给一块好地。

魏桓子也不想给，手下任章反问："为什么不给呢？主公难道没听过一句话：欲要使人灭亡，必先使其疯狂。"

该赵家表态了，韩、魏都给了，赵家没有理由不给啊。

没想到，赵家老大赵襄子是个硬种，想要无偿划拨土地，门儿都没有。

智瑶急眼了，拉着韩、魏一起攻打赵襄子，喊出的口号是：消灭赵家，平分土地。

赵家的实力根本无法与智氏相比，更何况再加上韩、魏，赵襄子第一反应是举家逃到老根据地——晋阳。

赵襄子做对了第一步。晋阳城池坚固，百姓齐心，三家兵马围了两年多愣是没打下来。

痛定思痛，改变打法。

晋阳城东有条晋水，智瑶下令建造水坝引水灌城，这一招立马见效，晋阳城一夜之间变成泽国。

终于到了智瑶的拉风时刻！

他让魏桓子驾车，韩康子执矛护卫，陪着自己查看水情。

智瑶嘚瑟惯了，这两位也忍惯了。驾车怎么了？护卫又怎么了？关键是能让老大开心。

老大确实很开心，随口来了一句："吾乃今知水可以亡人国也！"我今天才知道用水就能灭掉一国。

说者无意，听者有心，这两位迅速交换了眼神，都感到不寒而栗。

史书上说得更形象，"桓子肘康子，康子履桓子之跗"，魏家老大用胳膊肘碰了一下韩家老大，韩家老大又踩了魏家老大的脚。

智瑶眼皮子底下，这两位又碰肘又踩脚，像是搞行为艺术。

为啥有如此大的反应呢？因为魏家封邑安邑旁边有汾水，韩家封邑平阳在洛水边，今天智瑶水灌晋阳灭了赵家，尝到甜头的他保不齐对他们两家也会如法炮制。

当孙子可以，但是你别把我们真的变成了孙子。

韩、魏两家老大正心生波澜时，谁承想，智瑶来了一个神助攻。

智瑶手下谋士察觉韩康子和魏桓子脸色不对，直言两家必反，因为他们担心赵家灭亡后，自己也会被收拾。

不听劝也就罢了，智瑶竟将谋士的话告诉了韩、魏两家老大。告诉他们也就罢了，竟然逼问两人是不是真的要反。

见过没脑子的，还真没见过如此没脑子的。

韩、魏两家老大此时还没下定决心，即使下了决心，在智瑶面前打死也不会承认啊。

就是嘛，没有反的理由啊，如今晋阳城破在即，马上就可论功行赏了，怎么会反叛呢？况且跟着奄奄一息的赵家，会有什么好果子吃。

智瑶的疑心打消了，韩、魏两家老大的疑心更重了。

何去何从，举棋不定。反了吧，胜算不大；不反吧，坐以待毙。

关键时刻,赵襄子来了!

晋阳城里的他比谁都着急。虽然打出了水平,打出了风格,但光有不怕死的精神还不够,当务之急是该如何自救。

赵襄子自然就想到了韩、魏两个当家人。

反正在劫难逃,不如赌上一把,如果赌对了,很可能劫后余生;如果赌错了,大不了也就这样。

赵襄子派人秘密找到两位老大,传达他的口信,内容很简单:"唇亡则齿寒,兔死则狐悲。"

道理明摆着,赵家亡了,下一个就是韩、魏,你们看着办。

智瑶"水淹灭国"的话再次犯上心头,与其将来被智氏灭族,不如先将智氏灭族。

韩、赵、魏三家同盟宣告诞生。

智瑶的末日到来了,赵襄子派兵夺下堤坝,扒开坝口,反灌智瑶军营,韩、魏趁乱从左右两翼夹击,赵军从中路突破,搞不清楚怎么回事的智家老大在乱军中被杀。

赵襄子觉得还不解恨,令人砍下智瑶的脑袋,先是雕刻后是涂漆,做成了喝酒的杯子。

说智瑶不仁,看上去这位赵家老大更狠。

不过,智瑶落得如此下场,究其原因,不是因为不仁,而是因为愚蠢。

他总以为别人让着他，是因为畏惧。其实人家那叫作"隐忍"，小不忍则乱大谋，一旦有了机会，便会加倍报复。

蠢到极致的是，他不仅不听谋士的意见，反而主动泄露机密。这样的蠢材如果还能成功，那真有些天理不容了。

本来想灭赵家的族，结果被三家灭了自己的族。本来想瓜分赵家的地，结果被三家瓜分了自己的地。

这三家一发而不可收，先分智家的地，后分晋国的地，史称"三家分晋"，周天子承认三国为诸侯，便有了"战国七雄"。

一个全新的时代开始了！

二

智瑶咎由自取，死不足惜，好像没啥可同情的。

树倒猢狲散，那些跟班的看到老大倒了，都另攀高枝，俗话说得好："人不能在一棵树上吊死。"

独独有位死心眼子，始终忘不了老东家，此人叫豫让。

各位可能没听说过这个名字，但想必一定会听说过一句话:"女为悦己者容,士为知己者死。"

这话就是这位仁兄说的。

豫让最早投靠的是范氏,想用平生所学为范家老大效力,但热脸贴到了冷屁股,混了几年都没进入核心团队。

他接着跳槽到中行氏,想着改换门庭迎来机遇,没想到中行氏还不如范氏呢。

无奈之下,只能选择智氏,起初还跟过去一样,直到智瑶掌权。

不知豫让是如何打动智瑶的,反正两人的关系相当可以,他成了智瑶的心腹,每逢有大事要事,都要找他来商量一番。

如果豫让是千里马,智瑶就是伯乐,千里马常有,而伯乐不常有。

没想到,一夜之间伯乐死了,"千里马"心里想的只有一件事——为伯乐报仇。

他改名换姓,将自己伪装成是受刑的奴隶,开始了第一次行刺行动。

计划动手的地点是赵襄子的厕所。

豫让为何会出现在如此私密的场所,历来有两种说法:一说是赵襄子整修厕所,豫让混进了施工队伍;另一说是他应聘到赵家当了清洁工,负责打扫厕所。两者的区别是工种不同,但工作地点是一样的。

不得不说,赵襄子对服务人员的审查实在过于敷衍了事。

这样选择,豫让想必动了脑筋,人在上厕所时最放松,也最没有防备。

但是,行刺行动失败了!

原因是他还没来得及动手,就被赵襄子发现了。

怎么发现的呢?史书上说:"襄子如厕,心动,执问涂厕之刑人,则豫让,内持刀兵。"就是说赵襄子上厕所时,突然感到不安,令人搜查,抓获了豫让,搜出了身上的利刃。

真够神的!不知是赵襄子有第六感,还是豫让装得太假。

接下来进入审问环节,豫让见事已至此,没有什么藏着掖着的,大声喊道:"欲为智伯报仇!"

这在法律上叫作自认,人赃俱获,无须多废话,乱刀砍死完事。

NO!赵襄子决定放了他,理由是"智瑶死后无人,而此人还想着为他报仇,真乃义士也!"

什么是格局,什么叫气度,懂得了吧。

豫让感到很憋屈,还没动手就被发现,这活儿干得实在有些糙。

下一步咋办呢？是老婆孩子热炕头，还是找片林子隐居避世？

不！不！接着复仇！

当务之急是总结教训，思来想去找到了失败原因——伪装得不好。

这次一定要整个面目全非！

他在自己身上涂漆，使得皮肤溃烂，满身烂疮，这还不算，身变声也变，吞下木炭，声音变哑。

这番对自己身体的残酷折腾就是有名的"漆身吞炭"。效果真不错，老婆认不出，连自己都认不出自己了。

豫让这才放心出门，假扮乞丐，沿街乞讨，心里盘算着如何动手。

悲催的事情发生了，"人不像人，鬼不像鬼"的豫让还是被一个朋友给认了出来。

真心佩服这位老兄的眼力，也真心对豫让表示同情。

朋友觉得他这样做有些过了，不就是报个仇嘛，假装投靠赵襄子，凭借才干成为亲信，动手行刺岂不易如反掌，何必把自己作践成这般模样。

这种事情别人能干,我豫让不能做,反着说,做了就不是我豫让。

理由呢?"既已委质臣事人,而求杀之,是怀二心以事其君也。且吾所为者极难耳!然所以为此者,将以愧天下后世之为人臣怀二心以事其君者也。"

啥意思呢?托身侍奉人家以后,又要杀掉他,这种事情我不会干。我之所以选择现在这样的做法,就是要使天下后世的那些怀着异心侍奉国君的臣子感到惭愧。

怎么说好呢?迂腐?侠义?

不管如何评价,豫让选好了第二次的动手地点——赤桥。

赵襄子乘车出行,豫让埋伏在桥下,到了桥前,马突然受惊,下令搜查,抓住了豫让。

过程和第一次一样简单,想描述得复杂些都难。

赵襄子不明白,这哥们儿怎么就这样论死理呢,一次不成再来一次,还把自己整成这副模样。

豫让回答了他的疑问:"众人遇我,我故众人报之。国士遇我,我故国士报之。"你把我当普通人看,我的回报也和普通人一样。你待我如国士,我也像国士那样回报你。

很显然,前者说的是范氏、中行氏,后者说的是智瑶。

赵襄子又感动了，但如果再放了他，他来第三次呢？不能天天玩这种"躲猫猫"游戏，况且如果哪一天运气不好，后果不堪设想。

豫让知道这次大概率是回不去了，但这个仇说什么都要报。

怎么报呢？豫让请求赵襄子将身上的外套给他，用剑刺过衣服，就算是行刺过了。

这也算啊！罢了，罢了，将死之人，满足他的心愿吧。

豫让接下来的举动有些雷人，名曰"斩衣三跃"，拔出宝剑，三次跳起来击刺袍子。

折腾累了，仰天大呼"我可以下报智伯矣"，然后伏剑自杀。

三

搞笑？还是感动？这是千年来对待豫让的两种泾渭分明的态度。

不过，有一点是可以达成共识的——豫让是一个失败的刺客。

这没得说,《史记·刺客列传》的五大刺客中,他是唯一没有真正出过手的,就连搏斗的场面都没有。

除了"忠",感觉是一无是处。

那么,问题来了,为智瑶这样的人牺牲自己值不值得?

豫让肯定觉得值得,士为知己者死,至于知己是个好人还是混蛋并不重要。

只是,这样的愚忠对不对呢?

司马迁很欣赏,虽然他老人家没明说,《史记》里说:"(豫让)死之日,赵国志士闻之,皆为涕泣。"恐怕落笔时他也鼻子一酸。

说来也怪,明朝的另一位"愚忠"典型,被朱棣株连十族的方孝孺对豫让却不感冒。

他写了一篇《豫让论》:"让于此时,曾无一语开悟主心,视伯之危亡,犹越人视秦人之肥瘠也。袖手旁观,坐待成败,国士之报,曾若是乎?"

"忠"是好事情,但您早点啊,眼见着自己的老大在绝路上狂奔,无所作为,无动于衷。

"智伯既死,而乃不胜血气之悻悻,甘自附于刺客之流。何足道哉,何足道哉!"

两个"何足道哉"表明态度。不能扶危于未乱之前,而牺牲于既败之后,这样的死有啥意义呢?

仁者见仁,智者见智,争论了几千年,一时半会儿难以下结论。

先抛开春秋大义,来说说技术细节。

从专业角度讲,豫让准备得足够充分,又是更名改姓,又是漆身吞炭,过程整得很热闹,实际效果却为零。

为什么会这样呢?这位仁兄太讲究仪式感了。

了解内幕的,清楚豫让是要行刺,不知道的,还以为他在拍戏。

这场表演到最后迎来高潮——豫让击衣,连续跃起对着锦袍乱刺一通,逼真得连自己都相信了。

说来说去,豫让就不是做刺客的料,准备得再充分,架不住关键时候总"穿帮"。

精神可嘉,水平嘛,实在不敢恭维。

智伯死了,豫让死了,最大的赢家无疑是赵襄子,不仅清除了敌人,关键是赢得了重情重义的好名声。

不过,整个行刺过程疑云重重。

厕所里"心动"发现了豫让,赤桥上"马惊"又一次发现豫让，这也太巧了吧，好像豫让的行踪都在他掌控之中。

事出反常必有妖，但这个"妖"到底是什么呢？

有人说，这原本就是两人演的"双簧戏"，为的是彼此换取天下贤名。

只是，豫让的代价是否有些过大，毁了容，变了声，最后还送了命。

唯一的可能是豫让早就上了"黑名单"，受到了重点照顾，纵然改名毁容，无济于事，徒劳无功。

问题又来了，既然如此，赵襄子为何还让豫让连续行刺？

这个太好回答了，知道他无法成功，又能给自己博得美名，何乐而不为呢？

照此说来，折腾了半天，原来是赵襄子逗着豫让玩呢。

豫让有的是"忠勇"，赵襄子有的是"城府"，别忘了他不仅是赵家的老大，还是三家分晋的主角。

不过，凭借说出"女为悦己者容，士为知己者死"这样的话，豫让这辈子也值了。

尘埃落定，盖棺定论，豫让可算是史上最认真的刺客之一。

要死大家一起死——
楚悼王和吴起

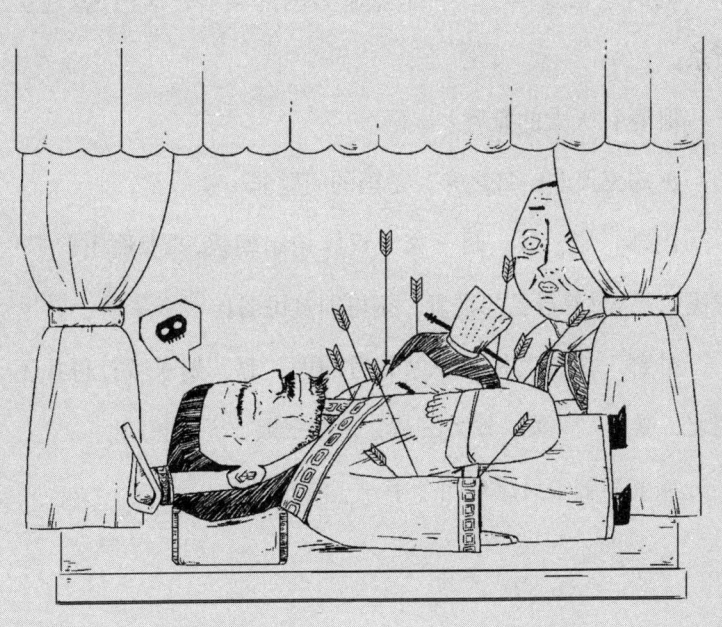

一

公元前390年,楚国郢都,空荡荡的王宫大殿上,楚悼王熊疑一个人孤零零坐在王位上,周身被一种孤寂甚至绝望所笼罩。

这个神秘遥远且曾经无比强大的王朝,如今走到了生死存亡的十字路口。

他的老爸楚声王,一个堂堂大国的国君,居然为"盗"所杀。

耻辱!天大的耻辱!

冰冻三尺非一日之寒,楚国的问题非一朝一夕。

内部,屈、景、昭三家大贵族控制朝政,"上逼王""下虐民",只想着自己的富贵,搞得国贫民弱。

外部,泱泱大楚被三家分晋的韩、赵、魏联军打得找不到北,乘丘、大梁、榆关三战,楚军三败,无法招架。

熊疑满脑子只浮现四个字——内外交困。

如今，小打小闹已经解决不了问题，大乱只能大治。

但靠谁治呢？不想不要紧，一想就头疼。

贵族们不可能革自己的命，更重要的是，他们长期把持权力，出身平民的人才根本没有出头机会。

一句话，国内无人可用。

熊疑不由得羡慕起他的先辈都有贤臣辅助，再看看自己身边，只能一声叹息。

天无绝人之路，就在此时，传来一个消息，吴起离开了魏国，不清楚下一家落脚何处。

熊疑差点喊出来："天不亡楚！"

不过，稍微冷静一下，心里有些犯嘀咕，吴起才干天下有名，但私德上却让人感到不齿，即使自己铁了心用他，那些王公贵族岂能让一个声名狼藉的"小人"掌控朝政？

吴起果真如此不堪吗？他是一个什么样的人呢？

首先，他是卫国人。请看清楚，是"卫"而不是"魏"。

这个王国在历史上始终是一个谜一样的存在。

论血统，属于周武王的胞弟康叔一脉，妥妥的姬家正统血脉，甩大部分诸侯国几条街。

论地域，无论是最早的都城朝歌，还是后来的帝丘、野王，都在中原核心地区。

论人才，李悝、吴起、商鞅、吕不韦，随便列出一个都是可以改变历史的角色。

按说先天条件很不错，但除了刚"建国"热闹过一阵，几百年来一直默默无闻，低调到让人忘记了它的存在。

有时候，被人遗忘并不是坏事。

卫国因此创造了两个纪录：一则在姬姓诸侯国中存活最长，共计907年，横跨春秋战国两个乱世，堪称一个奇迹；二则系秦朝灭掉的最后一个诸侯国，六国灰飞烟灭后，秦始皇独独留下了不起眼的卫国，直到秦二世才最终灭国。

二

吴起是含着金汤匙出生的，史书上说他"家累千金"，典型的富二代。

有钱能使鬼推磨，那是现在。当时的商人地位最为低下，再有钱也不过是个"贱商"，吴起想要出人头地，必须另辟蹊径。

这条蹊径可以简单地概括为：用金钱换地位。

有两个卫国人走了这条路，吴起和后来的吕不韦。不同的是，前者失败了，后者则获得了巨大的成功。

吴起散尽家财，不仅没有获得一官半职，反倒引来了不少人的嘲笑。

这些人很快就会为之后悔，因为他们付出的竟然是生命的代价。

吴起用手中的剑作出了回答，手刃了三十多个讥讽他的人后，向母亲立下重誓："不为卿相，不复入卫。"

用现在的话说：不混出头，绝不回来。

不要轻易嘲笑别人，特别是不要嘲笑心高气傲之人。

卫国是无法待了。

吴起到了第一站——鲁国。

令人想不到的是，"杀人犯"吴起居然投到孔子得意弟子曾参之子曾申门下，学习儒家学说，这似乎和他的火爆脾气完全不搭。

吴起拜在曾申门下有两个好处：其一老师很出名；其二同学多。

说到底，将来可以找一份好工作。

吴起很珍惜这次机会，勤奋好学，谦恭待人。

一切都往好的方向发展，但好景不长，一个噩耗传来——他的母亲去世了。

回还是不回？吴起琢磨许久，回去奔丧，天经地义，但许下的誓言没有实现，实在无颜面对死去的母亲，更何况还有那些鄙夷的目光。

罢了，留下来继续苦读，不破楼兰终不还，不为卿相不还乡。

他的老师曾申怒了！

儒家最重视孝道，吴起不回乡为母奔丧，简直是大逆不道，这样的逆子怎么有资格做自己的学生？

有多远滚多远，永远不要让我再见到你！

此处不留爷自有留爷处，再说，吴起也想明白了，乱世之中，仁义值几个钱，兵家才是正确选择，孙子讲得好："兵者，国之大事，死生之地，存亡之道，不可不察也。"

就这样愉快地决定了——弃儒学兵。

吴起脑瓜子确实好使，学什么是什么，在圈子里很快有了名气。

是金子总是要发光的，机会终于来了！

齐国发兵攻打鲁国，鲁穆公想起用吴起为将军，但有件事放心不下,吴起的老婆是齐国人,万一枕边风一吹,战场上临阵倒戈,后果不堪设想。

吴起得知此事,扭头回家把齐国妻子给杀了。

过了,实在过了,"休妻"不就可以吗,为何非要动刀子呢?

为了心中的目标,他可以杀三十多人,可以不回乡奔丧,眼见要成功,怎么能让一个女人成为绊脚石。

吴起用老婆血淋淋的人头,拿到了登上历史舞台的入场券。

战场上取得完胜,但道义上却完败。

鲁国是什么地方,孔孟之乡,最讲究君子之道,凡事都要先讲道义,怎能容忍他杀妻求将。

不查不知道,一查吓一跳,"人肉搜索"一下,吴起的劣迹不止一件,原来他是一个被通缉的杀人犯,还是一个不奔母丧的逆子,简直是个"渣男"级的人物。

众臣群起而攻之,好吧,鲁国也待不下去了。

没有了母亲,没有了老婆,没有了羁绊,从此,吴起一个人浪迹江湖。

三

下一站是魏国。

吴起在这里迎来了高光时刻——"与诸侯大战七十六,全胜六十四,余则钧解,辟土四面,拓地千里,皆起之功也"。

胜率高达84%,非胜即平愣是一场没输过。

战绩如此辉煌,是因为吴起创建了中国最早的职业化军队——魏武卒。

看看选材标准,就知战力如何。一个合格的魏武卒,需要能够在穿好重甲,带齐弓弩、戈剑等各种武器,背负三天口粮的情况下,半天走一百里。

如果史书记载真实,这不是一支简单的军队,而是名副其实的"特种部队"。

阴晋一战,五万魏武卒大败五十万秦兵,秦国黄河以西五百余里土地拱手相让,只能跑到华山以西狭长地带谋求发展。

不只中国,放眼全球,魏武卒也是当时一流的武装力量。

还有一个纪录,吴起应是最早倡导"官兵平等"的将军,他和士兵穿一样的衣服,吃一样的食物,睡觉时不铺席,行军时不骑马。

概括说，士卒啥样他啥样。

更绝的是，有士兵生了毒疮，吴起亲自吮吸毒脓，想想这样的场景，既感人又瘆人。

未承想，这一吸还吸出了毛病。

有位士兵的母亲听闻此事后痛哭不已，众人不解，将军为你儿子吸毒脓，应该感动感恩，怎么还哭了呢？

这位母亲解释说："当年将军也为孩子父亲吮吸过毒疮，从此他父亲打仗不要命，最后战死了，如今将军又为我孩子吸吮，想必离死也不远了。"

这就是吴起的不对了，您不要逮着一家人吸啊，吸一次死一个，哪个家庭能受得了。

不过，话说回来，有这样的好领导，三军必然拼命，本身战力就强，再加上个个像打了鸡血一样，你说这样的军队谁能抵挡。

吴起取得成功，除了自身努力外，关键还有一个好领导——魏文侯。

作为魏国的开国之君，魏文侯颇有志向，觉得吴起是可以帮助自己实现梦想的那个人，要人给人，要钱给钱，没有他,便没有魏武卒,更没有吴起的光芒闪耀。

就在吴起走向巅峰之时,这位好领导挂了,他在魏国的命运就此翻篇。

帮着翻篇的人是魏国国相公叔座,他知道吴起对自己这个位置觊觎已久,要想保住荣华富贵,必须让吴起走人。

公孙座想出一条妙计,向继任的魏武侯献计,提议把公主嫁给吴起,表面上,是要拴住他的心,拴住他的人,暗地里是要测试一下吴起的忠心。

公孙座的老婆也是公主,他故意请吴起到府上做客,然后让老婆对自己河东狮吼,他则瑟瑟发抖,半句话都不敢说。

目的只有一个,告诉吴起,魏国公主都是"母老虎",没有金刚钻最好不要揽瓷器活。

公孙座和老婆的合伙忽悠,还真把吴起给"忽悠瘸了"。

吴起觉得魏国公主打死也不能娶,于是谢绝了魏武侯的好意,没有经受住考验的他,很快就被边缘化了。

四

魏国无法立足,年过半百的吴起来到了人生的最后一站——楚国。

楚悼王盼星星盼月亮，终于盼来了吴起，任命他为令尹，全面主持变法工作。

说是变法，实际就是动奶酪，就是利益再调整，更准确地说，就是切分王公贵族的蛋糕。

剥夺贵族继承权、剔除多余官职……一道道政令，道道致命。

吴起这个浪迹半生的英才，终于遇到了楚悼王这个伯乐，他能做的只是"鞠躬尽瘁，死而后已"。

楚国从此重新站起来了！

"南平百越，北却三晋，西伐秦"，吴起用一己之力改变一个王国，他不仅对得住楚悼王的信任，也可以告慰母亲的在天之灵。

吴起心想，母亲大人，您在天上看到了吗？儿子终于成功了。

危险却也在一步步逼近！

吴起陶醉在成功之中，他或许忘记了，楚国是个"家族企业"，他只是一个"职业经理人"，业绩不错是因为"董事长"的信任，但是他得罪了所有高管，大家对他恨得咬牙切齿。

楚悼王在位，这些人忍气吞声，敢怒不敢言，如果熊疑一旦有个三长两短，定会群起而攻之，食其肉，饮其血。

这一天很快来到了。

公元前381年，楚悼王熊疑驾崩。贵族们迫不及待联合作乱，目标只有一个——杀死吴起。

吴起知道难逃一死，他在琢磨如何去死。

楚悼王尚没有下葬，遗体停放在王宫，乱兵对吴起紧追不舍，他抱起熊疑的尸首作为盾牌，虽然最后被射成了"刺猬"，但有不少箭落到了楚悼王的遗体上。

楚国法令规定，伤害国王尸体，是灭族的重罪。吴起这样做，就是要临死拉些垫背的。要死一起死，一个都不放过。

只是垫背的实在有些多，新王即位，依法将射杀吴起的七十多家贵族连根拔起，统统族灭。

一道血光给吴起的一生画上了休止符。但千百年来，关于他的评价却各执己见。

看不上他的人，觉得吴起是为了实现目的不择手段的小人，母丧不归，杀妻求将，劣迹斑斑，结局是咎由自取，不值得同情。

欣赏他的人，觉得这家伙是个大牛人，读书厉害，打仗厉害，治国更厉害。集儒家、兵家、法家于一身，哪国得之哪国强大，哪国用之天下无敌，即使是死，都考虑得那么完美。

要问笔者的意见，八个字——去伪存真，实事求是。

不着急给吴起下结论，首先要问几个问题：一个人如何有能力手刃三十多人？如何敢把母亲留在仇家遍布的卫国？道德楷模曾申怎么会收留杀人犯为弟子？魏武侯怎会将女儿嫁给一个杀妻求将之人？

司马迁老先生在《史记》中只说了结果，没说原因，更没说过程。我们斗胆的猜测，吴起可能杀了嘲讽他的人，但没有那么多，至于杀妻求将，只能表示呵呵。

黑一个人太容易了，特别是一个名人，尤其是吴起这样的争议人物。

当年吴起入魏，魏文侯问手下大臣李克此人如何，李克表示吴起贪而好色，但打仗是一把好手。

不用费太多脑细胞，简单想想，一个军队的统帅，行军不骑马，与士卒同行，吃饭不开小灶，与士兵同吃，冲锋第一个上，还为士兵吮吸毒脓。

这样一个人，即使有点小毛病，应该也无伤大雅，只要原则问题上把持好大是大非。

柏杨先生说了句实在话："吴起的遭遇正是一个封建社会里，心直口快，胸无城府，却既有能力而又正直的知识分子的悲剧。"

老先生继而感叹："鲁国在他手中不再受侵略，魏国在他手中强大，衰老的楚王国更是在他手中得到重生。如果有一个国家对他始终重用，历史可能重写。"

怎么重写呢？柏杨先生的意思是，很可能没有以后秦国什么事儿了。

历史从来不相信假设，只是，鲁国灭了，魏国灭了，楚国也灭了，但吴起的神话以及他所著的《吴子兵法》却留了下来。

现在盖棺定论：吴起与权贵抗争，与世俗抗争，他以化腐朽为神奇的表现，使得后人懂得了，图强需要变法，变法可以图强！

吴起的一生，是战斗的一生，抗争的一生，也是悲凉的一生！

出来混迟早要还的——孙膑和庞涓

一

阳春三月,齐国都城临淄,一场皇家赛马大会即将"发枪"。

比赛的双方是齐国公子和大将田忌。结果似乎毫无悬念,因为在此之前,田忌没有赢过。

有人说:"人生最大的荣耀,乃是屡败屡战。"在田忌看来实在有些扯。他每次都下了很重的赌注,一败再败,不仅搞得很没面子,关键是银子哗哗地往外流。

根据规则,马分为上、中、下三档,分别比赛,三局两胜。

田忌虽然位高权重,但还是比不上王室成员,无论上马、中马和下马,都比公子差一点,所以逢赌必输。

"这一次一定会赢!"说出这话的是田忌新结识的残疾人朋友孙膑。

鼓励和打气心领了,可拿什么赢?

孙膑表示自有妙法，将军只管下注，能下多大下多大。

靠谱吗？当然靠谱。如果想把过去的损失都捞回来，您就照我说的办。

到底是什么妙招呢？其实很简单，就是以下马对其上马，以上马对其中马，以中马对其下马。

妙！实在是妙！田忌拍着大腿自责，自己为什么没想到呢？

最终结果，但凡读过书的都知道，田忌获胜，赢了千金，一把不仅捞本，还有不少盈余。

田忌赛马，妇孺皆知，说的是在规则允许的范围内合理运用手中筹码的故事。

别小看这场比赛的胜利，其中的意义大了去了。

对于田忌，赚了个盆满；对于孙膑，获得了重生；对于魏国，意味着失去霸权。

这样的人才不能只用于赌马，田忌将孙膑推荐给齐威王，两人一聊，瞬间就擦出了火花。

孙膑迈出了复仇的第一步。

他想报复的人是谁？他为什么要复仇？

先说第一个问题，他要报复的人是当年睡在自己"上铺"

的兄弟——庞涓；第二个问题就很好猜了，他这位老同学实在不是什么好鸟。

这一对仇人，恐怕是历史上最著名的师兄弟之一。

相传他们的老师叫鬼谷子，名字听上去有些瘆人，但这位却是古代最神秘也最牛掰的老师之一。

这么说吧，就没他不会的，也没他不能教的。

由于太过神奇，一度使人怀疑他是否真实地存在过。

司马迁老先生给出了肯定答案，《史记》中明确说苏秦和张仪师从鬼谷子。

这两位弟子都是大纵横家，三寸之舌胜过百万雄师，书中道："此二人真乃倾危之士也！一笑则而天下兴，一怒使诸侯惧。"

学生尚且如此，可以想象老师应该是一个什么样的水平。

不过很遗憾，孙膑和庞涓的老师是否是鬼谷子，要打上一个大大的问号，因为这种说法正史没有记载，只来源于《东周列国志》《孙庞斗智演义》等小说。

严谨起见，只能说孙膑和庞涓是同学，但老师是谁确实不知道。

两人学习的科目是兵法，谁的成绩好也不好说，不过从后来的表现来看，孙膑应该更胜一筹。

彼此差距或许是因为庞涓急于找工作，还没"拿满学分"就下山到了魏国。

不过这已经够了，庞涓顺利通过几轮考试和魏王的面试，一步登天，成了魏国的将军。

职场上，有人一步到位，有人大器晚成，有人怀才不遇，关键自己肚子里要有墨水，还要遇到好的领导。

庞涓还真被天上掉下的馅饼砸着了，一不留神创造了毕业生就业的最好纪录。

他此时想到老同学孙膑。

不想还好，这一想可就麻烦了，不仅彻底改变了两个人的命运，也改变了魏国的国运。

庞涓给老同学写了一份热情洋溢的信，表示兄弟现在混得不错，你赶快来投奔。

庞涓为什么这样做，历来有不同的解读。

司马迁老先生代表普遍的说法，庞涓"自以为能不及孙膑，乃阴使召孙膑"，直白翻译，就是庞涓认为自己的才能比不上孙膑，暗地派人将他请到魏国加以监控。

一句话，庞涓不安好心，早有预谋。

确实如此吗？只能说，不排除这种可能性。

孙膑学成下山，不管为哪一个诸侯国效力，都可能成为庞涓的劲敌，只能先下手为强，不让他离开自己的视线。

道理似乎说得通，但总觉得是一个事后推理，因为后来庞涓把孙膑搞残了，所以当初请他来就是居心叵测。

对于庞涓这样的小人，要黑就从头到尾黑到底。

不过总觉得，人性虽恶，但总还有善的一面。

笔者更愿意相信，庞涓是真诚相邀，原因有二：

一是两人有同门之谊，孙膑毫不犹豫便应邀前来，说明两人的关系很是和睦。

二是庞涓刚刚毕业就掌控魏国军权，身边确实需要有个高人相助。

只是后来事情的性质起了变化。

庞涓发现，几年不见，孙膑已不是原来的孙膑，才干远超自己，想必自己走后他得到了老师的真传。

这时候，庞涓才起了歹意。

说清楚了吧，两种说法的区别在于庞涓产生作恶动机的时间。

不过，结果是一样的——以法刑断其两足而黥之。

庞涓找了个由头，编织了罪名，给老同学整了两道刑罚——膑刑和黥刑。

孙膑这才有了名字，至于膑刑之前叫什么，还真不清楚，只知道姓"孙"。

对于膑刑本身也有争议，通常的说法是认为挖掉了膝盖，但不少学者认为正确的理解是砍掉了双足。

无论是挖膝还是砍足，总之孙膑从此成了无法站立行走的残疾人。

对于黥刑，没有不同意见，就是脸上刺字。有这样遭遇的名人不少，男的最出名的是英布，女的最有名的是上官婉儿。

《水浒传》里就更多了，宋江、林冲、武松、杨志等都是受过黥刑的重量级人物。

问题来了，如果是为了以绝后患，把孙膑杀掉岂不更好？

还真回答不了，史书上没说，庞涓是顾及同门之谊，留孙膑一条性命，还是看到比自己强的人的惨样开心，都不好猜。

好猜的是，庞涓打死也不会相信，一个残疾人还会有翻身的一天。

二

翻身是以后的事情,孙膑首先要保证自己能够活着逃出魏国。

等待,只有等待!等待庞涓松懈,等待机会降临。

苍天有眼,终不灭孙膑!

齐国使臣对魏国进行国事访问,孙膑听到消息,拖着残腿,深夜求见。不知道他说了什么,反正是这位使臣冒着危险,偷偷地将孙膑带回了齐国。

从此,那个受尽凌辱的孙膑死了,另一个叫作"孙膑"的战神隆重登场。

孙膑兵法讲得精彩,齐威王都想跪着拜师,但转念一想,是否他只会纸上谈兵呢?

是骡子是马总要出来溜溜,机会很快就来了。

公元前353年,赵国攻打魏国的小弟卫国,惹怒了大哥,魏国派兵包围了邯郸,赵国向齐、楚求救。

齐威王决定帮赵国一把,任命孙膑担任援军主将。

孙膑觉得齐王太看得起自己了，一个残疾人，脸上还刺着字，这形象怎么看都不像个统帅啊，恐怕难以服众，于是主动请辞。

齐威王觉得也对，改派田忌为主帅，孙膑为军师。

他们的作战任务很简单——去赵国救邯郸，而且要快，必须赶在邯郸城破之前。

没想到孙膑投了反对票，他对田忌表示，俩人打架打得你死我活，这时候去拉架，难免会被砍上两刀，所以救援邯郸是绝对的下策。

什么是上策呢？围魏救赵！

你想啊，魏国把精锐部队都投到前线，留在国内的都是老弱残兵，如果我们直指魏都大梁，魏军必然回军救援，到时候……

和上次赛马一样，田忌直拍大腿称妙，同时痛恨自己为什么想不到？

更妙的还在后面。

孙膑知道庞涓熟读兵书，担心他看出自己的招数，于是先佯攻平陵，这一仗，齐军打得一塌糊涂，城没有攻破，损失却不小。

这显然是做个样子，但为了让庞涓相信齐军主将指挥无能，必须要假戏真做。

俗话说得好，舍不得孩子套不住狼。

庞涓上当了，觉得齐军不过如此，于是丢掉辎重，轻装疾进，昼夜前行返回大梁，结果被在桂陵等候多时的齐军主力击溃。

这一战，庞涓成了阶下囚。

孙膑算是出了口气，但复仇之旅远未结束。

此战过后，几方休战，各自释放俘虏，庞涓重新回到魏国为将。

双方再次会面是在十三年之后。

和上次一样，齐国仍然不是当事方，而是一个帮忙的。

这次挑事儿的还是魏国，挨揍的由赵国换成了韩国。

韩王想起了上次的成功案例，知道找谁张嘴，于是齐威王又收到了一封求援信。

既然帮了赵国，又不好拒绝韩国，他召来大臣商量，议题不是救还是不救，而是早点发兵好还是晚点发兵好。

相国邹忌表示，他们之间闹矛盾，和我们没有半毛钱关系，压根儿就不应该去救。

大将田忌说，如果不救，韩必然被魏吞并，既然要救，晚点就不如早点去救。

该孙膑总结陈词了。

救还是要救的，但不能太早去。魏国倾其主力，势头很盛，现在过去，韩国没事了，魏国会和我们拼命，不如让他们先打着，等魏军疲惫再去收拾。

孙膑依旧狡猾狡猾的，齐威王表示就这样办吧。

这个主意不错，但有一个前提条件——韩国不能先垮了。

齐王对韩国使臣拍胸脯，表示齐国一定会救援，请韩军咬紧牙关，撑一些日子。

庞涓不是吃素的，韩军虽然使出吃奶的劲儿，但五战五败。

韩使再次赴齐，表示甘愿做齐国的小弟，但大哥您赶紧动手吧，小弟眼看就要死了。

是时候出兵了！

还是十几年前的搭配，田忌做统帅，孙膑当军师。还是十几年前的套路，围魏救韩，半路伏击。

就没点新鲜的，敢情孙膑这是"一招鲜，吃遍天"。

只是，一个人可能在同一个坑里跌倒两次吗？

是否有可能,关键是看谁在挖坑。

魏王彻底怒了,又是齐国!每次大功即将告成,都是它来捣乱,也好也好,终于可以一洗桂陵之战的耻辱。

庞涓接到命令——停止攻韩,火速回援。

第一步容易,第二步却难了,吃过一次亏的庞涓怎么会轻易地上钩呢?

还是要从他最熟悉的兵法上做文章。

《孙子兵法》里说,一百里的急行军会死上将,因为士兵跟不上,将军就成了活靶子。五十里速度的急行军,士兵会死亡和逃窜,到达目的地,最多能保持一半就不错了。

还有一点很重要,魏军自恃剽悍,一向看不上齐军,认为他们胆小如鼠。

成功的关键在于,顺着他们的意,把自己假扮成一只以急行军速度逃窜的老鼠。

这场戏如何演,才能让庞涓信以为真呢?孙膑想到了一个妙计——减灶。

孙膑下令,头天埋锅造饭用十万灶,第二天减一半,第三天减到两万灶,以此递减。

给出的信息很明确:庞大将军,我们真心怕你,再不追都跑没了，想立功哪还有机会。

庞涓听了汇报，只想起了兵书的话，忘记了与他对决的是比他更熟读兵书的老同学孙膑。

他又一次舍弃大军，带着骑兵精锐，生怕追不到齐军。

怎么会追不到呢？孙膑早为这位同学兼仇人选好了坟场——马陵。

孙膑的眼光不用怀疑，这个地方太适合伏击了，高山深涧，道路狭窄，树木茂盛。

接下来发生的可以当故事看，别太当真了。

孙膑下了两道军令：一是令士兵伐木堵路，并将路边的一棵大树剥去树皮，树干上书写八个大字——庞涓死于此树之下。

第二道军令，令一万名弓弩手埋伏于两侧山上，天黑之后见到火光就一齐放箭。

庞涓追至马陵，天色将黑，见树上有字，点燃了火把准备察看，一时间万箭齐发，伏兵四起，中箭后的庞涓无法突围，被迫自杀，临死还喊了一句："遂成竖子之名！"

司马迁老先生太会讲故事了，一场十拿九稳的伏击战，想必过程是短平快，在他笔下又是树上写字，又是临死喊叫，这是打仗，又不是拍戏。

过程是否精彩不重要，结局是庞涓死了，魏国败了，损失十万精兵，主将太子申成为俘虏。

更重要的是，魏国一百多年的霸业轰然倒塌，战国步入了一个新阶段。

三

庞涓的失败命中注定，有两个因子起了决定作用——嫉妒和傲慢。

嫉妒使他变得残忍，将同学整成了一个残疾人。傲慢使他变得愚蠢，居然两次掉进了同一个坑。

只是，第一次勉强爬了出来，第二次就没有那样的好运了。

更为传奇的是，庞涓死后，孙膑也找不着了。

翻遍所有的史书，马陵之战后，再也见不到孙膑的踪影。

孙膑跌宕精彩的一生，可以简单概括为——被庞涓伤害然后伤害庞涓。

再次见到这个名字，是在两千多年之后。

1972年，山东临沂银雀山1号汉墓出土了竹简本的《孙膑兵法》。

这才猜到,突然消失的孙膑到底干什么去了。

这本兵书只回答了一个问题,打仗如何取胜。

孙膑概括了取胜的五个方面:"恒胜有五:得主专制,胜。知道,胜。得众,胜。左右和,胜。量敌计险,胜。"

用现在的话说,取胜有五个必备条件:将帅得到君主的信任,能全权指挥作战;将帅掌握战争的规律;得到广大士兵的拥护;左右的将佐团结一致;将帅善于分析敌情,审查地形。

有道理吗?太有道理了,分析古往今来所有的胜仗,大概都跑不出这五个方面。

更为可贵的是,一辈子与兵法打交道的孙膑,并不好战。

能不打仗最好别打,因为战胜固然可以"存之国,断绝世",而一旦战败,则"削地而危社稷"。

对待战争的正确态度是什么呢?不可不察,慎之又慎。

道理很简单,"乐兵者亡,利胜者辱",喜好战争的国家一定会灭亡,贪图胜利的人一定受辱。

这和《孙子兵法》中"主不可因怒而兴师,将不可因愠而致战"是一个意思。

君主不可以因为一时的愤怒就发动战争,为将军者也不可以因为一时不快而出兵作战，因为"亡国不可以复存，死者不可以复生"。

仗不是不能打，只是"非危不战"，因为打仗是要死人的，而且会死很多人。

死了很多人的魏国就此衰落，一场复仇大戏宣告剧终。

明末抗清英雄黄道周对这部大戏概括得最简洁到位："孙膑学艺，才高被忌。刖足致伤，黥刑使废。谁知载归，反为齐利。救赵趋梁，已夺其气。减灶诱之，自奔速毙。万弩马陵，岂容回避。竖子成名，是谁之意？"

特别是最后两句，庞涓你用了下三滥手段，把孙膑搞成残疾人，最后还死在人家手上，你有什么可冤枉的。

还说什么"遂成竖子之名"，要说是竖子，也该是你，到死了还如此糊涂，真心无药可救。

你也不想想，如果不是你的残忍和愚蠢，怎么会让孙膑流芳千古，如果你能大度一些，与孙膑联手，说不好一统天下的是"魏"而不是"秦"。

出来混迟早要还的，只是庞涓还的有些多，他要了孙膑的腿，人家要了他的命，还留下一个恶名。

这笔买卖实在太不划算！

不作死就不会死——
赵武灵王和公子章

一

换个方式讲历史，上来先提一个问题：秦始皇嬴政在哪里驾崩的？"沙丘"。

恭喜你，答对了！

下一道题：在嬴政死前八十五年，还有一位赫赫有名的君王死在此地，他是谁呢？

想必知道的人并不多。

公布答案：赵武灵王赵雍，和他一起死掉的还有他的长子公子章。

嬴政之死是因为身体不做主，是天意，怪不得谁。赵雍的死完全是自找的，用现在的话叫作"作死"，请注意，这里"作"的读音。

可以用八个字来概括赵武灵王的一生：生得伟大，死得憋屈。

"伟大"到什么程度，梁启超说他是黄帝以后的第一伟人，为此还专门写了一篇文章。

评价相当之高，这样说来，秦皇汉武，唐宗宋祖，一代天骄成吉思汗，以及后来的康熙乾隆爷孙俩，都不在话下。

过了，显然有些过了。

话说回来，大学问家梁启超老先生不会闭着眼睛乱说一通，在千年史册上，赵武灵王确实应有一席之地，至少说起战国历史，少了他肯定差点意思。

因为正是在他手上，赵国走向了强盛。

"天将降大任于斯人也，必先苦其心志"，十五岁的赵雍刚刚登上国君之位，便面临着灭国之危。

本来赵国想着低调举办赵雍老爸赵肃侯的葬礼，没有向其他诸侯发出邀请，但魏、齐、楚、燕、秦不请自来，来就来吧，还各自带来一万兵马。

这是要干吗呢？

黄鼠狼给鸡拜年，肯定没安什么好心，想着趁赵雍年幼，合伙捞一把，当然如果能够灭掉赵国，瓜分土地，那再好不过。

对于年少的赵雍，这样的开端足够惊险，足够刺激！

自古英雄出少年，十五岁的赵雍表现出远超年龄的成熟，三招下来，转危为安。

第一招：重用老爸留下的相邦肥义、叔叔公子成，让他们运筹帷幄，制定退敌之策；

第二招：宣布赵国进入戒严状态，命令赵军一级戒备，准备随时战斗，击退来犯之敌；

第三招：联合韩国、宋国，形成反制，重金贿赂越国攻楚，楼烦击燕，使得其后院起火。

精彩！精彩！精彩！

完全是系统思维，内政、外交、军事三管齐下，招招见效。

一切准备就绪后，赵雍发话：吊唁使者可以来，军队就算了。

五国本就是乌合之众，想着"趁火打劫"，能捞多少是多少，一看赵国戒备森严，再加上后方不稳，便一哄而散。

虚惊一场，但吓得不轻。

这件事是赵雍成长路上的催化剂，他看清楚两件事：一是世界上没有真正的朋友，只有永恒的利益；二是弱国无外交，武力不强一切都白搭。

这两点认识太重要了，直接影响了赵雍的治国方略。

赵雍治国概括而言六个字——"不掺和"和"强军力"。

当时最时髦的事情是"合纵连横",今天几个诸侯国联手攻伐一国,过一段时间,又重新组合收拾曾经的盟友,杀来杀去,不亦乐乎,都想着火中取栗,捞些实惠。

赵雍奉行"孤立主义",你们斗来斗去和我有什么关系,"坐山观虎斗"岂不更好。

有得必有失,赵国不掺和,地位受到影响,其他诸侯相互捧场纷纷称王,独独赵雍"不居王号,仍称赵侯"。

不就是一个名号嘛,有什么了不起的。有句话说得好:低调攒人品!

话虽这样说,但低调通常是没有办法的事情,能高调谁愿意低调呢。

事实上,赵雍继位后相当长的时间,赵国屡屡挨打,饱受屈辱,史书说:"赵孱弱,屡见欺。"被秦国、齐国欺也就算了,居然还被中山国欺负。

中山国不是"战国七雄",但对于赵国来讲,却如鲠在喉,因为赵国国土被中山国拦腰截断,一分为二,首尾不能相顾。

赵雍苦苦思索如何改变局面,不一定欺负别人,但总不能一直被别人欺负吧。

谁承想,这场思考竟长达十九年,赵雍终于憋出了大招——变法。

不至于啊,变法又不是什么新鲜事,值得用如此长时间琢磨吗?

先前有秦国商鞅变法,韩国申不害变法,魏国李悝变法,楚国吴起变法,不过这些变法都是大臣主导,而赵国的变法完全朝纲独断,只许成功不能失败。

于是乎,"胡服骑射"闪亮登场。

顾名思义,改穿胡服,练习骑射。赵雍下令这项改革举措适用范围是"将军、大夫、适嫡子、戍吏"。

这摆明是向胡人学习,盖因为在赵国与中山国、楼烦、林胡、匈奴等游牧民族作战中,赵雍看到了骑兵的威力。

一言以概之,师夷长技以制夷。

但谈何容易,王公大臣觉得是不是搞反了,一直以来都是胡人学习汉人,怎么转眼间胡人变成了老师。

虽千万人吾往矣,赵雍这次是铁了心。"狂夫之乐,智者哀焉,愚者所笑,贤者察焉",你们想笑话就笑话吧,看看谁能笑到最后。

赵国从此迎来了一个新时代！

"赵欲国强，必灭中山"，军力增强的赵雍将矛头指向了这个"眼中钉"。

赵国连年进攻，连战连捷，中山国被动挨打，土地越打越少，直到公元前296年，都城被克，第二年，彻底灭国。

赵国终于统一了，隔绝百年的两块国土合为一体。

变法的效应不断外溢，一直羸弱的赵国终于雄起了，短短几年时间，疆土扩展了近三倍，所谓"时赵之强，甲于三晋"，成了唯一能与秦国抗衡的诸侯。

二

赵武灵王登上了人生的巅峰，他对得起列祖列宗，对得起万众子民。

可未曾想到，很快他亲手将自己推下了神坛。

原因出在两个儿子身上。

大儿子叫作赵章，通常称他为公子章，他的老妈是韩国的宗室，不幸的是很早就去世了。作为嫡长子，公子章早早被立为太子。

翻翻史书，太子之位很不靠谱，立得越早越是危险。没做过统计，不过可以拍胸脯说，最终能成功上位不会超过五成。

公子章就是"悲催"太子之一。

赵雍遇到一个绝世美女吴娃，宠爱得不得了，两人生下一个娃，叫作赵何。可惜红颜薄命，吴娃年纪轻轻就死了，死前恳求赵雍改立自己的儿子为太子。

这个女人给了赵雍无限欢乐，一辈子唯一的请求，没有任何理由拒绝。

不到十岁的赵何上位，年长十岁的公子章被赶下了台。

这种废长立幼的现象并不少见，赵雍肯定不是第一个，也绝对不会是最后一个。

不过别着急，他很快成了古代历史的"NO.1"，赵雍做出了一个惊人的决定，将国君之位传给太子赵何，从此自称为"主父"。

不对！不对！有人可能跳出来质疑，太上皇还有一些，唐高祖、唐明皇、乾隆帝都是，怎么能说赵雍是"空前绝后"呢？

最大的区别是，这些太上皇放弃皇位多少都有些外界因素，赵雍则是完完全全心甘情愿：

论身体，正值壮年，吃嘛嘛香；

论威望，群臣皆服，万民敬仰；

论地位，如日中天，无人能及。

好端端的君王不做，为何去做什么"主父"？

谁都不是赵雍肚子里的蛔虫，自然不知道他意欲何为，况且史书对此语意不详，只能从后来发生的事情，做个基本推断。

最大的可能是赵雍想建立二元政治结构，由肥义、公子叔等辅佐赵何处理国政，而他领兵打仗，开疆拓土。

换句话说，赵何做国家元首，他做三军统帅。

或许这里面还有他的一个梦想作祟——灭秦，因为他找到了绝佳战法。

以往东方六国攻秦必须先攻占函谷关，但往往只能望关兴叹，冷兵器时代，这样的天险是一夫当关，万夫莫开。

赵雍找到的路线不是由东到西，而是由北向南，从云中郡经九原，穿过陕北直取咸阳，以闪电战平灭秦国，然后扫清五国，一统天下。

妙！实在是妙！

不是简单想想，赵雍是要真干，接下来做出一件更加骇人听闻的事情——跑到咸阳"微服私访"。

他假扮成赵使的随从,进入秦地,勘察地形,面见秦王,探究虚实。

不入虎穴焉得虎子,但这实在太过冒险,果然,秦王感觉这个随从不太对劲,隐约感到一股帝王之气,等醒悟过来派人去抓捕时,赵雍早已绝尘而去。

赵雍对得住他谥号中的那个"武"字,胆识相当过人,令人叹为观止。

遗憾的是,这是赵雍最后的高光时刻,因为后院起火了。

三

还是要从二元政治结构说起,初期达到了预想的效果。

主父赵雍率军攻灭中山,赶走林胡,消灭楼烦,疆土不断扩展。国君赵何在肥义等人辅佐下,内政处理得当,越来越有贤君的样子。

但平衡注定是短暂的。

不按常理出牌的赵雍又做出了惊人的举动,想着将赵国一分为二,让公子章在代郡称王。

赵雍为何如此"任性",史书给出的解释是——同情。

同情谁呢?当然是被废的太子公子章。

在赵雍看来,这个废太子更像自己,而且多次随父出征,屡立战功,只是因为自己太喜欢吴娃,才废长立幼,心里对这位长子多有愧疚。

有件事更加刺激到赵雍敏感的神经。

有一次,他看到哥哥公子章在朝堂上向弟弟赵何朝拜,并乖乖听着赵何的训示,心里感到非常不是滋味。

这种反应太奇怪,君君臣臣本应如此,怎能与哥哥弟弟混为一谈。

要笔者说,"同情"只是一个幌子,背后是另外两个字——权力。

更确切地说,赵雍对禅让君位有些后悔了。

他虽然手握兵权,但国君毕竟是一号人物,况且在肥义、公子叔等人的辅佐下,赵王何地位越来越稳固,赵雍感到自己的话越来越不好使。

不管承认不承认,他的地位降格了,再这样下去,"主父"和臣子没啥区别。

糊涂!太糊涂!当年让位简直就是为自己挖了一个深坑。

世上没有后悔药，让出去的位置不好再收回来，否则会被天下人耻笑。

如何办呢？很简单——兄弟相争，老爸得利！

不过，步子不能迈得太大，先要把氛围搞起来。赵雍有意经常与公子章住在一起，衣食住行均命人准备两份，还让公子章的仪仗用度与赵王何几乎一样。

更要命的是派田不礼去做公子章的国相。

田不礼是什么人呢？原是宋国重臣，把国家搞灭亡后跑到赵国。

江山易改，禀性难移，他到了公子章身边后，煽风点火，使得本来心灰意冷的公子章，对于权力的欲望死灰复燃。

一场可怕的阴谋如约而至。

公元前295年，赵雍说是要到沙丘为自己选看墓地，让两个儿子随行，赵王何居一室，赵雍和公子章居一室。

田不礼跳出来，对自己主子表示这是除掉赵王何的绝佳机会，蠢蠢欲动的公子章禁不住忽悠，借用赵武灵王的令符请弟弟到主父宫议事。

只要赵王何敢来，事情就成功了一大半。

遗憾的是，赵王何没来，肥义来了！

姜还是老的辣，肥义感觉不对，于是替赵王何赴约，临走之前，叮嘱赵王何加强防卫，如果自己回不来，立即通知公子成和李兑赶来勤王。

肥义果然一去无回。

公子成、李兑按约率军赶到，一场激战后，田不礼被杀，公子章跑到了主父宫。

赵雍面临着重大抉择——这个儿子救还是不救？

其实没得选，总不能眼睁睁看着公子章横死在自己面前。

但一切都无济于事，此时此刻，赵雍是泥菩萨过河，哪里能保护得了公子章。

公子成、李兑犯难了，他们敢杀公子章，但却不敢动赵雍半根指头，毕竟他是"主父"，是当今国君的父亲，但是不除掉赵雍，如果他以后来一个秋后算账，该如何是好。

怎么办？只有一个法子——围而不杀。

这一围就是三个月，断粮断水的赵雍，最后竟然去掏鸟窝抓雏鸟吃。

活到这个份上，真有些生不如死了。

没有任何反转，不久后，这位戎马半生的一代雄主活活饿死在主父宫。

纵横沙场的赵雍应该预想过各种死法,但独独没想到到头来会成为一个"饿死鬼"。

或许有人要问,他的那个国君儿子呢?

等待,一直在等待,等着自己老爸饿死的消息,然后下令打开主父宫,为赵雍收尸。

结局就是这么个结局,该怪谁呢?

怪不得公子章,他从小被立为太子,赵何夺走了他的继承权,想夺回来再正常不过,说到底,他只是老爸和弟弟政治斗争的牺牲品。

怪不得赵王何,他接受禅让继位,处处受到老爸的掣肘,险些在沙丘丢掉了人头,这样做也是迫不得已。

始作俑者正是赵雍,本来心甘情愿让位,却又感觉大权旁落,借助大儿子起来夺权,想坐收渔翁之利,这无疑是一招险棋,更是一步臭棋。

历史上最令人唏嘘的便是如此。

如果您一直昏庸或残暴,有这样的结局,顺理成章,咎由自取。但如果英武半生,落得这样的下场,多少有些令人感到不是滋味。

春秋战国时期各有一个,春秋时的齐桓公,战国时的赵武灵王。

最高兴的莫过于秦国,如果没有这场内乱,赵武灵王按照既定计划伐秦,鹿死谁手犹未可知。

至少不应有后来长平之战四十万赵军被坑杀的惨剧。

赵雍死后谥号为"武灵",有些奇怪,居然是一个褒义词和一个贬义词组合在一起,"武"很贴切,"灵"的意思是瞎胡闹、瞎折腾,就后期的表现,不能算冤枉他。

千年风尘过去,只是有件事一直搞不明白,这样一段精彩的历史风云居然没有人理会,完全可以拍出一部历史大剧。

该有的元素都有,赵雍和吴娃的故事是缠绵的感情戏,沙丘之乱是动人心魄的权谋戏,两子夺嫡是吸引眼球的宫廷戏,深入咸阳是扣人心弦的英雄戏,再加上平灭中山国的大规模战争场面。

这样的剧想不火都难,您说是不?

忽悠,接着忽悠!——楚怀王和张仪

一

公元前313年的一天,楚国王宫,一场忽悠大戏正在上演。

忽悠人的叫作张仪,身份是秦国使者。被忽悠的叫作熊槐,身份是楚国国君。

没错,他就是历史上有名的"楚怀王"。

实际上,如果论出生地,这是楚人间的一次较量,因为张仪是地地道道的楚国人。

他为啥跑到了秦国?原因很简单,因为在楚国受气了。

有一次他参加楚国令尹的酒会,没想到,席中发生了失窃事件,令尹的玉璧丢了。

谁干的呢?

张仪成为头号嫌疑犯,因为在所有参加宴会的人中,他地位最低,最没有钱。

"仓廪实而知礼节,衣食足而知荣辱",不是"衣食不足"

的张仪,能是谁呢?

典型的有罪推定,但能到哪里说理去。

一顿暴揍险些搞得张仪生活不能自理,回家还挨了老婆一顿说。这哥们心理素质太好了,他只问了老婆一句话:"视吾舌尚在否?"你看看我的舌头还在吗?

废话,再怎么打也不可能伤及舌头啊。

"足矣!足矣!"只要舌头在,一切都没问题。

此处不留爷,自有留爷处,张仪辗转来到秦国,靠着三寸不烂之舌混得风生水起,居然当上秦国的相邦。

他这次回到故地,不是想报复当年暴揍他的人,而是整个楚国。

秦王给他的任务很明确——拆散齐楚联盟。

这个联盟太可怕了,因为齐国、楚国都是大国,他们联起手来,秦国恐怕要吃不了兜着走。

无利不起早,什么合纵,什么连横,说到底都是利益,没有甜头,楚怀王不可能答应。

张仪抛出的蜜枣是——商於六百里地。

这个诱饵足够诱人,远远超出楚怀王的预期,秦国够大方,够哥们!

不！不能答应！唯一站出来反对的是大夫陈轸。

你们不想想，秦国为何如此慷慨，目的是为了断绝齐楚关系，张仪是个国际级大骗子，我们怎能被他忽悠，拿到土地再与齐国断交不迟。

道理是这么个道理，但诱惑实在太大，大到可以忽略一切质疑。

楚使到了齐国，告诉齐王两国蜜月期结束，就此别过，各自安好。

接着该张仪兑现承诺了，楚怀王派使者跟着张仪回秦国，接收他答应的六百里地。

一入咸阳，张仪"摔"了。

不过，没人在事发现场，据说是不小心从马车上掉了下来，又据说摔得还不轻，反正是请了三个月病假，闭门养伤，拒不见客。

楚使急了，每天去张仪府上探听虚实，搞得像一个讨债鬼，就差拉横幅了。

张仪唱的哪出戏，大部分人都懂得，只有楚怀王是个例外。

他觉得张仪这样做，是因为齐楚没有彻底绝交，只有完全打消张仪的顾虑,六百里地方能到手。

怎一个脑残了得!

他找到一个勇士宋遗,派其出使齐国,任务只有一个——骂人。

骂谁呢?不用猜,齐国国君齐宣王。

宋遗很好地完成了任务,见到齐王,破口开骂,口吐莲花,什么难听说什么。

齐宣王怒了,宣布将楚国列入"流氓无赖国家",从此一刀两断,然后"折节而事秦",向秦国伸出了橄榄枝,从此"齐秦交合"。

张仪是时候宣布康复了!

他对天天守候的楚使表示愿意将秦王赐予自己的六里封地献于楚国。

有没有搞错?当时说的可是六百里,怎么转眼间变成六里了。

楚使血压瞬间爆表,好不容易见到张仪,却等来这样的消息,该如何回去向楚怀王复命。

但再难还是要回去。

可以想象楚怀王的反应,亏得没有心血管疾病,否则很可能当场就挂了。现在只有秦国的土地和张仪的人头才能平息他内心的怒火。

秦楚两军在丹阳接上了火,一战下来,八万楚军精锐灰飞烟灭,不仅没有攻占秦地,还把汉中郡丢了。

楚怀王彻底急了,像一个输红眼的赌徒,押上所有的筹码,倾全国之兵攻打秦国。

这样的赌局通常不会有什么好果子。

果不其然,楚军又败,割让两座城池后,秦国方才同意议和。

实在太憋屈,偷鸡不成蚀把米,楚怀王损失的何止是一把米。

张仪!张仪!张仪!

只要提到这个名字,他就会咬牙切齿,恨不得食其肉、啖其血、敲其骨、吸其髓。

二

机会很快就来了。

两年后,秦惠王想用武关一带土地置换楚国的黔中地区。

"愿得张仪，不愿得地"，这是楚怀王的答复。

当初想要土地，结果被张仪玩弄了，如今为了报仇，连地都不要了。

秦惠王为难了，打心里想要黔中之地，但又不好意思劝说张仪去送死。

没想到啊没想到，张仪站出来，主动要求前往楚国。

什么叫尽责，什么叫担当，什么叫为主分忧，看看张仪就知道了。秦惠王感动得险些热泪盈眶。

无妨！无妨！不就是再去趟楚国嘛，没什么大不了的。张仪胸有成竹，信心由来有二：

一则秦强楚弱，奉秦王之命出使楚国，不看僧面看佛面，想必楚王不敢动手；

二则在楚国高层有关系，大夫靳尚是哥们，靳尚又能和楚国夫人郑袖说得上话，而楚怀王对郑袖言听计从。

最后表态，即使被楚王杀了，如能使秦国取得黔中的土地，粉身碎骨，在所不惜。

明知山有虎，偏向虎山行。除了感动还是感动，秦惠王挂在眼角的泪水终于滴落下来。

"朋友来了有好酒，若是张仪来了，迎接他的是杀头"，楚怀王下令将张仪打入死牢，选个日子开刀问斩。

一切都在张仪的意料之中。

两条救命符，第一条是虚的，完全是说给秦惠王听的；第二条才是干货，用它才能保命。

张仪早就联络好了靳尚，靳尚又找到了郑袖。

宫中的女人最喜欢什么？吃醋。最怕什么呢？失宠。

靳尚开门见山告诉郑袖，秦王为了救张仪，不仅会割地，还会送来不少美女，到时候怀王见异思迁，你这个楚国夫人恐怕地位不保，不如求大王放了张仪，这才是双赢的局面。

枕边风果然好使，郑袖一把鼻涕一把泪地表示，杀了张仪，秦国必派大军攻打楚国，恳请大王让我们娘俩搬到江南去住，免得让秦军欺凌屠戮。

楚怀王最见不得美人哭，罢了罢了，这次就饶了这个"大骗子"。

换作别人，出狱后定会立即开溜，万一楚怀王哪天反悔呢？

这才哪儿到哪儿，还没开始正式表演怎么就能走呢，张仪主动求见楚怀王，给他分析了一番天下大势，说来说去就一个意思，楚国只有和秦国交好，才是正确的选择，两国联手，其他几国可以忽略不计。

有个人终于忍不住了，此人芈姓，屈氏，名平，字原，就是千年来受人敬仰的屈原。他说："前大王见欺于张仪，张仪至，臣以为大王烹之；今纵弗忍杀之，又听其邪说，不可。"

说要杀张仪的是你，放了他的还是你，说要断绝和秦国关系的是你，决定和秦交好的还是你，这究竟是几个意思。

你懂什么，"许仪而得黔中，美利也。后而倍之，不可"。楚怀王觉得这是一笔好买卖。

一切都与土地有关，当初为了得到地而轻信张仪，后来为了得到张仪而不要地，如今想着放了张仪而得到地。

遗憾的是，到最后，既没有得到张仪也没有得到地。

三

这是两人最后的交集。

从此之后，彼此沿着各自的道路头也不回地走下去，张仪接着忽悠，楚怀王继续着脑残。

在新郑，张仪对韩宣惠王说："秦国有勇士百万，一跃就是两丈多的战马，多到没法数清楚，顺从秦国就安全，和秦国对着干就危险,何去何从,您看着办。"

在临淄,张仪对齐湣王说:"秦楚结成了盟约,韩国献出了宜阳,魏国献出了河外,赵国献出了河间,纷纷讨好秦国,齐国要想安定,除了和其他诸侯一样,齐国好像没有第二条路可走。"

在邯郸,张仪对赵武灵王说:"秦国相约齐国、韩国、魏国的军队,准备进攻赵国,这没有什么好相瞒的,最好的破解之法是在渑池与秦王见个面,请求罢兵,有事好商量,您看呢?"

在蓟都,张仪对燕昭王说:"燕国和赵国最为亲近,这完全是瞎了眼,赵王凶暴乖张、六亲不认,但赵王最忌惮秦国,如果燕国奉事秦国,赵国岂敢轻举妄动,燕国从此无忧,您觉得如何?"

过程不重要,关键看"疗效"。效果如何呢?一百分!

这不是替张仪吹牛,司马迁老先生在《史记》中记述了诸王听完张仪忽悠后的反应:

韩王听仪计;齐王乃许张仪;赵王许张仪;燕王听仪。

按说张仪立下如此功勋,理应获得重赏,估计他心里也是这样想的,兴冲冲赶回咸阳。

计划赶不上变化,半路上传来消息,秦惠王崩了,秦武王即位。

怕什么来什么,张仪心里清楚,自己如此风光,根子在于秦惠王的信任,一直以来他和秦武王都不对付。

是时候考虑后路了。

不出所料,刚回咸阳,群起而攻之,大臣们斥责张仪:"无信,左右卖国以取容。秦必复用之,恐为天下笑。"

翻译过来是说:"张仪不讲信用,出卖国家,以谋图国君的恩宠。秦国要再任用他,恐怕被天下人耻笑。"

信用?有没有搞错,在巨大的利益面前,信用算老几。

卖国?更是无稽之谈,张仪我不惧风险游说六国,随时有可能掉脑袋,秦国能有今天的外部环境,靠的是谁,别都揣着明白装糊涂。

一人难敌众口,况且众臣后面站的是秦武王。

更让张仪心寒的是,自己好不容易说服了众诸侯和秦交好,这些诸侯王听说张仪失宠,立马翻脸不认账,又恢复了合纵联盟。

伤心归伤心,但秦国是无法继续待下去了。

张仪发挥特长,成功忽悠秦武王同意自己前往魏国,一年之后，客死他乡。

张仪的一生是忽悠的一生，他靠巧言令色起家，最终也死于太能忽悠。

再说楚怀王。

公元前299年，就是张仪死后的第十年，秦国攻占了楚国八座城池，秦昭襄王约楚怀王在武关会面。

去还是不去？楚国朝廷吵成一片，分为泾渭分明的两派。

主张不能去的是昭睢等人，人不能被同一条绳子绊倒两次，张仪的教训就在眼前，秦人为了利益不择手段，怎么还能上当。

主张去的是子兰等人，秦楚交恶，完全是张仪从中作梗，如今张仪已死，障碍已消除。如不答应见面，秦王动怒，损失的恐怕不止八座城池。

再说，两国交战都不斩来使，更何况是国君。

有道理有道理，楚怀王下定决心：去，一定要去！

他也不想想，正是自己的祖先开了扣押外国君主的先例，春秋时楚成王曾经扣押过宋襄公。

既然楚人使得，为何秦人使不得。

楚怀王一去无回，入了武关，便遭扣留，然后被劫持到咸阳。

秦昭襄王的目的很明确——割地结盟，只要楚怀王点头，立马放他回国。

没想到，貌似脑残的楚怀王硬了一回，要杀要剐由你们，但想要土地——没门儿。

爱情诚可贵，自由价更高，若为国家故，两者皆可抛。

既然不识抬举，就继续在咸阳待着吧，总有一天会想通的。

楚怀王至死也没有想通，三年后，忧郁成疾，命丧咸阳。忽悠人的和被忽悠的，落了一个同样的结局——客死异乡。

按说这样一个糊涂国君，死就死了，不值得过于同情。

可是，史书记载，楚怀王遗体回到楚国时，"楚人皆怜之，如悲亲戚"。

更让人想不到的是，几十年后，陈胜、吴广在大泽乡振臂一呼，打的是楚怀王的旗号。后来项梁、项羽索性找来他的孙子熊心，立为楚王，王号还是怀王。

他们这样做，说到底，是为了争取民心。

糊里糊涂的楚怀王为何如此深得民心？或许想不到，他只是糊涂一时，在大部分时间里英明得很。

任用贤能，恢复吴起变法的法令，变革强国的是他；

关注民生，留下"雪中送炭"典故，知民疾苦的是他；

攻灭越国，创建海上丝绸之路，繁荣商贸的是他；

六国合纵，从东西两方向攻秦，推为纵长的还是他。

如此一位牛人，到后来"内惑于郑袖，外欺于张仪"，搞得自己身死异国，楚国一蹶不振，实在可悲可叹！

追根溯源，怪得了谁呢？

是张仪吗？没错，张仪很能忽悠，狡猾奸诈远胜于常人。不过，第一次上当情有可原，但总是被忽悠，就要从自己身上找原因了，猪撞树上尚且知道转弯，这位怀王却一条路走到了黑。

要说，谁都别怪，要怪就怪怀王被成功冲昏了头脑。

人们常说，失败是成功之母，有时候，成功也会成为失败的妈妈。

楚怀王就是典型，志得意满，妄自尊大，重用佞臣，最终走向毁灭。

所幸的是，深陷囹圄却严词拒绝割地要求，算是保住了最后一点颜面，也保住后世对他的怜悯和尊重。

只是，无法保住的是楚国的衰败。

他的儿子楚顷襄王熊横更加昏聩，正如其号，"大厦将倾"，秦国对怀王之死多少有些愧疚，有段时间没有对楚动武，这原本是楚国励精图治、东山再起的机会。

不过，对于熊横来讲，机会就是用来浪费的。

他"亲小人，远贤臣"，忙于狩猎，荒于国政，将直言进谏的屈原一贬再贬。

秦国不再客气，公元前278年，白起率军攻陷郢都，熊横狼狈出逃，楚国几乎灭亡。

直接的后果是，救国无望的屈原跳入汨罗江，从此有了端午节，也有了粽子吃。

读史明智，其实，细细想来，张仪并没有什么奇门怪技，能把楚怀王忽悠得晕头转向，只是抓住了人性的弱点——贪。

"贪心不足蛇吞象"，如果不贪，任凭如何忽悠，想必也不会上钩。

照此说来，骗术在不断创新，但核心要义却没有变，对被骗的亦如此，贪念是决定因素，唯一区别是大贪和小贪之分。

大贪如楚怀王，想着商於六百里地，小贪更是数不胜数。

易中天先生说，人生有两大悲剧，一是踌躇满志，二是万念俱灰，这实际上就是被骗前后的心理反应，更为可怕的是，中间往往没有什么过渡。

说句忠言，劝君莫做"楚怀王"，身边说不定就有一个"张仪"在呢。

老夫老妻的相爱相杀——
芈八子和义渠王

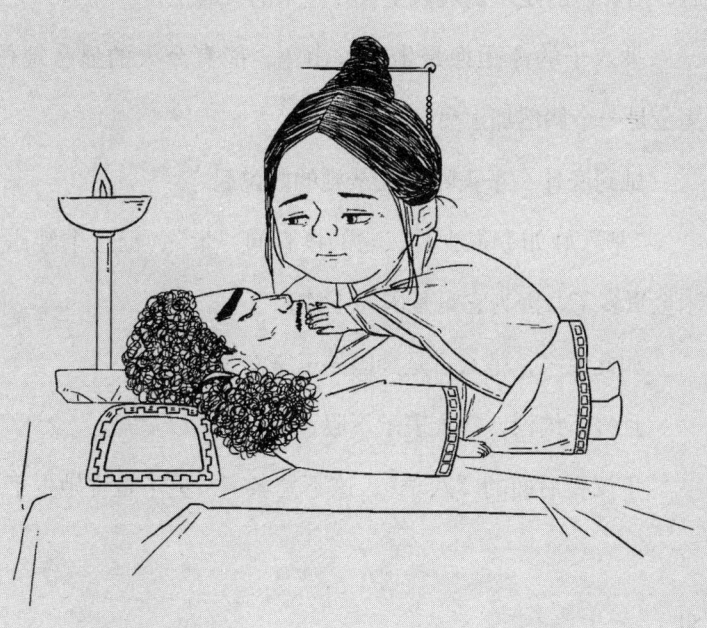

一

公元前307年的一天,秦国王宫洋溢着喜庆的气氛,刚刚即位的秦昭襄王嬴稷正在接受义渠国国王的朝贺。

本来是例行公事,谁承想,一个刚刚改变命运的人即将改变另一个人的命运。

前者说的是昭襄王的生母,过去的芈八子,如今的宣太后,后者说的是从西边风尘仆仆赶来的义渠王。

芈八子的命运像是坐了过山车,能有今天的显赫地位,完全是一个偶然加上另一个偶然。

她到底什么来头呢?先从她的姓说起。

"芈"姓如今很少见,它的读音同"米",但这个姓比大米金贵多了,因为它是楚国的王姓。

如此说来,芈八子是楚国的王室女子。

且慢下结论,有人表示不服。

争议在后面的"八子",这不是名字,更不是说她生了八个儿子，而是后宫的一个等级。

先普及一下秦国后宫的制度，爵列共分八品，秦王的正妻称为王后，地位稍次的为夫人，后面依次的排序是美人、良人、八子、七子、长使、少使。

芈八子的地位并不高，上不上下不下，显得有些尴尬。

楚国当时是大国，和秦国关系相当不错，倘若真是王室女子嫁到秦国，待遇如此低，确实有些说不过去，王后不一定能够当上，但做个"夫人"应该绰绰有余。

照此说来，她应该由楚国而来，但和楚国王室没啥关系。

更何况她的言谈举止，根本不像受过良好教育的王公贵族之女。

最能说明问题的是芈八子与韩国使臣的一段对话。

楚国攻打韩国，韩国派使者向秦国求救。芈八子是楚人，不愿意派兵救援，因此要有个说辞。她说："妾事先王也，先王以其髀加妾之身，妾困不疲也；尽置其身妾之上，而妾弗重也，何也？以其少有利焉。"

我服侍先王，先王把大腿压在我身上，我受不了。当他把整个身体压在我身上时，反而一点也没有负重的感觉，为啥呢？因为这姿势对我有好处，你懂得！

雷人不雷人？爆款不爆款？

芈八子说得轻松异常，韩国使臣听得脸却红了。

放到今天，这必须是一个荤段子。

其实，芈八子的意思是说你需要我承担责任，那么你就要给我好处，如果不给，我承担起来会觉得特别累，就不愿意承担。

不是不能比喻，但拿床上的事儿来形容就不好了。况且这不是在酒桌上，而是在正式的外交场合。

不是八卦，不是野史，更不是抹黑，这个段子真实地记录在《战国策》中。

两千多年后，清朝大学者王士祯指名道姓骂道："此等淫亵语，出于妇人之口，入于使者之耳，载于国史之笔，皆大奇！"

不管后世怎么评价，架不住人家芈八子命好。

第一个偶然是他遇到了秦惠文王嬴驷，就是将商鞅五马分尸的那位。

至于如何邂逅的说法不一。有的说她嫁给了嬴驷，有的说嫁过去的不是她，芈八子只是楚国公主的随嫁。

不管怎样，两人碰到了，而且对上眼。

秦惠文王对她甚为宠爱，有人或许要跳出来质疑：不对！

不对!

既然如此受宠,为何只封了"八子"?

原因不复杂,当时诸侯之间的联姻政治考量是首位,个人私情只能退其次。

还是要用数据说话,秦惠文王一共有八个儿子,芈八子一个人就贡献了其中的三个。

两人的关系如何?不用再多说了吧。

不过,这段美丽的故事只能算匆匆那年,好景不长,四十六岁的秦惠文王吐血而亡。

芈八子的天塌了!

二

秦惠文王的嫡长子太子荡继位,史称秦武王。芈八子的大儿子嬴稷被送到了燕国当人质。

秦国的政局看上去已经跟芈八子没有什么关系了。

只是没想到,没过几年,另一个偶然发生了——秦武王死了。

说来挺有意思,秦武王是一个体育迷,而且喜欢一种高风险的运动——举重。

不想拿冠军的运动员不是好运动员。

这位奇葩国君异常争强斗狠。只要是听说有谁的力气大，他就去跟人家角力。

结果悲剧发生了！

在一次举鼎时，因力不能及，脱手后被宝鼎砸断胫骨，伤重不治，就这样挂了。

至于是哪一次比赛，两种说法，一说是他与齐国的大力士蒙贲较量举"龙文赤鼎"；另一说是他跑到了周王室的洛阳，试图举起神州九鼎。

本来是轻量级选手非要参加重量级比赛，焉能不出事。

秦武王没有留下子嗣，这意味着下一任秦王只能从他的兄弟中产生。

本来靠边站的芈八子得到了回到舞台中央的机会。

不过，在这场君王争夺战中，芈八子没有任何优势，大儿子嬴稷远在燕国，况且只排行老四，除了死去的秦武王外，前面还有老大嬴壮和老二嬴雍。

最后的结果是"诸弟争立。公子稷质于燕，国人迎而立之，是为昭襄王"。

国人迎而立之？确实有些开玩笑了，一个在异国他乡当人质的王子，怎么可能受到万民拥戴呢？

不用猜，肯定是芈八子在背后运作，同时要隆重感谢一个人——赵武灵王，正是他联合燕王派大军护送嬴稷回国继位。

这当然不是赵武灵王良心发现，赵武灵王如此做只是想挑起秦国的内乱，使得赵国能够坐收渔翁之利。

果不其然，在昭襄王继位第二年，便发生了"季君之乱"。结果是嬴壮以及参与谋乱的大臣、公子被诛杀，秦惠文王的正牌王后被送到了魏国。

芈八子和她的弟弟魏冉完全控制了秦国朝政。

三

在朝贺大典上，宣太后芈八子第一次见到了义渠王。

史书上没说这位国王当时多大，长得什么样，正常的判断，年龄应当比三十多岁的宣太后小。

至于长相，肯定不是小鲜肉，应该相当彪悍有型。

因为义渠原本就是一个少数民族。

义渠是西戎族中最大的一支。"建国"后，控制了西至西海固荒原，东到桥山，北至河套，南到泾水的地盘，将近十万平方公里。

翻开地理图册，直观看到，义渠是秦国的邻居，有些地方犬牙交错。

两边谁也不服谁，一打就是四百年。

还别说，秦国开始还真打不过这个少数民族，因为义渠人根本不怕死，以"战死为吉利，病终为不祥"。

后来秦国逐渐占据了上风，但无法彻底使其灭国，有了这块"牛皮癣"，秦国东出攻打六国，后方始终存在巨大隐患。

于是，宣太后和义渠王好上了。

不知是谁先动了心，是义渠王被风韵犹存的芈八子所吸引，还是年轻守寡的宣太后难熬寂寞，反正两人住在了一起。

这一住就是三十年，据司马迁老先生的记载，宣太后为义渠王生下了两个儿子。

换来的结果是，秦国再无后顾之忧，可以肆意东出，一跃成为战国七雄中数一数二的狠角色。

但令人震惊的血案发生了！

公元前272年，宣太后召自己的情夫进宫，义渠王从此再也没有从甘泉宫中走出来。

"诈而杀义渠戎王于甘泉",至于具体过程,史书上一句都没提,具体也不太好猜。

接下来的事儿很好猜了,宣太后下令秦军发兵攻打义渠,"建国"五百余年的这个国家从此在历史上消失,变成了秦国的北地、陇西、上郡三个郡。

照此来说,芈八子对义渠王没有感情可言,表面上浓情蜜意的"姐弟恋",其实一点也不浪漫,充满着阴谋和血腥。

为了消除本朝的心腹大患,芈八子使了美人计,而且一使就使了三十年。

有道理吗?有些道理。

三十年前,秦国和义渠实力不分伯仲。三十年后,别说义渠,东方六国对秦国都无可奈何。

于是,是收网的时候了。

还有一种说法——以色事人,色衰而爱弛。

意思是说年老色衰的宣太后,害怕义渠王不再喜欢自己,进而有可能移情别恋,所以先下手为强。

这样的说法,确实有些扯了!

读史存疑，总是觉得这里面哪里不对。

两人相守三十年，还生了两个孩子，如果说宣太后完全是为国献身，彼此完全没有感情基础，似乎有些有违常理。

历史的真相或许是两人初相识，浓情正当时，宛若干柴遇到烈火。

那三十年后，芈八子为何要杀掉孩子他爹呢？

可能有两个原因，一则两人的关系由浓转淡，像是左手握着右手；二则秦国已不是当年的秦国，义渠更不是当年的义渠，是时候拔掉这个祸患了。

有句话说得好：感情基础如动摇，一切都会不牢靠。

义渠王死了，那两个孩子呢？

这个更没法回答，因为史书压根儿就没提。

不过大概率宣太后没有杀掉他们，如果真下了毒手，拿着放大镜想着抹黑秦国的东方六国的史官们怎能放过这样的好素材。

四

结局就是这样一个结局，至于为何会这样，仁者见仁智者见智，可以由着猜想。

但如果想着芈八子年老后对男人没想法了，就大错特错了。

《战国策》里记载得清楚，年逾七十的宣太后很快又有了新相好。此人叫作魏丑夫，千万别以名取人，丑夫并不丑，反而相貌堂堂。

芈八子喜欢得不得了，到了什么程度呢？下诏让魏丑夫为自己殉葬。

过于宠幸敢情也不是好事，魏丑夫吓得险些大小便失禁，生前当情人，死后居然要当情鬼。

不愿变鬼的魏丑夫自己不好去说，找到能言善辩的大臣庸芮去游说，恳请老情人宣太后收回成命。

庸芮确实有两把刷子，他先抛出一个哲学问题——人死后有无灵魂和感知？

还没等芈八子开口。庸芮表示如果没有，让心爱的人白白送死，岂不可惜。如果有，带个男宠见到了先王该如何解释？

高！实在是高！魏丑夫终于保住了一条小命。

公元前265年，秦国宣太后芈八子病逝，结束了风流而传奇的一生。

历史人物最看重的是盖棺定论,对于芈八子该如何评判呢?

风流?无情?还是残忍?

狭隘!有些太狭隘了!

都知道对男性政治人物,要全面地看、辩证地看,要一分为二地看,只要大面上是好的,私德不算什么大问题。

独独到了女人,眼睛却紧盯着私生活不放。

只看芈八子杀义渠王宠魏丑夫,不看在她手上秦国蒸蒸日上。

只看吕太后将戚夫人变成人彘,不看司马迁都夸她治国有方。

只看武则天二张男宠围绕身边,不看她将大唐推向空前盛世。

这还不算啥,更差劲的是江山丢了,把锅甩给女人,所谓"红颜祸水"。

烽火戏诸侯不怪周幽王怪褒姒。

渔阳鼙鼓起不怪唐玄宗怪杨贵妃。

南朝被隋灭不怪陈后主怪张丽华。

怪得着吗？

总是说"商女不知亡国恨，隔江犹唱后庭花"，怎么不说"君王城头竖降旗，妾在深宫哪得知？"

还是鲁迅先生一针见血："我认为在男权社会，女性是绝不会有这么大的力量，兴亡的责任都应该由男的负，但向来男性作者大抵将败亡的大罪推在女性身上，这真是一钱不值的没有出息的男人。"

到位！相当到位！

韦小宝都感到不忿："天下倘若没这些糟男人、糟皇帝，美女再美，也害不了国家。"

说到底，这些"糟男人"需要的不过是一方遮羞布，一块挡箭牌。

芈八子不会留意这一切，她对得住秦国，以太后身份统治三十六年，国力大增，"东益地，弱诸侯，尝称帝于天下，天下皆西向稽首"。

更何况，她有一项重大发明足以载入史册。

太后！太后！太后！重要的事情说三遍。

《史记》曰："昭王母芈氏，号宣太后。王母于是始以为称。"从此以后，君王或皇帝的母亲有了一个新的名号——太后，一叫就是两千多年。

一代更比一代强，他的玄孙嬴政有了一个更为重大的发明——皇帝。

历史总是充满诡异，细细琢磨，嬴政的老妈赵姬还真有点像宣太后芈八子。

同为太后，都养情人，还都为情夫生下了两个孩子。

只是，芈八子名垂青史，赵姬却留下恶名。

差距为何如此大呢？两个字——格局。

宣太后目光长远，意志坚定，为国家不惜杀掉情人。赵太后色令智昏，迷失自我，为情人不惜毁掉国家。

还是那句老话：有什么样的格局，就有什么样的人生。

关于这一点，不接受任何反驳。

> 本是同根生，相煎太着急——

信陵君和魏安釐王

一

仲夏时节,魏国都城大梁。信陵君府上高朋满座,气氛比外面天气还热烈。

客人都到齐了,主人却没了踪影。

难道被放鸽子了?

不可能,天下人都有可能放鸽子,独独信陵君不会。

原因只有一个,信陵君是真正的君子,诚信、仁义是他最看重的东西。

信陵君到底干吗去了呢?他要去见一个人。

是什么样的人物让信陵君如此看重?要知道他可是国君安釐王的弟弟,魏国名义上的二把手。

他见的人叫侯嬴。

此人什么来头?说出来您可别不相信,他既不是王公大臣,也不是外国使节,只是一个看城门的,而且已经七十多岁。

有没有搞错？信陵君扔下一屋子客人，去请一个守门老吏。

信陵君行为之所以如此匪夷所思，是因为听说这位老头是一位高人。

上次他提着重礼去见侯嬴，人家压根儿就不见，吃了一个闭门羹。这次总算是见上了，但侯嬴表现得没有一点儿礼数，反而有些蹬鼻子上脸。

一来，一屁股坐在信陵君空出的位置上，让信陵君成了车夫；二来，提出要先绕道去集贸市场与杀猪卖肉的朋友朱亥见个面；三来，见到朱亥后，两人旁若无人谈笑风生，完全无视信陵君的存在。

信陵君的随从急了，但又不好发作，心里向这个老头抛出了无数个脏字。

信陵君的态度呢？据侯嬴观察，先是"恭"，后是"愈和"，反正"色终不变"。

这也太有涵养了吧。

侯嬴闹够了，信陵君带他到府上，介绍给全体宾客，又让坐上座，又给其敬酒，显得毕恭毕敬。

所有人都惊了，不知道信陵君的葫芦里卖的什么药。

侯嬴总算有些不好意思了，表示他这样做只是想让自己成为小人，用来凸显信陵君礼贤下士的高大形象。

原来是为这个，有必要如此折腾吗？

信陵君觉得有必要，非常有必要！

很快，由侯嬴导演、信陵君主演的一场大戏拉开了帷幕。

剧名耳熟能详——信陵君窃符救赵。

这出剧惊心动魄，跌宕起伏，几经反转，放到今天，肯定会火。

不过追根溯源，这事儿起初跟魏国没有什么关系，源头是因为秦国攻打赵国。

公元前260年，长平之战，赵军惨败。三年后秦国发兵围攻邯郸，赵国岌岌可危。

赵国丞相平原君赵胜的老婆是信陵君的姐姐，危难时刻，只能向老婆的娘家人求救。

魏安釐王刚开始答应了赵胜的请求，派遣大将晋鄙率十万大军前去救援。

魏军没走多远，魏王变卦了。

史书上说是因为秦王恐吓，如果胆敢派兵救赵，邯郸城破，秦军下一个目标就是大梁，您看着办。

其实用得着恐吓嘛,如实说,魏王压根儿就没想派兵,秦军刚在长平坑杀四十万赵军,换你是魏王,敢得罪秦国吗?只是碍于赵胜老婆是魏国公主的面子,装装样子罢了。

平原君赵胜急了!

魏王不成,就去找信陵君,他派人送信给信陵君,采用激将法,甩了三个问题。

一是公子一直以仁义著称,如今见死不救,袖手旁观,您还是君子吗?

二是不看僧面看佛面,不给我面子可以,难道您姐姐的面子都不给吗?

三是唇亡齿寒,如果赵国被灭,魏国难道能够独自苟活吗?

信陵君的面子挂不住了,况且他觉得赵胜说得有理。论单挑,谁都不是秦国的对手,如今只能合起伙来。

但自己只是二把手,老大不同意,能怎么办呢?

想来想去,只能单干了,为了名声,为了姐姐,为了魏国,信陵君决心铤而走险。

他带着三千门客,勉强凑够了一百辆战车,组成了敢死队,准备离开大梁,去和秦军拼命。

信陵君带着人马路过东门,想起了看门的侯嬴,专程前去拜访,说是拜访,更是诀别。

风萧萧兮易水寒,本来是很悲壮的事儿,没想到侯嬴都没拿正眼看他,冷冷地来了一句:"您多保重,我就不跟着去了。"

信陵君走了不远,心里顿觉不对,我对这老头怎么样,天下人都知道,如今我即将赴死,他怎么是如此态度。

不成,不成,一定要回去问个清楚。

没想到,人家侯嬴早就站在了东门外,猜到了信陵君一定会返回来。

紧接着,这位看门老吏开始了神仙级的表现。

先是全盘否定,公子您这么干,简直就是开国际玩笑,"譬若以肉投馁虎,何功之有哉?"您这一块肥肉扔给了饥饿的秦军,都不够人家塞牙缝的。

那该怎么办呢?好办,只要你照着我说的方法做。

有一个重要的东西,在魏王的卧室——虎符,拿到它就可以调动魏军。

有一个重要的女人,也在魏王的卧室——如姬,她有机会偷出虎符。

只是,如姬怎么会去干这种掉脑袋的事情呢?

公子别忘了,如姬的父亲被人所杀,没人能为她报仇,她和你哭诉后,你就派人为她砍下了仇人的脑袋。

接下来该怎么做,就不用我教了吧。

牛掰不牛掰,一个看大门的将魏王宫里的秘密了解得一清二楚。

这还不算完,帮人要帮到底。

信陵君拿到虎符,第一时间就想去夺兵权,侯嬴一句话让他又犯了难——如果晋鄙不交兵权而要请示魏王呢?

怎么办好呢?只能敬酒不吃吃罚酒。

侯嬴向信陵君隆重推荐的杀手——屠夫朱亥。

接下来的剧情是"朱亥袖四十斤铁椎,椎杀晋鄙",四十斤的铁椎藏于袖中,不动声色,一击致命,这身手完全是职业水准。

所有的这一切,难道都在侯嬴的盘算中?没有人知道答案,因为侯嬴也死了。

信陵君出发前,侯嬴表示自己年岁高,不能随同前往,等信陵君到达晋鄙军营,自己将面北自刎,以报知遇之恩。

为何一定要自杀呢?实在有些搞不懂。

是怕魏王事后追责，还是认为已经实现人生价值，抑或是觉得活够了。

总之，不能抢了主角的戏，是时候领盒饭了。

公元前258年，赵国在楚、魏援军的帮助下，内外夹击，秦军大败，邯郸得救了。

二

仗打完了，回还是不回呢？

偷盗虎符，诛杀晋鄙，任何一件都是杀头的大罪。

更何况，国君哥哥对自己早有猜忌。

史书记载，有一次安釐王和信陵君下棋，北边传来警报说赵国发兵进攻，安釐王颇为惊骇，信陵君说无须在意，这只是赵王在打猎，后经前方确认果真如此。

神了！信陵君表示这不算什么，赵王身边有自己的眼线，一举一动皆在监控之中。

这样说来，信陵君府简直就是一个情报机构，信陵君就是间谍头子。

安釐王细思极恐，远在邯郸的赵王都在他监控之下，近在咫尺的自己呢？

"是后魏王畏公子之贤能，不敢任公子以国政。"信陵君你想做什么就做什么吧，反正政务以后就别掺和了。

思来想去，信陵君做出最后的抉择：军队回去，自己和门客留下。

在赵国一住就是十年。

这十年，轻松休闲，他是赵国的大恩人，待遇都是高配。

这十年，忧心忡忡，秦国不断攻打魏国，大梁岌岌可危。

魏安釐王扛不住了，派使者到邯郸请求信陵君回国帮忙。

没想到，信陵君的态度是——不回！

不回就不回吧，他还对门客们放出狠话，胆敢给魏国使臣传话的，杀无赦。

这就有点奇怪了，信陵君到底爱不爱国，爱的是哪一国？赵国还是魏国？

唯一的解释——恐惧。

国君哥哥是真心实意，还是一个圈套，他心里一点谱都没有。

关键时刻，在赵国认识的门客毛公和薛公站了出来，没讲大道理，只说一句话，君子您有今天的地位，是因为有魏国，魏国没有了，您什么都不是。

回！抓紧回！信陵君下令车夫即刻套车回魏国。

兄弟见兄弟，两眼泪汪汪。

一切过往都翻篇儿了，当务之急是抗击强秦。

安釐王任命信陵君为上将军，将兵权全部交给他。信陵君由此迎来人生最高光的时刻。

谁说名声不能当饭吃，那要看是谁的名声。

信陵君派人向各国求救，诸侯们可以不给魏王面子，但信陵君这个面子必须给。

赵、韩、楚、燕四国二话没说，派出兵马交由信陵君指挥。诸侯们从来没有这么齐心过，他们相信信陵君的人品，更相信他的能力。

为数不多成功的一次合纵上演了。

所谓合纵，简单地说，就是六国联手对秦国进行群殴，每次都选个领头的，名为合纵长。

人多力量大，但人多心眼儿也多。

第一次合纵，公元前322年，合纵长楚怀王，名为五国，实际只有魏、赵、韩三国，结果联军被秦击败。

第二次合纵，公元前298年，合纵长齐湣王，齐、魏、韩、赵、五国联手，攻入函谷关，秦国割地求和。

第三次合纵，公元前297年，合纵长还是齐湣王，齐、赵、韩、魏、燕参加，还没交火就散了，算是以失败告终。

第四次合纵没有合纵长，但有个偶像级的总指挥——信陵君。

结果都知道了，信陵君带着五国联军，大败秦国大将蒙骜，秦军一路向西逃窜，跑回函谷关再也不敢出来。

六国被秦国占领的土地全部解放了！

六国人民好喜欢，都乐翻了。

十年之内两次将秦军打得如此灰头土脸的，大概只有信陵君一个人了。

他从此走上了神坛，接受无数人的膝盖。

三

有两个人坐不住了，一个是秦王，另一个是魏王。

前者容易理解，毕竟是敌人，是克星。但后者是兄弟啊，虽然不是一个娘生的，但老爸却是一个人。

只是，如果你是魏王，有这样一个出类拔萃的弟弟，心里会怎么想？

你说话，没人搭理。他招呼，全来帮忙。到底谁是一国之君？

没有存在感还是小事，如果哪一天信陵君盯上了王位，想取而代之，那是分分钟的事情。

不得不防！必须要防！

秦国更没闲着，还是老套路，打不过就离间。

相邦吕不韦派人带重金来到大梁，三招下来，将本就脆弱的魏家兄弟关系整到彻底破碎。

第一招，在大梁城里大造舆论，说是要庆贺信陵君登基称王。

第二招，找到晋鄙旧部，说服他们为主子报仇，说信陵君坏话。

第三招，重金收买一些朝中的投降派，天天在魏王面前咬耳朵。

魏安釐王下了决心，纵使这个弟弟再有本事，也不能再用了。

球踢到了信陵君一边。是趁机夺权还是乖乖交权？表面上是道选择题，实际上没得选，如果想夺权早就动手了，还能等到今天。

信陵君就是信陵君，是正人君子，不是野心家。

信陵君像是换了一个人。"长夜饮，饮醇酒，多近妇女"，酒色从此不离身。

什么天下大事，什么江山社稷，什么苍生子民，和我有什么关系？

"我们无比敬爱的公子，怎么会变成今天的模样？"三千门客心灰意冷，一个个离他而去另谋高就。

夜夜笙歌，醉生梦死，难道是信陵君想把过去没时间享受的补偿回来吗？当然不是。

有人所言准确至极："信陵之于醇酒妇人，岂其所真溺乎？其心犯苦也！"

肉体的欢愉，酒精的刺激，只是一剂麻醉剂，使他暂时远离痛苦而已。

"哀莫大于心死"，他的心已经死了，拼命地掏空自己，只求身体也早日死去。

公元前243年，在酒池肉林中放荡了四年的信陵君去世，死因——纵欲过度，还有酒精中毒。

同一年，他的那位国君哥哥也死了。

十八年后，大梁城破，魏国灭亡。

本是同根生，相煎何太急，其实何必呢？安釐王也不想想，如果信陵君对权力有欲望，他那个王位怎么能保得住。

这样无欲无求的人才不好好使用，完全是作死的节奏。

不过也没什么奇怪，魏国最不擅长的就是使用人才，最擅长的是为其他诸侯贡献人才，由此获得了一个荣誉称号——战国时期最大的人才输出国。

要命的是，它为死敌秦国贡献了三大名相。

商鞅，主持变法使得秦国强大。张仪，游说各国使得连横亲秦。范雎，提出远交近攻从而灭六国。

还有吴起、孙膑、公孙衍、魏章等，都是超一流的名将，流落他国，扭过头来都来收拾魏国。

无论哪个时代，什么最重要？人才。魏国实在太慷慨了，搞得其他诸侯都有些不好意思。

"失才亡魏"，一语中的。

信陵君不愿为异国卖命，却不能为本国效力，这是他的痛苦所在。

这看上去是个死结，谁让你能力如此突出，谁让你遇到了嫉贤妒能的国君哥哥，谁让你不愿放下面子取而代之。

所幸的是人民的眼睛是雪亮的！

辛弃疾说："了却君王天下事，赢得生前身后名。"信陵君只是一个贵族，但论点赞数量远远超过大部分君王。

壮志未酬的信陵君在后世居然拥有了许多狂热的"粉丝"。

最出名的一个小迷弟，叫作刘季，也就是后来的汉高祖刘邦。

年轻时的刘邦游手好闲，跑去大梁追星，想投在信陵君门下，重新开启人生之路。

令他失望的是，信陵君早就死了。听说张耳得到了信陵君真传，他转而又投到张耳门下。

后当了皇帝，初心不改。刘邦每次经过大梁，都要恭恭敬敬祭扫公子墓，还安置了五户人家，专门守冢，世代侍奉。

他自己就是一个大牛人，一生中只有两个偶像，另一个是秦始皇嬴政。

还有一个重量级"粉丝"——《史记》的作者司马迁老先生。

战国四君子都有列传，但独独在《魏公子列传》中出现了一百四十七次"公子"，待遇远远超过其他三位。

"太史公曰"这样评价四位：孟尝君，用了"名不虚矣"来反讽；平原君，直接来了个"利令智昏"；春申君，说"当断不断，反受其乱"；信陵君，"名冠诸侯，不虚耳"。

"能以富贵下贫贱，贤能诎于不肖，唯信陵君为能行之。"在司马迁的心中，信陵君是当仁不让的。

金无足赤人无完人，如果非要给信陵君找出点毛病，两个字——单纯。

赵王打猎的事情，完全可以不说，低调攒人品，没有必要暴露自己的实力。

杀掉晋鄙的事情，其实也没必要，晋鄙名声不错且没犯什么错误，完全可以先绑后放。

作践自己的事情，更没有必要了，大丈夫能屈能伸，不让干了退隐不就行了嘛。

再说身体是革命的本钱，万一秦国来犯，还能有为国效力的机会。把身体整垮了，一切也都垮了。

单纯不代表可爱，成熟更不代表奸诈，"大智"再加上点"若愚"才刚刚好。

不管怎么说，盖棺定论，信陵君铸就了六国最后的辉煌。

一千多年后，他的另一个"粉丝"李白喝高了，想起了

自己的偶像,大笔一挥,写下了荡气回肠的《侠客行》:

　　闲过信陵饮,脱剑膝前横。将炙啖朱亥,持觞劝侯嬴。三杯吐然诺,五岳倒为轻。眼花耳热后,意气素霓生。救赵挥金槌,邯郸先震惊。千秋二壮士,烜赫大梁城。

　　魏之无忌,公子无双!

请让我放下这口锅——白起和赵括

一

公元前260年,长平,一场决定秦国和赵国命运的决战正在上演。

这一仗已经打了两年多,打到最后双方都换了主将。

秦国这边替补出场的是威名赫赫的白起,赵国那边则是初出茅庐的赵括。

要论能打,如果白起是个研究生,赵括充其量初中毕业。

要论出名,如果赵括是个"网红",白起只是个一般明星。

要怪只怪小学课本,语文也学,历史也学,都讲了纸上谈兵,也都知道赵括这个反面典型。

历史果真如此吗?让我们跨越千年,来一次穿越之旅,探一探究竟。

首先穿越到白起这边,看看这位是否如史书上写得那般神乎其神。

常言道"不怕狼一样的对手,就怕猪一样的队友",赵括的对手白起则比狼厉害得多。

"战国四大名将"荣誉称号的获得者,而且是头牌,还有一个更瘆人的绰号——人屠。

简单地翻一下这位战神的履历表,密密麻麻写着的全是战功:

公元前293年,全歼韩魏联军于伊阙,斩首二十万,获封国尉;

公元前292年,夺取魏国大小六十多座城池,升任大良造;

公元前278年,攻占楚国都城郢,楚国从此一蹶不振,获封武安君;

公元前273年,大破韩赵联军于华阳,斩首十三万。

更牛的是,结合敌情,因势而动,每次战法都不一样,伊阙之战是各个击破,鄢郢之战是掏心战术,华阳之战则是长途奔袭。

武安君,意为能抚养军士,战必克,得百姓安集。实至名归,无人质疑。

公布两组数据:白起一生大小七十余战,没有败绩;秦国前后消灭六国二百多万人，白起就占了一半。

两个大国为何会在这个不起眼的地方较上劲儿呢？原因很简单，谁都不服谁。

秦国把其他五国都打尿了，只有赵国态度还相当强硬。秦国本就专治不服，赵国豪横表示尽管放马过来。

明眼人都知道，天下大势决定于秦赵的终极对决。

在长平之战的十年前，双方就曾在阏与打过一次大战。这一战打出了一个名将——赵括的老爸赵奢。

说出来，或许都不相信，赵奢在此之前压根儿没上过战场，所干的职业和打仗没有半毛钱关系。

赵奢从事什么工作呢？收税，而且一直没有换过工种。

他开始只是负责田地租税的小官，因为敢于怼平原君，因祸得福，受到赏识，连升N级，当上了总管国家税务的大官。

好好收税，颗粒归仓，怎么还掺和上军事了，更何况赵国有廉颇、乐乘这样的名将，要去打仗，怎么也轮不到赵奢呀。

奈何这两位不愿意去，觉得阏与铁定没救了，大王您就节哀顺变吧。

关键时刻赵奢站了出来，狭路相逢勇者胜，说什么也不能没打就认怂。

死马只能当活马医了，赵孝成王赐予他虎符，嘱咐一句话：打得赢就打，打不赢就撤。

瞎猫有时候真能抓住死耗子，谁承想，赵奢打仗比他收税厉害得多。

他用两招就把秦军整晕了。

第一招：率军从邯郸城出来，只走了三十里便安营扎寨，而且一停就是一个月。秦军从来没听说过赵奢这个名字，以为来了何等狠角色，没想到如此胆小如鼠，于是把兵力都调回到了阏与。

第二招：秦军一撤，赵奢下令全军日夜兼程，快速推进，但是到了距离阏与五十里的地方却又停住了，翘着二郎腿等着秦军到来。

秦军搞不清怎么回事儿，小步跑来，被占据有利地形的赵军击溃，一战损失十万人。

秦军不可战胜的神话打破了！

赵奢一战成名，获封马服君，一下子成了位高权重的大红人。

如今流行跨界，推崇"斜杠青年"，只是赵奢斜得有些没边了。

塞翁失马，焉知非福，赵奢的成功转型对赵国是利好还是利空呢？

这个问题看上去有些愚蠢。

但凡事就怕往深里想，如果赵奢还是个收税的，赵括很有可能不读兵书而学财会，如此不可能被派往长平战场，那……

遗憾的是，历史从来不相信假设。

二

十年后，赵奢死了，秦军卷土重来。

这次挑事儿的是韩国。秦国采用"远交近攻"的策略，和远方的齐国拜把子、称兄弟，和中间的赵国相安无事，却将旁边的韩、魏揍得没形了。

韩王答应将上党郡献给秦国，反正守也守不住，不如送个人情。但上党太守冯敬却自作主张，要把上党献给赵国。

要还是不要？赵国的朝堂吵成一片。

赞成派是平原君赵胜，有便宜不占那不是傻子嘛，到嘴的肥肉怎能丢掉？

反对派是平阳君赵豹，如果敢要，秦国定会猛烈攻击，秦强赵弱，不能因小失大。

赵王最后拍板：要！

说好的事儿却变了卦，换作是普通人也会生气，何况是一直感觉相当良好的秦王。

公元前260年，秦昭襄王派将军王龁率大军攻占上党，赵国派出救火队长廉颇上场。

几次交手，赵军连吃败仗，损兵又折将。

廉颇急令修筑营垒，拒不出战，双方几十万大军就在这巴掌大的地方干耗着。

赵孝成王憋不住要出昏招了。

他想着派人到秦国议和，说议和，那是为了好听，实际就是示弱。

虞卿表示坚决反对，道理明摆着，赵国如今成为抗击秦国的一面旗帜，只要能挺住，其他国家会在关键时刻伸把手，一旦先尿了，其他诸侯想帮都不敢帮了。

赵孝成王不听，结果秦国开动宣传机器，对外大肆报道赵国服软了。

你都认怂了,还让我们怎么办,诸侯不再搭理,赵国变成了孤家寡人。

赵孝成王接着又要临阵换将,想着用赵括取代廉颇。

赵括自带光环,不仅有个名将老爸,而且从小熟读兵书,谈到兵法,口沫横飞,头头是道,连老爸都不在话下。

所有人都觉得他是一个奇才,但很奇怪,只有父母不看好他。

赵奢生前放出狠话,如果让这小子统兵打仗,赵国离死就不远了。

赵孝成王不信这个邪,执意让赵括赶往长平战场。

赵母坐不住了,只好亲自面见赵王,表示自己儿子身上有三条致命缺点:

一是恃宠而骄,刚打了几场小胜仗便开始嘚瑟,不拿正眼看人;

二是痴迷享乐,拿着赏赐到处买房,满脑子奢靡思想;

三是为将不仁,只知道让士兵卖命,不知道关心和爱护将士。

最后来了一个问句:这样的人怎能统率千军万马?

赵母不是故意抹黑儿子,真实意图是把丑话讲到前面,非要让赵括去，如果失败了，事后可不能追责。

赵孝成王犹豫了。

此时一个消息在邯郸城炸了锅，说廉颇打仗像女人，秦军最怕的是赵括。

后来知道，这是秦国派人故意散播的，这种做法现在叫舆论战，当时叫作离间计。

好吧，就这样决定了。龙生龙凤生凤，老鼠的孩子会打洞，赵奢的儿子差能差到哪里去？

秦国得知赵国换了赵括，将自己的主将偷偷换成了白起，调令标为"绝密"，对外严密封锁消息。

赵括一直以为秦军主帅是王龁，交上火才知道面对的是白起，心里顿时拔凉拔凉的。

后来的结果都知道了。

赵括改变战法，主动进攻，白起假装败退，从背后偷袭赵军的辎重及补给路线，把赵军分而割之，最后包了饺子。

赵括不仅自己战死，放下武器的四十万赵军被坑杀，只放走二百四十个小孩回去报信。

天下大事，从此基本定局。

三

读史存疑,有四个字很重要——独立思考。

如果说赵括只是一个背锅侠,各位诧异不诧异?

无论如何,都别着急否定对方,还是要讲事实,摆道理。先说第一个问题,赵括改变战法是否自作主张去作死。回答这个问题前,必须要搞清楚另一个问题,战争到底打的是什么?

统帅?兵力?战术?情报?都没错,但也都只是表面,说到底,后面需要靠四个字支撑——综合国力,如果再具体些,就是后勤保障能力。

孙子说得好:"凡兴师十万,出征千里,百姓之费,公家之奉,日费千金。"现代战争一日消耗通常以亿起步,而且是美元,古代打仗也不例外。

"兵马未动,粮草先行",没粮草,还怎么去打仗。

说起后勤保障,赵国似乎更占优势,毕竟长平距邯郸不过二百里,咸阳则在四百里之外。

如果只看数据,秦军就不用打了,但数据只能作为参考,有比它更重要的东西。

先说农业基础,秦国商鞅变法核心就两条——耕战,"农业"问题始终是国家头等战略,"种田光荣、打仗光荣"深入人心。

赵国更重视商业,毕竟做生意来钱更快。"商家错于道,诸侯交于路。然民淫好末,侈靡而不务本",都跑去做生意,种田的人自然就少了。

再说自然条件,秦国拥有关中、巴蜀、江汉和河东四大粮食基地。赵国只有太原盆地和邯郸附近可以产粮,虽然没有具体统计数据,但有一点毋庸置疑,赵国的粮食产量远远小于秦国。

最后说运输条件,长平虽距离邯郸近,但中间要翻越太行山,咸阳虽远,但可以通过黄河、渭河转运。

翻山越岭和顺流而下,哪个更容易就不用赘述了吧。

一句话,赵国"底子薄",根本耗不过秦国。

这就不难理解,赵国为何要向齐国借粮,得到的答复却是"地主家也没有余粮"。

这就不难理解,赵王为何要让廉颇出击,得到的答复是"将在外君命有所不受"。

不换思想就换人,廉颇老矣,让年轻人上。

史书没有记载,赵孝成王和赵括说了些什么,大概率是交了底，再不出击就没有机会出击了。

换句话说，赵括是带着赵王要求出击的命令来到前线的。

再说第二个问题，赵括果真是一个只会纸上谈兵的书呆子吗？

有一说一，纸上谈兵不假。司马迁老先生说："赵括自少时学兵法，言兵事，以天下莫能当。"

但实在搞不懂，为何千百年来一直把这个当作是赵括的诟病。

多读点书不好吗？学霸怎么了？

况且赵括并非只唯书不唯实，智取麦丘城就打得很漂亮嘛。

赵王给了一个月期限，他老爸赵奢却几个月都攻不下来，赵括急中生智，让几个俘虏带粮回去，然后往孤城里投粮，城中百姓将守将杀掉，献城投降。

几个俘虏，几袋粮食，兵不血刃，拿下城池，这难道不是对兵法的活学活用吗？

再说赵括升任主帅，除了赵母和廉颇的"好基友"蔺相如反对外，剩下的都举双手赞成。

这说明什么？众望所归。

到了长平战场，赵括同样不是孬种，口说无凭，三条为证。

第一，赵括到达前线，赵军将士大声欢呼，士气大震，可见其深得人心，并非浪得虚名。

第二，赵军被围四十六天，仅靠战马和野草充饥，但军心并没乱，一波又一波向秦军反复冲杀，可见赵括统兵能力不一般。

第三，赵军虽然败了，但秦军却也损失一半，只能算是"惨胜"，要知道秦国征用十五岁以上的全部男性上战场，兵力多达六十万人。

事后白起自己都承认："今秦虽破长平，而秦卒死者过半，国内空。"他对自己的手下败将评价道："赵括不死，将来必是秦军大敌。"

想必这场大战，对这位战神而言，远非轻松写意，而是战战兢兢。

事实应该很清楚了吧。

赵括主动出击，不是头脑发热，更不是纸上谈兵，如果像廉颇一样继续耗下去，先崩溃的很可能是赵而不是秦。

赵王没得选，只能选他，他也没得选，只能选出击。

只是该他倒霉,遇到的是一生未吃过败仗的白起。

话说回来,输给白起并不丢人,拉出当时六国中任何一位名将,哪一个敢拍胸脯说,一定能够战胜白起!

赵括打成这样,应该可以交差,是时候让他把背了几千年的这口大锅放下了。

可怜之人自有可悲之处,为赵括说了好话,也说说他的问题。

纵观长平之战,他最大错误是情报战太差劲儿,一直没有搞清楚对方的主帅是白起。

倘若早就察觉是"杀神"白起坐镇,赵括或许会换种打法。

换个角度来看,长平之战有点像一场争冠球赛。

必须取胜才能夺冠的一方,实力本来就不如对手,不能接受平局的他们,只能孤注一掷用前锋换下了后卫,对手见状有针对性地换了个中场核心,结果前锋没能进球,反而被对方攻破了球门。

都应该知道,我所说的哪一个是赵国,哪一个是秦国,哪一个是前锋,哪一个是后卫,哪一个是中场核心?

不过,球赛输了只是一时沮丧,大不了明年再来。而战争输了却是血流成河,很难再有复仇的机会。

特别是一场百万级别的大对决,失败的代价已经不能用"惨烈"来形容。

翻开史书,会看到如此评价:"长平之战,血流漂橹","蚩尤之战,不过于此矣","长平之下,流血成川"……

这一战,创造了中外战争史上最残忍的吉尼斯纪录——四十万赵军俘虏被坑杀。

有人提出质疑,夸张,有些夸张了!

他们认为只是二十万,还有人认为是三十万。无论哪个数字准确,至少是二十万人起步。

闭着眼睛想想,即使活埋二十万人,需要挖多大的一个坑。

赵括被乱箭射中倒地的刹那,他不会想到手下的几十万士卒会被活活埋掉,更不会想到自己会作为反面典型被后世笑话了几千年。

别闹了，什么叫睚眦？——

范雎和魏齐

一

公元前279年的一天,齐国都城临淄,齐襄王正在王宫接见魏国使臣须贾。

齐王自始至终没给好脸,到最后索性当众开骂,场面一时很尴尬。

这不能怪齐襄王没素质,几年前燕国将军乐毅带着五国兵马攻陷临淄,他的老爸齐湣王被杀,亏得后来田单摆了火牛阵,大败联军,齐国才死里逃生。

五国中就有魏国。

须贾本以能言善辩著称,但万万想不到齐王不顾外交礼节,劈头盖脸痛骂一顿,脑子顿时断电,支支吾吾半天说不出话来。

"大王,话可不能这样说。"出来解围的是须贾的随从范雎。

一个巴掌拍不响,出现这种悲剧,还不是因为您父亲齐湣王骄躁,五国都看不顺眼。再说了,您想有所作为,学习对象应该是齐桓公,如果斤斤计较,只会重蹈覆辙。

这小子胆子够肥,齐襄王非但没生气,心中还给范雎点了个赞。

人才!难得的人才!

他私下派人找到范雎,劝他别跟着须贾混了,留在齐国做个客卿。

"臣与使者同出,而不与同人,不信无义,何以为人?"这是范雎的答复。

佩服!大写的佩服!齐王赐予他黄金十斤以及牛肉、美酒等礼品。

该怎么处置这些礼品呢?不收吧,好像不给齐王面子,收下吧,又有私通外国之嫌,毕竟自己的身份是魏国的使臣。

两难之际,最好的方式还是请示领导。

须贾的意见是不要黄金,留下牛和酒,这样既照顾了齐王的脸面,又达不到受贿的起算标准。

还是领导英明!

单纯,太单纯了,殊不知,这是领导为他埋下的祸根。

一回到魏国,须贾就翻脸了。

这一趟，除了挨了一顿臭骂，一无所获，为了免责，总是要寻找一个替罪羊。

范雎再合适不过，谁让你收了齐王的礼物，谁又让你表现得比领导还优秀。

须贾找到魏国的丞相魏齐告了黑状，说范雎私收礼物，吃里爬外，暗通齐国，出卖情报。

这还了得，赶紧抓来胖揍一顿。

范雎的身子骨哪里受得了严刑拷打，一会儿工夫，肋骨折了，牙齿飞了，遍体鳞伤，血肉模糊。

危难时刻，亏得脑子还清醒：要想活必须先得"死"。

当然，这里的"死"是装死，您还别说，虽然以前没有排练过，但范雎装得相当逼真。

魏齐没想到这位这么不禁打，下令用席子卷起来，将范雎扔到厕所里，这还不解气，让参加宴会的宾客轮番往他身上撒尿。

身上疼，心里更疼！

眼下顾不了那么多了，虽然生不如死，但还是必须要"生"。

谈何容易，因为始终有一个卒吏在旁看守。不过范雎看到了一线生机，关键的关键是要会聊天。

这位大兄弟，我即将挂了，请可怜可怜我！如果能死在家中，让家人收殓，定会重金酬谢。

救人一命，胜造七级浮屠，更何况有钱可赚，何乐而不为？

于是，两人愉快地成交了！

卒吏请示魏齐，让一个死人待在那里总不是事儿，影响大家上厕所，不如扔到荒郊野外喂狼去。

魏齐此时喝高了，挥了挥手，你看着办，爱怎么着怎么着吧。

按照双方交易安排，范雎成功地从死人堆里爬起来，跑到了一个叫作郑安平的朋友家。

范雎的身份证被注销，他今后的名字叫作张禄。

要说这位郑安平真够意思，不仅使得范雎从此平安，而且还为他重新开启了人生之路。

为他按下重启键的还有一位关键人物——秦国使臣王稽。

他明面上是使臣，背地里有一个重要任务——为秦国收拢人才。

说来也巧，他与郑安平认识，私下询问魏国有人才愿意去秦国吗?有,当然有了,不过不是我,此人比我强太多,他的名字叫张禄。

见面一聊,果然不错,于是范雎便来到了秦国。

二

万事开头难,作为高端引进人才,范雎非但没受重用,反而被秦昭襄王冷落。

坏就坏在王稽的推荐语,他说范雎是天下难得的辩士,殊不知,昭襄王最烦的就是各国的说客。

但机会总是会留给有准备的人。

说范雎有准备,是因为一年的粗茶淡饭并没有使他心灰意冷,而是暗中冷静地观察。

观察什么呢?秦国的政局。观察到了什么呢?太后专政。

秦昭襄王虽然当了三十多年的国君,但过得有些憋屈,大权旁落,朝中说了算的是宣太后和他的弟弟穰侯魏冉。

看清楚局势,范雎准备出手了。他给秦昭襄王写了一封长信,大概的意思可以归纳为四点:

第一,您要是觉得我实在没用,就放我回家,省得浪费粮食；

第二，大王您就算信不过我，也应该相信推荐我的人嘛；

第三，真正圣明的君主，应该会给别人机会，至少应该听一听怎么说；

第四，希望能给一次见面机会，如果见面后讨厌我，杀头都可以。

这封信写得有意思，人家秦王压根没有强留你，来去自由，悉听尊便，你还整了一个"无功不受禄"，好像自己很委屈。

这就是范雎的高明之处，欲擒故纵，层层深入，逼你就范。

绕来绕去，其实最想说的是最后一条，怎么也得见一面吧，不见您怎么知道我水平如何，见了如果感到失望，完全可以将我的脑袋搬家。

话说到了这个份儿上，再不见就有些说不过去了。

这一见，改变了范雎的命运，改变了昭襄王的命运，改变了秦国的命运，更改变了六国的命运。

按说范雎处心积虑等的不就是这一天吗？那还不赶紧的。

着什么急嘛，他还要玩一个大把戏。

范雎在宫门外等候,瞧见昭襄王出来了,便低头往里闯,宫人们赶紧拦住,告诉他赶快离开,大王马上就要来了。

怎么能离开呢?等的就是这个时候,范雎双手叉着腰,扯开嗓子喊:"秦国哪有什么大王,不是只有太后和穰侯吗?"

这一嗓子还真把昭襄王吸引住了。

此人非等闲之辈!他屏退左右,咕咚跪下,表示请先生教我。

按照一般桥段,范雎也应该跪下,热泪盈眶,通常口中还会喃喃道:"大王,使不得啊,使不得!"

谁承想,范雎只"嗯嗯"两声。太容易答应,恐怕秦王印象不深。

秦王姿势不变,还是那句话:请先生教我。范雎的回答还是"嗯嗯"。

一连三次,昭襄王有些失望,先生您是不打算教我了吧?

事不过三,见好就收,不能再玩了,再玩就是玩火了。

好吧,可以开始说正题了。

范雎表示不答应您是有原因的,因为我是个"外国人",和大王以前没有交情。而且我说的涉及您的骨肉血亲。我不怕死,怕的是天下人看到我因为进忠言被杀,就没有人再愿意帮您了。

原来担心这个啊,放宽了心,无论涉及谁,尽管说,言者无罪。

拿到了免死金牌,范雎敞开心扉。

大王您看,秦国的先天条件多么好,进可攻退可守,如今却变成了缩头乌龟,躲在函谷关内不敢出去。

问题出在哪里呢?穰侯魏冉,因为他是秦国的军事大总管。

他最大的错误是什么呢?舍近求远。

放着近在咫尺的韩、魏不打,偏偏想去打遥远的齐国,就算拿下了齐国,离得如此之远,如何守得住?

正确的策略是——远交近攻。

先收拾离得近的,和远处的诸侯搞好关系,让他们不要多管闲事。这样,打下的每一寸土地都是秦国的,疆域会越来越大,远处的国家也迟早会被吞并。

醍醐灌顶,茅塞顿开,这膝盖没有白跪。

秦国从此改变战略,不断蚕食韩、魏的土地,效果相当不错。范雎越来越受信任,地位也越来越高。

是时候发大招了!

这个大招就是清除宣太后的势力,只有这样,权力才会完全回到昭襄王手中,为实施新战略扫除所有障碍。

毕竟是离间骨肉之情,这话还不能明说。

范雎抓住一次与秦王闲谈的机会,开始吹风,表示自己未入秦以前,只听说过秦国有太后、穰侯,从没有听说过还有秦王。

这话已经说了两次,明显的是在拱火。

秦国最要命的问题是什么?当家做主的人太多!太后独断专行,穰侯我行我素,几位公子随心所欲,这样搞下去,迟早要乱套。

"木实繁者披其枝,披其枝者伤其心。大其都者危其国,尊其臣者卑其主。"树上的果实太多就要压断树枝,树枝断了就会伤及树心,封城城邑太大就要危害国都,抬高臣属就会压抑君王。

这样的悲剧还少吗?大王该醒醒了!

什么是知己?什么叫贴心?眼前的这位就是,一席话说得昭襄王眼泪都快掉下来了。

这位君主活得不易,年纪轻轻作为人质送到燕国吃尽苦头,回国即位又长期受到太后等人压制。

他志存高远,想飞却飞不起来。

当断不断,反受其乱,到下定决心的时候了!

一连串眼花缭乱的操作,宣太后撵回后宫,穰侯被收回相印,赶回封地,几位公子被逐出了国都。

三

范雎走上人生巅峰,出任秦国的相国。

只是,没有人知道他叫范雎,这位新相国的名字叫作张禄。

很快这个秘密将大白于天下,因为须贾来了。

干吗来了?老本行,出使秦国。

范雎如今是秦国二把手,将仇人绑来,大卸八块,不费吹灰之力。

不过,痛快是痛快,只是太没有技术含量了。别忘了,范雎最擅长的就是"演戏"。

他把自己搞得脏兮兮的,穿着破旧的衣服来拜访须贾。

须贾惊了,怎么魏国的死人居然在秦国复活了?范雎表示这不是诈尸,自己流落到了秦国,如今的身份是一个饥寒交迫的奴婢。

须贾的良心还没完全坏死,看到范雎可怜,留下他吃饭并送给他一件粗丝袍。

他哪里会想到,正是这仅存的一点点良心救了他的命。

终于到了揭开谜底的时刻。

须贾在相府见到了秦国相国张禄,抬头一瞧,这哪里是什么张禄,分明就是范雎。

明白了,明白了。

现在该琢磨的是如何保住自己项上的人头。

事到如今,只能争取个好态度,他连磕响头,表示自己的罪状和头发一样多,听凭范雎发落。

别那么夸张,你的罪状只有三条:一是诬告我暗通齐国;二是不阻止对我的殴打和侮辱;三是在我身上撒尿。

换你做须贾,觉得凭这三条能否活命?应该够呛。

谁承想,到头来却是虚惊一场,因为那件粗丝袍,须贾的脑袋保住了。

命可以留下,但必须先要尝尝当年我受辱的滋味。

范雎宴请各国使臣吃饭,大伙儿同坐堂上,好酒好肉好招待，独独让须贾坐在堂下，让两个受过刑的犯人喂他马的饲料。

当年你朝我撒尿，如今我喂你饲料，不算过吧？

须贾可以放，但魏齐必须死，你回去告诉魏王，魏齐的脑袋和大梁城哪个重要，让他看着办。

轮到魏齐颓了，第一次感到什么叫作恐惧，谁能想到范雎还活着，谁又能想到人家如今混成了那样。

魏国是无法待了，魏齐跑到赵国，希望仗义的平原君能罩着他。

跑得了和尚焉能跑得了庙，躲得过初一你还想躲过十五。这次恐怕躲不过去，因为有人要为范雎出头了。

此人便是秦国的带头大哥昭襄王。

他写信给平原君，希望交个朋友，喝个小酒，请来咸阳相会。信写得很诚恳，不去好像不合适，万一秦王怒了，又要兵戈相见。

平原君来了，却发现回不去了。

昭襄王告诉他，魏齐的人头是返程票，没票肯定上不了车。

谁承想，平原君不吃这一套。

既然已出头，帮人帮到底，昭襄王传话给赵王，赶紧把魏齐人头送来，否则您永远见不到弟弟平原君，能见到的只有秦国大军。

犯不上为了魏齐得罪强秦，赵王派兵包围平原君府，魏齐趁乱逃出，跑到赵国宰相虞卿府上。

这次真找对了人，虞卿是强硬的反秦派，他觉得无法说服赵王，索性丢掉相印，带着魏齐又跑回了魏国，准备投奔信陵君。

信陵君有些犹豫，魏齐以为不愿意收留他，自感走投无路，最后刎颈自杀。

人头送到了秦国，平原君拿到了回程票。

范雎的大仇终报了，当年他带着满身尿味从死人堆里爬出来，想必打死也不会想到还会有今天。

这难道就是"故天将降大任于斯人也，必先苦其心志，劳其筋骨，饿其体肤"？

确实是"天降大任"，一条远交近攻，一条强干弱枝，范雎推着秦国走上一条正确的称霸之路。

用后来秦国宰相李斯的话说："昭王得范雎，废穰侯，逐华阳，强公室，杜私门，吞食诸侯，使秦成帝业。"

令人不解的事，这样一位实现人生逆袭的励志典型，在历史上的形象并不太好。

这要怪司马迁老先生，他在《史记》中评价范雎是"一饭之德必偿，睚眦之怨必报"。

前一句没问题，后一句问题就大了。

睚眦是什么？发怒时瞪着眼睛，这句话完整的意思就是连瞪一下眼睛那样极小的仇怨也要报复。

这样一说，励志人物就变成了心胸狭窄的小人。

当年范雎被打得半死，还被抛进厕所，让尿液吞没，这种痛苦只是"睚眦"吗？

再说了，如果范雎真的是睚眦必报的小人，须贾还能顶着脑袋返回魏国吗？

别站着说话不腰疼了。

应该说，范雎的做人原则相当正确：有恩必偿，有仇必报。

滴水之恩当涌泉相报，所以郑安平当上了将军，王稽做了河东太守，但凡帮助过他的，举荐的举荐，给钱的给钱，一个都不能少。

君子报仇十年不晚，对于仇人，无论过了多久，无论躲到哪里,都必须报仇雪恨。

这哪里是什么睚眦必报,妥妥的快意恩仇。

读史明智,应该说,别老盯着范雎,多看看魏齐和须贾,想想人生底线的问题。

魏齐做人没有底线,做事做得太绝,遭到全面追杀,只能悲愤自刎。

须贾作恶保有底线,良心没有坏死,虽是罪魁祸首,最后安然无恙。

所以,有底线和没底线还是有天大的区别。

"三十年河东,三十年河西",谁敢保证上帝永远站在自己一边,将别人送上绝路,往往也是自己通往绝路的开始。

老话说得好:"做人留一线,日后好相见。"得饶人处还是要饶人一下,风水轮流转,谁知到哪家呢?

谁是谁爸爸——
嬴政和吕不韦

一

公元前235年11月11日,这是吕不韦人生的最后一天。

使者刚刚来过,宣读了秦国国君嬴政的命令,核心内容是两个问句:你对秦国有什么功劳?给你在河南食邑十万户。你和秦王有什么血缘关系?敢号称仲父!

最后判决:迁往蜀地。

这和赐死有什么区别?关键还在于,乖乖听令去了,就能保住一生平安吗?自己项上的这颗人头,已经被嬴政盯上了,他什么时候想要,你就要什么时候给。

横竖是一死,索性体面些,吕不韦决意自我了断,至少能留下一具全尸。

比死更让他寒心的是嬴政的两声质问,特别是后一个。

没关系?关系大了,吕不韦差点喊出来:"我是你爸爸。"

什么情况?什么情况?

明眼人都知道嬴政的老爸是秦庄襄王,否则他根本没资格继承王位，怎么突然间又冒出个爸爸来呢？

假冒伪劣产品常见，但给别人冒充当爹却比较新鲜，如在民间，都要被暴揍一顿，敢骑在帝王头上，罪可株连九族杀无赦。

不过，不能怪吕不韦胆大妄为，因为嬴政的老爸到底是谁，千年以来就是一笔糊涂账。

搞出这个吸引眼球八卦故事的不是别人，正是大名鼎鼎的司马迁老先生，在代表作《史记》中，关于谁是嬴政爸爸的问题，给出两个完全不同的版本。

《秦始皇本纪》中说："秦始皇帝者，秦庄襄王子也。庄襄王为秦质子於赵，见吕不韦姬，悦而取之，生始皇。"嬴政是秦庄襄王和赵姬所生。

《吕不韦传》中说："吕不韦取邯郸诸姬绝好善舞者与居，知有身。子楚从不韦饮，见而说之，因起为寿，请之。吕不韦怒，念业已破家为子楚，欲以钓奇，乃遂献其姬。姬自匿有身，至大期时，生子政。子楚遂立姬为夫人。"又说嬴政是吕不韦和赵姬的孩子。

可以肯定的是嬴政的老妈是赵姬，不能肯定的是谁是他老爸。

按说不应该,《史记》公认"古代第一史书",被誉为"史家之绝唱,无韵之离骚",出版前,司马迁老先生应该认真地校对过,如此明显的前后不一致,如何能逃出他的法眼。

到底怎么回事,是疏忽大意,还是另有隐情,不得而知,反正惹出了这样一个官司。

要想侦破这起疑案,必须要追根溯源,顺藤摸瓜,回到两千多年前的那个夏日。

就在这一天,嬴政的"两个爸爸"在赵国都城邯郸的街头相遇了,这次无意间的碰面,改变了两个人,改变了一个国家,改变了一个时代,改变了整个历史的进程。

两人根本就不是一路人,请不要把"相见恨晚""志同道合""肝胆相照"等美好的词汇用在他们身上。

倒是可以用六个字概括当时彼此的处境——富与贫,高与低。

"富"是说吕不韦,如果当时有福布斯排行榜,这位应该能进入三甲。他做的是跨国贸易,公司总部设在韩国旧都阳翟,分公司遍布各诸侯国,日进万金,富可敌国。

"贫"自然说的是异人(庄襄王本名),别看他是一个王子,但作为送到赵国的人质,"落毛的凤凰不如鸡",手头很紧张,住得很寒碜,更别说车马破旧到惨不忍睹,活脱脱一个"落魄王子"。

"高与低",说的是吕不韦有花不完的钱,但社会地位却低入尘埃,四大阶层"士农工商",商排在最后。异人虽然穷困潦倒,但出身高贵,身上有着纯正的秦王血统。

用外交辞令来讲,两人具有很强的互补性。

商人毕竟是商人,眼光够毒,看到异人的第一眼,吕不韦就觉得"奇货可居",非常具有投资价值。

投资的方向是用重金让异人返回秦国,登上王位,然后……就是用"富"解决"低"的问题,以金子换取地位。

这属于典型的风险投资,搞好了一本万利,搞不好血本无归。

吕不韦不糊涂,他编制了投资可行性和风险评估报告,列出了三大风险:

其一,异人的老爸秦国太子安国君嬴柱有二十多个儿子,异人排在中间,上不着天下不着地,无论废长立幼,还是立长废幼,都和他没什么关系;

其二,异人的母亲夏姬一直被冷落,所以他早早被打发到赵国当人质,嬴柱估计已忘记这个儿子长什么样了,选立接

班人断然不会"舍近求远";

其三,秦赵的关系很紧张,如果两国开战,作为人质的异人很大概率会被撕票,到时投资主体都不在了,砸在他身上的重金只能打水漂。

富贵险中求,风险虽多,但吕不韦更看重的是机会。

机会一:安国君嬴柱虽然儿子不少,但始终没有确定继承人,只要一天没定下来,就存在所有可能性。

机会二:嬴柱妻妾众多,但却独宠华阳夫人,对她言听计从,而华阳夫人没有生出一儿半女,只要搞定华阳夫人,就存在逆转的可能性。

机会三:异人的爷爷秦昭襄王已六十多岁,生命进入倒计时,太子嬴柱也四十多岁了,意味着谁要成为嬴柱的接班人,可能不会等太久,就会成为秦国的新国君。

风险和机会三比三,打了一个平手。

吕不韦心里还是有些打鼓,特意跑回濮阳老家征询老父亲的意见,父子俩来了个一问一答:

"投资农业,耕种收获,可以获得几倍的利润?""十倍"。

"投资商业,买卖珠宝,可以获得几倍的利润?""百倍"。

"经营政治,拥立国君,可以获得几倍的利润?""无数"。

商人眼里只有回报，马克思说过一句很精辟的话，大意为：资本家有百分之五十的利润，就会铤而走险；有了百分之一百的利润，就敢践踏一切；有了百分之三百的利润，就敢冒上绞刑架的危险。

"无数"要远大于百分之三百。

既然老爸都这样说了，还有什么可顾虑的。

二

这种事情一个巴掌拍不响，吕不韦有意，人家异人也得有心。

吕不韦专程来到异人家，颇为隐晦地说："我可以提高你的门第。"

"你最好先提高你的门第。"

"我的门第要靠你的门第来提高。"

两人搞得像特务接头一样，所幸"暗号"对上了。接着，异人请吕不韦借一步说话，将他请入内室"深语"。

吕不韦等的就是今天，几句话便将异人忽悠住了。先分析了异人的劣势，话说得很悲观，但最后话锋一转，表示并非没有一点机会。

这一下吊足了异人的胃口，不自觉地问："那该怎么办呢？"

怎么办？好办，但前提是一切要听自己的。

他将计划和盘托出："按照现在形势，能够确定嫡子继承人的，只有华阳夫人。我吕不韦虽不算富，但愿意拿出全部家当到西边游说，让她立你为继承人。"

异人感动了。

说其他都多余，异人当即跪谢道："如果事成，愿意将秦国与您共享。"

吕不韦说干就干，他没有着急去咸阳，而是投入重金为异人造势。很简单，名人是需要包装的，特别是异人，要形象没形象，要声望没声望，华阳夫人怎么会看得上他。

一夜之间，鸟枪换炮，异人瞬间变成"富二代"。住进了豪宅，穿上了名牌，车马焕然一新，而且天天宴饮，高朋满座，出手非常阔绰。"贤良"之名很快便传播开来，秦国王室也都有所耳闻。

吕不韦觉得是时候启程去咸阳了。

此行只为见到一个人——华阳夫人。不过，吕不韦知道，这事不能着急，必须要有铺垫，不然如果华阳夫人一口回绝，便没有了挽回的余地。

他制订了一整套的公关计划，目标指向两个人——华阳夫人的弟弟阳泉君和华阳夫人的大姐。

吕不韦直截了当告诉阳泉君他会有杀身之祸，可以早点准备后事。

阳泉君被激怒了，这正是吕不韦想要的效果，他表示你阳泉君何德何能，能有今天完全是因为有个好姐姐，但"以色貌之美取人者，必以色貌之衰弃之"，一旦华阳夫人失宠，你小子也会跟着倒霉。

这个道理是和尚头上的虱子——明摆着的。正所谓"别看现在闹得欢，小心到时拉清单"。

怎么办呢？阳泉君心中顿时冒出一万个问号。吕不韦给出了答案——华阳夫人接纳异人为义子，将来立为太子。

这是"双赢"的结局，"异人无国而有国，夫人无子而有子"，各取所需，各有所得，两全其美，何乐不为。

华阳夫人和异人确实具有互补性，她得宠但无子嗣，富贵难以长久，异人有王室血统，但缺少有力支撑，在世子之争中难以胜出。

不过,话说回来,华阳夫人可以选择嬴柱的其他儿子为义子,但异人却只能依靠华阳夫人,本来是求人办事,被吕不韦整成了"相互利用"。

牛,大写的牛!

吕不韦对华阳夫人的姐姐,换了一种交流方式,说得动听动情,差点掉下泪来,对男人嘛,要狠一点,对女人要柔一点,春风化雨,以情动人。

吕不韦终于见到了最想见的人——华阳夫人。

上来一句"以色事人者,色衰而爱弛",搞得华阳夫人当即"以为然",再加上吕不韦进献的无数珍奇异宝,异人这个"儿子",华阳夫人认定了。

历史上最成功的一桩交易顺利成交。

华阳夫人紧接着用几滴眼泪便搞定了嬴柱,同意她收养异人,并立为接班人。

现在该风流人物赵姬出场了。

吕不韦回到咸阳,将好消息告诉异人,两人痛饮"庆功酒",喝得微醺的异人看上了跳舞助兴的赵姬,张口向吕不韦要人。

为了实现梦想,吕不韦已经倾其所有,一个女人自然不在话下。

接着,秦始皇嬴政呱呱落地,紧接着,便有了谁是他爸爸的风言风语。

一样说不清的还有赵姬的身世,还是同一本《史记》,前面说她是出身低贱的"邯郸诸姬施好善舞者",后面又变成了白富美的"赵豪家女也"。

害怕什么就来什么,本来进展很顺利,但秦军突然攻打赵国,异人危在旦夕,吕不韦拿出六百斤金子送给守城官吏,带着异人跑到秦军大营,这才躲过一劫。

吕不韦让异人身着楚服晋见原是楚国人的华阳夫人。华阳夫人认为他很有心,正式把异人认作儿子,并替他更名为"子楚"。

以后我们可以管他叫"子楚"了。

一切完全按照吕不韦编写的剧本进行,秦昭襄王去世,安国君嬴柱继位,子楚变成了太子。

守孝一年,在秦王的位置只坐了三天的嬴柱一命呜呼,子楚更进一步,成为秦国国君,投桃报李,吕不韦出任丞相,并被封为文信侯。

吕不韦的豪赌终于到了收获季节。

三

三年后,秦国国君子楚挂了,十三岁的嬴政做了秦王,吕不韦又升格了,被称为"仲父",这个名号是指父亲的大弟,仅次于父亲的人。

"仲"什么"父",在吕不韦看来,完全可以把第一个字删掉,因为他和嬴政的母亲,当年自己府上的舞女赵姬搞到了一起。

到底是一直藕断丝连还是后来旧情重燃,不得而知,反正两人经常见面商议国事,不过地点是在床帏之上。

更乱的还在后面,面对不管不顾的赵太后,吕不韦害怕被嬴政发现,打起了退堂鼓,不过这话却很难讲出口,如今的赵姬已不是当年的赵姬,而是当朝最尊贵的皇太后。

吕不韦清楚自己要金蝉脱壳,必须保证,赵太后不能独守空房。

他想到了自己的一个门客——嫪毐。这哥们在服侍女人方面有绝活,无法细说,反正是少儿不宜。

如何把他送进宫呢?这难不倒吕不韦,亲自上阵导演了一场"苦肉计",先将嫪毐定罪,罚受宫刑,又买通行刑官吏,仅仅把胡子眉毛拔去,当做"假太监"送了进去。

"假太监"比"真丞相"强多了,赵太后对这个新欢"绝爱之",很快便将老情人吕不韦抛在脑后。

两人玩得实在有些过火,竟然给嬴政整出两个弟弟,为了遮人耳目,赵太后刚怀孕便离开咸阳,到雍城的离宫居住,两地相隔数百里,可以肆无忌惮地享受二人世界。

嫪毐原本是"吃软饭"的货色,但后来发现,凭借太后的宠爱完全可以吃上"硬饭"。

赵太后对嫪毐言听计从,"事无大小皆决于毒",要什么给什么,一个"假太监"家财万贯,家奴数千,并被封了王侯,一时间炙手可热。

"上帝想让谁灭亡,必先使其疯狂",这话真心没错。

嫪毐本来就是一个粗人,成了"暴发户"后,忘记自己姓啥了。有一次,他和宫中臣子们喝酒游戏,不知为何发生了争执,这哥们得意忘形大喊一句:"吾乃皇帝之假父也,窭人子何敢乃与我亢。"

知道我是谁吗?我是秦王嬴政的后爹,你一个穷鬼敢和我斗?

不作死就不会死,像嫪毐这样花样作死的必须死。

嫪毐的狂言第一时间传到了嬴政耳中,已经亲政的他签发调查令,彻查母后的这个情人。

嬴政并非头次听说这段丑闻,太后和嫪毐的关系是"公开的秘密",再说了,当时寡居的太后、公主包养情人,不算什么大事,嬴政的高祖母宣太后与西北的义渠王私通,生下了两个儿子,过得心安理得,也没见别人把她怎么着。

说来说去,这是私德,可以睁一眼闭一眼。

不过,嫪毐喊出了"我是你后爸",这就不是私德,算是"公德"了,你不要脸,嬴政还要脸呢。你可以是太后的情人,但你不能成为君王的后爹,道理就是这么一个道理。

嫪毐想着孤注一掷,但"吃软饭"的注定就是"吃软饭"的,没怎么比划,便败下阵来。

嬴政忍了很久,这次决定新旧账一起清算,不仅要他死,而且不得好死。

承担行刑任务的是五匹马,俗称"五马分尸",学名叫"车裂"。他和赵太后两个年幼的儿子,被装进袋子,活活摔死,学名叫作"扑杀"。

吕不韦成为受牵连的那位。

所有的事情都可以摘干净，但有件事是怎么抵赖也赖不掉的，当初将嫪毐推荐给赵太后的不是别人，正是你吕不韦！

嬴政还是顾及旧情，毕竟没有吕不韦，他老爸子楚不可能成为秦国国君，或许他现在还在邯郸喝西北风呢。

罢了，留下人头，但别让我在咸阳看到你，回河南封地度过余生吧。

如果夹着尾巴做人，吕不韦还真可能安然度过余生，不过，高调惯了，实在没法低调下来。

吕不韦回到封地，天天大宴宾客，其中还有不少是其他诸侯国的使节。

你这是要干吗，要另谋高就，还是东山再起，还是另有所图……既然在封地不老实，就到荒芜人烟的蜀地彻底消停吧。

两声质问，一杯毒酒，吕不韦结束了天下第一赌徒波澜壮阔的一生。

说来说去，谁才是嬴政的爸爸呢？

在没有做亲子鉴定前，焦点集中在两个字上——大期。

"至大期时，生子政。"所谓"大期"就是指妇女足月分娩的日期，令人犯难的是，"大期"也有"十月""十二月"两种说法。

如果是十个月，子楚当爹可能性很大，如果十二个月，就不好说了，其中的原因，想必都懂得。

这种事，只有当妈的赵姬最清楚，可是她敢讲清楚吗？"水清则无鱼"，历史的有趣有时正是在于"不清不楚"。

由此说来，谁是嬴政的老爸并不重要，重要的是这个话题可以一直消费下去。

过把瘾就死——
太子丹和荆轲

一

2247年前的易水河畔,一群人披麻戴孝,不是送葬,而是送别,被送的人叫作荆轲,他用高歌一曲"风萧萧兮易水寒,壮士一去兮不复还",就在众人感动得抹眼泪时,他登上车子,头也不回绝尘而去。

但凡读过书的,都知道这个故事叫作"荆轲刺秦王",老师讲课时,会随口带出一句:"士为知己者死。"

笑话,天大的笑话!

谁是知己?谁又是士?把司马迁老先生的《史记》翻烂了,只会得出这样的结论,这完全是一个妄想症患者联手一个专业水准不够的刺客,搞出的一件名声很大但极不靠谱的事件。

送行仪式动静够大,但实际效果为零,荆轲不仅没有杀掉秦王嬴政,自己反倒成了一团肉泥。

荆轲给出的理由是:"事所以不成者,以欲生劫之,必得约契以报太子也。"不是我杀不掉嬴政，而是有更高的目标——绑架秦王，逼迫他签署退还燕国土地的契约。

这完全是忽悠！

道理很简单，荆轲深入虎穴，即便有能力成功劫持秦王，逼迫嬴政签了合同，断无可能回到燕地，甚至不可能活着离开秦宫。

再者说，就在不久前，荆轲还唱着"壮士一去兮不复还"，没说要劫持秦王回来，怎么在死前，居然透露出如此惊天的秘密呢？

答案只有一个——为失败找借口。

荆轲从来不是一个合格的刺客，不是有意诋毁，司马迁老先生为了证明这点，讲了两个故事。

其一是"荆轲尝游过榆次，与盖聂论剑，盖聂怒而目之。荆轲出，人或言复召荆卿"。荆轲跑到榆次与剑术高手盖聂过招，还没真正比划，盖聂仅仅瞪了一眼，荆轲便跑了。

其二是"荆轲游于邯郸，鲁句践与荆轲博，争道，鲁句践怒而叱之，荆轲嘿而逃去，遂不复会"。荆轲到邯郸找另一位高手鲁句践比试，鲁句践说话声音大了一些，荆轲再次慌不择路而去，从此有多远躲多远。

这样一位"落跑剑客"如何能杀得了秦王？

那么，问题来了，荆轲为什么会被燕国的太子丹看中呢？两个字——关系！

荆轲到燕国后，心中不禁暗喜，这个地方没有像盖聂、鲁句践这样的高手，练剑可以暂时放到一边，他开始天天忙着泡圈子。

圈子里有位燕国名士田光，年轻时剑术相当了得，他原本是太子丹心中的"第一人选"，但年龄偏大，心有余而力不足，所以便将荆轲推荐给了太子丹。

太子丹和荆轲刚接上头，田光自杀了！

这是什么情况，不死不行吗？不行！因为他不死，荆轲也不会去死。

田光之死，官方的说法是为了保密，不过这又是一个可疑的借口，知道刺秦的人并非他一个，实在犯不着"自我灭口"，况且，从易水河边声势很大的送别仪式看，太子丹压根儿就没有想保密的意思。

田光用自己的命完成了一次胁迫，他用这种极端方式告诉荆轲：兄弟，这事就靠你了，一定要挽救大燕，不能让我白死啊。

荆轲犯难了!

泡圈子本来是想衣食无忧,没想到摊上如此大的事情。跑到咸阳杀秦王,他做梦都不敢想。

不过,以往"跑路"的绝招,如今好像也不太行。对自己有恩的田光死了,如果他再跑了,恐怕在江湖上无法立足。

但他有几斤几两自己清楚,没有金刚钻还真不敢揽这个瓷器活。

现在,该太子丹粉墨登场了!

二

"刺秦",是太子丹此时唯一的念想,吃饭想,做梦想,反正是心心念之。

他想杀的这个人,曾经一起与他玩过尿泥。玩的地点不在秦国,也不在燕国,而是赵国国都邯郸,当时两人都在那里做人质。

人大十八变,越走越疏远。

嬴政后来归国做了国君,太子丹本来觉得两人拥有美好的童年记忆,想去咸阳重温旧时时光,没想到嬴政膨胀了,对自己爱搭不理，好像根本没在一起玩过一样。

太子丹也不想想，你是谁，他是谁？

他是天下第一强国的国君，你不过是一个边陲小国的太子，弱肉强食的时代，根本不存在平等对话的可能性。

高攀不起的太子丹回到燕国，心里极度抑郁，燕国被吞并好像只是时间问题，到底该怎么办才能逃过劫难呢？

他的老师鞠武告诉太子丹应该这么办：向西与三晋结盟，向南联通齐、楚，向北与单于和好，一起对付秦国。

简单地说，对待强秦，不能单干，只能群殴。

太子丹直摇头，心想等把这些关系都摆平，不知猴年马月，到时早已成了秦国的阶下囚。有些事情可以"一停二看三通过"，有些事情只能"白＋黑"。

鞠武没辙，只好推荐田光；田光没辙，又推荐了荆轲。

太子丹见到荆轲，又是磕头又是痛哭，完全不顾身份，就在荆轲感到不好意思时，太子丹将想法和盘托出。

荆轲不傻，回了八个字——难负重任，另请高明。

太子丹不死心，有了田光之死打底，这事基本成了一半。他理解，荆轲如果轻易答应，确实有些跌份，拒绝越多，身价越高，软磨硬泡，必定成功。

一切尽在预料中。

荆轲稍一松口，太子丹便将早已准备好的"糖衣炮弹"齐射而来。给了"上卿"的高位，又让荆轲住进了独栋别墅，天天美酒大餐伺候着，美女骏马任其随意挑选，总之，不能让荆轲不高兴。

荆轲说了句听说千里马的肝好吃，太子丹立即命人杀马取肝。荆轲又称赞了一个女琴手，太子丹立马送人上门，荆轲非要装成坐怀不乱的正人君子，说自己没那个意思。

人家对你这么好，再不答应就太不是东西了。

好吧，吃人嘴短，拿人手短，既然这样，荆轲恭敬不如从命。从此，进入到了从"不答应"到"提条件"的新阶段。

荆轲提出刺杀秦王需要两样东西：一是燕国督亢地图；二是秦国叛将樊於期的人头。

前者没问题，后者让太子丹犯难，毕竟樊於期走投无路才来投奔，而且太子丹曾拍着胸脯保他平安，如今却要他的项上人头，实在是说不出口。

难归难，但事还要办。

司马迁老先生给出的故事情节：荆轲私下找到樊於期，晓之以理，动之以情，恳请樊於期讲政治，顾大局，"舍得一身剧，要把秦王拉下马"，樊於期感动了，拔剑自刎，心甘情愿将人头献上。

请注意"私下"两个字，这表明完全是荆轲的个人行为，和太子丹没有半毛钱关系，但读史存疑，最大的疑点便在这里。

对于刺秦，荆轲一直"稳如磐石"，倒是太子丹急得像热锅上的蚂蚁，荆轲犯不上将一条人命背在自己身上，即使跑去劝说樊於期的是荆轲，很大可能也是受了太子丹的授意。

太子丹因"仁义"舍不得让樊於期死？别闹了，已经陷入魔怔的他，为了实现梦想，只会"人挡杀人，佛挡杀佛"。

人头有了，该上路了吧？

不行！好马配好鞍，武器也不能含糊，太子丹只好遍寻天下最锋利的武器，最后的中标人是赵国的徐夫人，她制作的匕首削铁如泥，中标价格是一百金。

为了提高致命性，又让工匠用毒水淬之，还搞了"人体试验"，"以试人，血濡缕，人无不立死者"。毒性相当了得，被试者都是立即毙命，至于做了多少活体试验，司马迁老先生交代得很笼统，反正肯定不会是一个人。

武器有了，该上路了吧？

不行！一人难敌四拳，助手更不能含糊。太子丹给他找来了秦舞阳，这哥们是个"杀人犯"，在十三岁时就背上了命案，走在路上，别人都不敢用正眼看他，在太子丹看来，他与荆轲堪称"黄金组合"。

助手有了，该上路了吧？

不行！一个好汉三个帮，还缺一个呢。荆轲表示自己要等个朋友一同前去，而此人住得很远，什么时候能到不太清楚。只要一到，立马启程。

太子丹火了！

荆轲推三阻四，摆明了是不想去，更让他难以忍受的是，如果不想去应该早说，且不说花费了不少物力财力，忽悠了半天，把时间都耽误了，秦军随时可能来，到时候该如何是好。

忍无可忍，无须再忍。

太子丹找来荆轲，打开天窗说亮话，没有好脸地对荆轲表示，如果他没有动身的打算，自己决定派秦舞阳先去。

荆轲也火了！您这是几个意思，去咸阳不是旅游，为了圆满完成任务，所以提出要等这位朋友，但既然太子丹把话说成这样，自己只能诀别启程了。

信任感弥足珍贵，特别是干这种掉脑袋的事情，荆轲生气就在于此,相处了很长时间,太子丹表面真诚,暗地里疑心重重,即使书读得少,也应该听说过"用人不疑,疑人不用"。

荆轲还有一层意思,就是丑话说到前头,这次属于"没有条件创造条件也要上",咸阳可以去,但完不成任务,不要把屎盆子扣在自己身上。

不管怎样,荆轲同意动身了,太子丹为自己激将法成功暗自手工点赞。

三

荆轲此行面临三个问题:一是见到秦王;二是靠近秦王;三是刺中秦王。

第一个问题不难,只要有足够的金子。荆轲找到了嬴政身边的红人中庶子蒙嘉,这位仁兄在历史上显得神秘兮兮,既无战功,又无良谏,身居高位,成为宠臣,大概率是因"善拍马屁"。

荆轲提着重金来见蒙嘉,收还是不收?他迅速完成了风险评估,燕国献土地献人头,怎么说也是喜事一桩,看不出有什么风险隐患。

接着是顺理成章的三部曲：收钱—报喜—召见。

蒙嘉做梦也想不到，他收的重金将是一生中最后一份礼物，史书上说他受到了处罚，但没说什么样的处罚，按照秦国的律令以及嬴政的脾气，"五马分尸"想必只能算是起步。

嬴政闻讯颇为高兴，当年的"小丹子"终于懂事了，虽然燕国早晚是嘴边之肉，如今主动认尿，不吃白不吃，白吃谁不吃。

大国要有大国的气象，嬴政安排了最为隆重的九宾仪式，显示秦国和自己的威严。

还真把一个人吓到了，当荆轲和秦舞阳进入大殿后，整个殿中只听到秦舞阳腿抖的声音。荆轲顿时想起一句话："不怕神一样的对手，就怕猪一样的队友"，顿时开始怀疑秦舞阳是否真的杀过人，以及杀的是男人还是女人。

荆轲故作轻松回头看看血色全无的秦舞阳，上前一步向秦王谢罪，表示这小子来自荒芜之地，没见过大世面，所以心跳加速，血糖降低，希望大王不要和这样的粗野之人计较。

这个解释从病理学角度完全说得过去。

重头戏终于拉开帷幕，荆轲将地图拿到嬴政面前，他似乎都能听到嬴政的呼吸，由此成功解决了第二个问题，接下来只需完成最后一道程序了。

事情按照预想的方向发展,嬴政徐徐展开图卷,好像看见秦军铁骑已经踏上这些土地,万万没想到,图卷的尽头,是一把铮亮的匕首。

没错,这就是那把经过严格招标选中的锋利匕首,也是经过活体试验的那把剧毒匕首。

荆轲按照平时训练时的套路,左手抓住嬴政的衣袖,右手抓起匕首直刺对方的胸膛,如果刺中,田光能够死而瞑目,樊於期可以含笑九泉,可是……

一场"躲猫猫"的游戏就此在秦宫上演,嬴政绕着柱子在前面跑,荆轲拿着匕首在后面追,关键时刻显出了荆轲的短板,如果多少会点轻功或者百米速度再能提升一秒,结局会是另外一个样子。

秦国大臣和卫兵为何不来救驾呢?答案很简单,非不想也,是不能也。秦国法令规定得很清楚,所有文武大臣不得携带兵器上殿,宫廷侍卫只能在门外值守,没有命令不得进宫。

嬴政一心防着自己人图谋不轨,没想到外国人敢来宫中行刺。

干着急没办法,大臣们只能齐声喊道:"王负剑!王负剑！"大王啊大王，您倒是赶紧拔剑啊！

废话！能拔出来早拔了！

嬴政背上的剑很长，在奔跑途中尝试拔了几次也拔不出来，这不能怪嬴政动手能力差，确实有一定的难度系数。后面是杀红眼的荆轲，前面是各种障碍物，既不能被砍到，也不能被绊倒，哪里像大臣喊得那般容易。

历史的诡谲之处在于，改变进程的竟然是一只布袋子。

秦国御医情急之下向荆轲扔去药袋子，荆轲挥手去挡，就在电光石火之间，嬴政从背后成功拔出了长剑。

就在长剑出鞘的一刹那，胜负已经决定了。

嬴政一剑将荆轲砍倒在地，大腿负伤的他，只能孤注一掷，将匕首掷向秦王。遗憾的是，平时的训练里没有这个科目，匕首击中了柱子，一场刺杀秦王的大戏宣告落幕。

横竖是一死，荆轲只求痛快些。嬴政砍了八下，卫士们冲进来将他剁成肉酱，史书上没说秦舞阳的下场，想必一样的少儿不宜。

荆轲已经没有机会总结失败经验，倒是和他比划过的鲁句践说了句大实话："惜哉其不讲于刺剑之术也！"说到底，还是剑术不够精进，毕竟机会出来了，单刀球都不进，总不能怪球门吧。

四

荆轲死了,意味着太子丹末日的来临。

和刺杀失败消息一同来的是名将王翦率领的秦军。嬴政本来不急着收拾燕国,按照"远交近攻"既定战略,下一个倒霉的应该是楚国,但太子丹实在胆大妄为,"秦王很生气,后果很严重"。

太子丹没有任何预案,一副"过把瘾就死"的样子。

这也怪了,刺秦成功本身是小概率事件,多少您要有个后手,总不能在一棵树上吊死吧。但他每天除了默念"能成功!能成功!能成功!"外别无他想,还真以为重要的事情说三遍便能成真。

三十六计走为上,如今"走"是来不及,只能"跑"了。

秦军尚未到达蓟都,太子丹带着老爸燕王喜开溜了,目的地是辽东。秦军哪肯善罢甘休,因为嬴政给的指令是:"活要见人,死要见尸"。

逃跑路上,燕王喜收到秦军一封书信,内容很简单,这次出兵不针对燕国,只针对太子丹,只要将儿子乖乖送上,既往不咎,一了百了。

大难临头无父子,为了江山社稷,太子丹只能成为一个"烈士"。

太子丹的命运,从他脑海中第一次浮现刺秦时便已注定,他一直觉得,只要杀掉了嬴政,所有的都会逆转,秦国会安分守己,六国会平安太平。

天真,实在是太天真了!

天下大势,分久必合,合久必分,六国是前浪,秦国是后浪,最终后浪会将前浪拍在沙滩上。一个嬴政倒下了,还有第二个嬴政,第三个嬴政……

天真有时真会要人命,太子丹不仅害了自己,还搭上了荆轲等一干人。

历朝历代喜欢用"舍生取义"来形容荆轲,舍身不假,但取义成疑,什么是义?杀掉嬴政是义?拒绝统一是义?还是太子丹本身就代表着"义"?

非也!非也!非也!

荆轲说到底只是太子丹手中的一枚棋子,可悲的是,下棋的人是个"臭棋篓子"。

不过，话说回来，荆轲算得上是一条汉子，叫声"英雄"，没有一点问题。

虽然"术业未专攻"，缺乏一些"工匠精神"，但就胆量而言，必须献上我们的膝盖，反正换了其他人，一不敢揽这样的重活；二不敢去咸阳；三不敢和嬴政玩"躲猫猫"。

不过，只想弱弱地问一句，为了太子丹值得吗？

角度不一样，结论不一样，不干这一票，荆轲只是一个围着"老婆孩子热炕头"的凡夫俗子，干了这一票，他便成了流芳千古的"英雄侠客"。

只是，干与不干？您觉得荆轲有得选吗？

一切过往皆为序章，想想，又到了易水河该上冻的时候了。

李斯和赵高

你是老鼠我是猫

一

公元前 210 年，巨鹿郡沙丘宫平台，"千古一帝"秦始皇嬴政恍惚间已经看到了死神在向自己招手。

这次大概率是回不了咸阳了。

说起来，这怪不得别人，要怪只能怪自己太爱出游了。

喜欢到什么程度呢？这么说吧，古代所有帝王都甘拜下风，没有并列，没有之一，六次下江南的乾隆爷只算个"小巫"，江南算什么，始皇帝心里装的是天下。

发布一组数据，统一天下后十二年间，嬴政有五次大规模出游，可以说，不是在路上就是在为出游做准备。

另一个数据更说明问题，帝国有四十六个郡，他走了三十八个，占比高达 83%。

不过，别以为皇帝出游是什么"高大上"的事，换作你，估计给双倍的出差补助也不一定愿意去。

当时，没有汽车，没有高铁，更没有飞机，始皇帝嬴政只能坐在马车上,闻着尘土的芬芳,一路颠簸晃荡,一走就是大半年。

放着富丽堂皇的咸阳宫不住,嬴政为啥如此执着受苦?官方的说法是"乐抚东土,威服海内",其实他还夹带着私活——遍寻神仙。

始皇帝比任何人都渴望长生不老,身边方士们天天念叨:海上有仙岛,岛上有神山,山上有神仙,仙人有仙丹,吃了能不死。

嬴政还真被忽悠住了,除了第一次向西的"寻根之旅",其余四次一直向东,都到了海边。

可惜从始至终没见到仙人,却倒在了第五次出巡的路上。

大人物的生死,似乎都有先兆,据史书记载,在这次"生死之旅"前东郡落下一颗陨石,上面刻着七个大字——始皇帝死而地分,这还不算,使者得到了一块玉璧,送璧者说了一句:"今年祖龙死。"更邪乎的是,这块玉璧正是嬴政八年前祭祀水神时掉到水里的那块。

这不是传说,真实记载在司马迁老先生的《史记》中。

这种事信则灵,不信也就罢了。但嬴政既不敢全信,也不敢不信,他找来卦师占卜,得出的结论是"游,徙吉"。

原来是虚惊一场。

出游起初还算顺利，但"至平原津而病"，普及一下知识，"疾病"如今连着读，但在古文中得了重病叫作"病"，较轻的病称作"疾"。

就是说，在山东境内，嬴政就卧榻不起了。只能让车队快马加鞭，想着早日赶回咸阳。

但再快焉能快过阎王爷的速度。

到了沙丘平台，嬴政预感到大限将至，忽清醒忽迷糊的他突然想起还有一件大事没有办——选定接班人。

始皇帝很自私，统一天下后只给自己解决了名分问题，从"三皇五帝"中各抠出一个字，称自己为"皇帝"，但既没立皇后，也没封太子，反倒因为大儿子扶苏与自己意见不和，外放边境到蒙恬的军队里当监军。

弥留之际，嬴政想起了大儿子的好，发出遗诏给扶苏"以兵属蒙恬，与丧会咸阳而葬"，没明说让扶苏继位，但意思大家都懂得。

但这注定是一道永远无法发出的诏令，因为它到了赵高的手中。

说起赵高，各位看官脑海里想必会浮现一个不男不女的猥琐形象。

如果告诉您，赵高是一个文武双全的帅哥，会不会大跌眼镜？

还真没有忽悠各位，赵高不是阉人，证据有二：一则因为他有女儿；二则比较靠谱的司马迁老先生都没有说他是太监。更何况，从东汉起，宦官才成为阉人的专利。

如何知道他是个帅哥呢，这与他的职务有关。他是始皇帝钦定的中车府令，就是皇帝司机班的班长，不仅要求骑术车技精湛，弓箭兵器娴熟，还要形象气质出众，毕竟代表着皇家的形象，歪瓜裂枣肯定不行。

如果看过兵马俑博物馆铜车马的车驾，大概齐就知道赵高长什么样了。

这还不算什么，赵高还是一流的书法家和法学家。更牛的是，赵高没有参加过"司法考试培训班"，完全是自学成才，从小白到专家，最后成了胡亥的老师，专门教他决狱断律。

赵高的书法更是了得，一手大篆艳冠大秦。

说说赵高的长处，不是为他镀金，历史嘛，总要讲个实事求是。如果只会阿谀奉承、溜须拍马，没有一些真本事，始皇帝不会看上他，毕竟嬴政不是昏君，而是平灭六国的帝王。

秦始皇对他高度信任，不仅任命为中车府令，还让他掌管符玺。

坏就坏在掌管符玺上,因为这是诏令发出的必经程序。

赵高看到嬴政的遗诏,莫名感到一种兴奋,觉得千载难逢的机会来了。

他先去游说胡亥,没想到自己的这个学生大义凛然,来了一个"三不":"废弃长兄而立幼弟,是不义;奉父皇的诏令而畏死,是不孝;能浅薄而勉强因人求功,是不能。"

装什么装,你是什么货色,为师难道还不知道。

赵高几句话,便让胡亥"顿悟"了,放着皇帝不当,那不是傻子吗。

敲定了皇帝人选,只是第一步,要让胡亥登上皇位,必须有一个人点头,此人便是丞相李斯。

道理很简单,大秦帝国中除了嬴政就是他了,如今一号人物挂了,二号人物的态度举足轻重。

年龄已过七十的李斯,走到今天实在不容易。

他原本是楚国上蔡的一个小吏,娶妻生子,婚姻美满,小日子过得不错。但李斯总觉得缺点什么,为此经常陷入迷茫。

没想到,让李斯顿悟的是几只老鼠。

有次吃坏肚子的他上厕所,发现了几只老鼠,听到动静四散而逃。李斯突然想起就在前几日,他在粮仓里也看到几只老鼠,不仅白白胖胖,而且从不怕人。

同样是老鼠,反差如此之大,这是为什么呢?环境!因为所处的环境不同,造就了它们的天壤之别。

人不就和老鼠一个样嘛。李斯想通了,不由感叹:"人之贤不肖,譬如鼠矣,在所自处耳。"敢情自己活了二十多年,一直就像厕所中的老鼠。

再也不能这样活,生活除了老婆孩子热炕头,还有诗和远方。

李斯给领导写了封辞职信,表示"世界很大,我想去看看",然后告别妻儿去求学,踏上寻梦之旅。

二

李斯由此踏上了坦途,因为他做对了四道选择题。

第一个选择:学什么?

战国时代百家争鸣,儒、道、墨、法、名、阴阳等,使人眼花缭乱,到底学什么专业呢?李斯觉得,不能光图名,关键是将来好就业。

什么专业会吃香呢？这与社会形势密切相关。当时诸侯争雄，都想着富国强兵，因此能帮着国君治国理政的人才最为稀缺，没什么可犹豫的，李斯选定要学经世致用的帝王之术。

第二个选择：和谁学？

学派众多，自然大师也多，李斯心目中的名师有两个标准：一是足够有名气；二是足够有学问。这样既能学到真东西，还可以借助老师的影响找个好工作。

荀子成为第一选择，论学识，他贯通儒、道、墨、法，精通当代政治学；论名气，他是先秦诸子最后一位大师级的人物，令人顶礼膜拜。

好了，就是他了。

第三个选择：哪就业？

李斯在荀子门下苦读几年，终于学成毕业。当时有战国七雄，诸侯林立，他想都没想去了秦国，因为早就看准了秦国将来会雄霸天下，只有到那里，才会有用武之地。

套用"老鼠哲学"，秦国是粮仓，六国是厕所，既然想做仓中之鼠，就一定要投秦而弃六国。

第四个选择：跟谁干？

李斯到秦国时，嬴政刚刚即位，大权掌握在相邦吕不韦手里。吕不韦将李斯招入麾下作为门客,在旁人看来,这已经是很高的礼遇,跟着相邦混,前途不会有错。

鼠目寸光!

李斯将目光早已投向了秦王宫,投到只有十三岁的嬴政身上。他坚定地认为,这个少年将来会是天下的主人。

接下来的一切顺理成章,推荐—赏识—信任—高升,李斯很快成为秦始皇离不开的近臣。

嬴政所有重大决策,几乎都是李斯在背后出主意:

提出"收买贿赂,离间六国"的是他;

提出"废分封,行郡县"的是他;

提出"书同文,车同轨"的是他;

提出"统一货币,统一度量衡"的是他。

当然,提出"焚书坑儒"的还是他。

嬴政对他够意思,拜为列侯,封为左丞相,成为大秦的二把手,李斯的儿子们娶秦朝公主为妻,女儿们也都嫁给了秦的公子。

这份荣耀早已超越了仓中之鼠。

李斯没想到,始皇帝会走在自己前面,毕竟他比嬴政大二十一岁,更没想到的是,比他小二十四岁的赵高竟来找他商议大逆不道之事。

不行！绝对不行！

"安得此亡国之言，此非人臣所为也"，这是对先皇的叛逆，不是人臣所应讨论的。

赵高从来不打无准备之仗，李斯既然想做个仓中之鼠，他怎么肯丢掉整个粮仓。

赵高只问了一句话："无论军功还是与扶苏的关系，您自己可以与蒙恬相比吗？"李斯倒也老实："比不上。"

那还说什么呀，扶苏继位，丞相肯定是蒙恬，您老不仅要靠边站，能否保得住这条命都是问题。

李斯顿时陷入沉默。

赵高知道，眼前这位内心的堤坝已经松动，只需再来一剂猛药。

你可以不为自己着想，但总得为子孙后代考虑吧。不愧为点穴高手，一下就找到了李斯的死穴。

李斯虽舍不得现有的权势，但自己行将入土，一切都无所谓了，但子孙们还要依仗自己这棵大树，自己倒了，子孙们都不会有好果子吃。

好吧，事已至此，只能从了。

李斯垂泪叹道:"呜呼哀哉,落日黄昏,遭遇乱世,身不能随先帝去,命将何处依托哉!"

不知道,他这滴泪是为了嬴政,还是为了自己。

三

沙丘之变宣告落幕,最大的赢家无疑是赵高。

这个原本不起眼的中车府令,将老成持重的李斯和一脸懵懂的胡亥,玩弄于股掌之间。

更可怕的是,这仅仅是个开始。

接下来的故事情节,中学历史课本都有,不再赘述,伪造遗诏,赐死扶苏,然后赶回咸阳,胡亥继位。

新的权力架构出炉了,胡亥成为二世皇帝,李斯继续担任丞相,赵高升任郎中令,负责宫廷警卫。

秦二世接下来的操作只有一个字——杀!

先是杀掉蒙恬、蒙毅兄弟,这两人是眼中刺,蒙恬是扶苏的死党,蒙毅则与赵高有梁子。

赵高当年犯下重罪,由蒙毅审理,判处他死罪,最后嬴政看在赵高一直表现不错,赦免了他并官复原职。

赵高从此对蒙毅恨得牙痒,欲找机会而除之。

嬴政虽被后人称为"暴君",但从来没杀过功臣,胡亥一上台便大开杀戒,掀起了一股血雨腥风。

接下来倒在血泊中的是胡亥的兄弟姐妹。

十二个秦国公子在咸阳被砍头,十个公主砧死于杜县。"砧"就是分裂肢体而杀之,简直禽兽不如。

不用猜,下命令的是胡亥,背后使坏的是赵高。

该杀的都杀了,胡亥陷入空虚。

打心底里,他最看不上的是老爸嬴政,先是平灭六国,后又四处巡游,忙乱了一辈子,没享过几天福,这样的皇帝有什么意思。

人生苦短啊,人生苦短!胡亥的人生哲学可以简单到两个字——享乐。

他把真实想法向赵高述说,自己的老师当即点赞,告诉他一句话:"世界上只有一种真正的英雄主义,那就是认识生活的真相后依然爱它。"

既然老师都这样说了,可劲儿造吧。

这样的君臣组合,天下焉能不乱,果不其然,没过多长时间,陈胜吴广起义如约而至。

义军势如破竹，打到了李斯长子李由镇守的三川郡，李由吃了败仗，向朝廷请求增援。

胡亥气不打一处来，将怒火撒向了李斯，下诏斥责："身居三公高位，何以致盗贼如此？"

李斯怕了，又面临着抉择，是劝说二世改弦易辙，挽救危局，还是权衡利害，避祸解脱？

闭着眼睛都能猜到，李斯选择了后者。

于是，臭名昭著的邪恶美文《奏请二世行督责书》诞生了！

李斯洋洋洒洒，引经据典，告诉胡亥，你搞的独断专行和个人享乐，是天底下最正确的事情。

从《谏逐客书》到《奏请二世行督责书》，才华依旧是当年的才华，但李斯已经不是当年的李斯。

胡亥开心了，原来自己所做的荒唐事在理论上都能站得住脚，那还有什么顾虑的，接着整吧，而且力度可以更大些。

李斯保住了权位，但从此很难见到躲入深宫鬼混的胡亥。如果有急事，想见也可以，但必须要经过赵高。

本来是三方政治同盟，如今滑向寡头政治，这正是赵高所盼望的。

不过，要想完全独断专行，赵高眼前还有一块绊脚石——李斯。

这对于赵高而言并非难事，从沙丘之变起，他就掐中了李斯的七寸，只是看什么时候方便动手。

"借刀杀人"是最佳方案，他要借的这把"刀"就是秦二世胡亥。

赵高找到李斯，殷切希望他作为百官之首劝谏胡亥，不能再胡闹下去，否则江山社稷危矣。

按说在官场混了一辈子的李斯应该能看出其中的把戏，但不知是老糊涂了，还是觉得应该出头，径直朝着赵高挖好的深坑跳了下去。

想见胡亥都必须经过赵高预约，他给李斯安排的都是胡亥玩乐的时间，正和嫔妃玩到兴头上时，李斯进宫上奏，搞得胡亥很是尴尬。

如果只有一次，胡亥可以忍，但架不住李斯接二连三这样，感觉似乎存心与自己作对。

时机终于成熟了！

赵高给胡亥告黑状说李斯心怀不满，而且李由与盗贼有书信来往，这父子俩内外勾结，图谋不轨，后果不堪设想。

没有不透风的墙,这事儿传到李斯耳中,方才知道自己上了赵高的圈套。

你不仁我不义,李斯直接上书胡亥,痛斥赵高专权误国,请求二世下令诛杀。

现在该胡亥犯难了。

当年正是这两位将自己扶上皇位,一个负责内廷,一个负责政务,如此才能让自己在深宫里安心地寻欢作乐。

手心手背都是肉,胡亥心想这两位能不能和解,别再闹了。

胡亥劝说李斯:"赵君为人,精廉强力,下知世事人情,上能尊君适朕,丞相不要多疑。"

多疑?赵高压根儿就是一个祸国殃民的小人,李斯拉着几位重臣一再上书,要求罢免赵高,一副不扳倒赵高不罢休的模样。

遗憾的是,他错误地判断了形势。

李斯也不想想,你和胡亥啥关系,赵高和胡亥什么关系。你们只是君臣,而人家是师徒。

更何况,你几个月才能见胡亥一面,而赵高天天在胡亥身边,将这位昏君伺候得舒舒服服,所以,胡亥完全能离开你,但一天都离不开赵高。

该是胡亥下决心的时候了。

两人水火不容,握手言和已无可能,如今只能除掉一个,留下一个。

结果毫无悬念,李斯落到了赵高手中。

面前有两条路——自杀或受审,共同上书的大臣冯去疾、冯劫选择了前者,这通常是被问责将相大臣的第一选项,为的是保有尊严,李斯却选择了后者。

他或许因为怕死,更多的是不甘心,李斯决定试着最后一搏,还是老套路——上书。当年一封《谏逐客书》让始皇帝回心转意,他幻想着再来一封让胡亥收回成命。

太傻太天真,李斯就不想想,赵高怎么可能将书信送到胡亥手中。

李斯真是越活越糊涂,这位政坛不倒翁到晚年像一个老小孩。

或许是他过去太顺了,没有遇到过自己的天敌,如果说李斯是仓中之鼠,赵高便是同一粮仓中的一只猫。

最后的判决下达了!

李斯以大逆谋反的罪名判处夷灭三族,押到咸阳市街"五刑"之后腰斩处死,翻遍史书,历代丞相死得最惨的恐怕就是他了。

李斯的悲剧全怪赵高吗？非也，更多的需要从他自己身上找原因。

李斯最大的问题是："把道义放两边，将利字摆中间"。

最早预见到结局的是老师荀子，李斯当年在"毕业仪式"上说："卑微是人生最大的耻辱，贫穷是人生最大的悲哀。长久处在卑贱的地位，反而讥讽富贵，厌恶利禄，不过是无能而已。"

荀子看着眼前慷慨陈词的李斯，仿佛看到了几十年后的那道血光。

李斯和儿子一同押赴刑场，他回头对儿子说："我想和你再牵着黄犬，到上蔡东门追逐狡兔，还能这样吗？"

到头来，一直享受"仓中之鼠"待遇的李斯，又想着回去做"厕中之鼠"，哪有这样的好事。

其实，老婆孩子热炕头没有什么不好，至少比较安稳不是。

项羽和范增

——别拿霸王不当干部

一

公元前206年的一天,古代历史上最有名的一场宴会正在进行中。

举办宴会的地点叫作鸿门,没错,这就是流传千古、家喻户晓的鸿门宴。

掏钱请客的人是项羽,来赴宴的客人是刘邦。两人翻脸是以后的事,此时还是同一战壕里的战友。

"战友啊战友,亲爱的兄弟",那是说别人,这两位关系比较紧张,因为先前搞出了些误会。

要怪就怪刘邦有些不自量力。

就凭那点实力,还敢派兵占据函谷关,阻挡项羽入咸阳,想着独吞胜利果实。

项羽生气了,后果很严重。

刘邦的灭亡进入倒计时,项羽的叔叔项伯跑来向曾经的救命恩人张良告密,劝他赶紧跑路逃命,别跟着刘邦混了。

刘邦惊了，没想到一时糊涂，酿成杀身之祸。

如何办好呢？张良给出的建议——装孙子。

刘邦恳请项伯向项羽求情，项伯不辱使命，好说歹说，项羽答应放过刘邦。

所以，不要一提"鸿门宴"，就想着项羽想杀刘邦，没有的事儿，因为项羽气已经基本消了。

这不过是刘邦主动上门赔礼，双方喝个小酒冰释前嫌。

死罪可免，不过项羽还是想要耍威风，让刘邦你知道自己算老几。

如何耍呢？摆座次。

要说宴会坐席的安排，门道深了去了，自古以来都如此，领导坐哪，伙计坐哪，埋单的坐哪，约定俗成，一目了然。

古人如何坐呢？普及一下知识，万一穿越回去，可以做一个懂礼数的人。

室内的座次，最尊贵的位置是面朝东，其次是南向坐，再次是北向坐，最卑的是西向坐。

了解了这些，再回到宴会现场。

项羽当仁不让面朝东，范增面朝南，刘邦面朝北，张良面朝西。

刘邦被摆到老三的位置,还不如范增,意思再明确不过,你不过是我的属下,不要太造次,这次饶你一命,下次恐怕就没机会了。

刘邦当然懂得,一个劲儿地赔着笑脸说好话。

项羽高兴了!范增生气了!

范增始终认为刘邦是头号死敌。为啥呢?"沛公居山东时,贪于财货,好美姬。今入关,财物无所取,妇女无所幸,此其志不在小。"

刘邦这个贪财好色之徒,如今从良了,他想要做什么,难道还不懂吗?

如今人都主动送上门来,焉有不杀之理。

范增开始了杀刘三部曲,第一步连续向项羽使眼色,未果;第二步再三举起玉佩暗示项羽动手,未果;第三步让项庄舞剑伺机刺杀,未果。

结果都知道,刘邦成功跑路了。

项羽没事儿人一样,范增当场怒了:"竖子不足与谋,夺项王天下者,必沛公也。吾属今为之虏矣。"

"竖子"显然不是说刘邦,说的是眼前的项羽。

大意是,项羽这臭小子不足以商量大事,夺他天下的人一定是刘邦,我们这些人如今要成为刘邦的俘虏了。

范增话里话外,项羽像个低能儿,真如此吗?非也!

不杀刘邦,项羽自有考虑,归根到底,不能"因小失大"。

这里的"小"是刘邦,"大"是联军中的诸侯。

刘邦虽然先入咸阳,但是实力嘛,不提也罢,否则怎么能够屈尊跑到鸿门来谢罪?

况且,知错就改,拱手归降,好像没什么毛病,如果将没毛病的刘邦杀掉,联军中的其他诸侯会怎么想?

要知道项羽只是联军的头,嫡系队伍不过几万人,如果搞得人人自危,他这个霸王之位如何能做得稳当。

这样说来,范增出的不是良计,而是一个馊主意。

这本没什么新鲜的,翻历史旧账,他又不是第一次这样做。

这位老头年届七十才出山,投奔项梁,出的第一个主意就是立楚王的后人为王。

他的理由是,"楚虽三户,亡秦必楚",陈胜所以失败,是因为自己称王,因此必须要拥立楚王之后,竖起大旗,方能成功。

项梁被成功忽悠，找来了民间放羊的楚怀王熊槐的孙子熊心，复立为楚怀王。

有必要吗？太没必要了。

一来项家本来号召力足够。项羽的爷爷项燕是楚国的战神，率军击败过二十万秦军，陈胜起义都打着他的名号，何必舍近求远、舍本逐末。

二来平白无故给自己找了个上司，这位熊心不是婴幼儿，而是一个中年人，他岂能甘受摆布，这不是没事儿找事儿作茧自缚嘛。

事实证明，这确实是臭棋一招，臭味有三处。

其一，项梁死后，熊心将大权收归己有，项家叔侄俩辛辛苦苦打下的革命果实拱手献给了这位楚怀王。

其二，厚此薄彼，搞了一个怀王之约，让项羽跟着宋义去啃章邯这块硬骨头，而让刘邦轻轻松松先入咸阳。

请注意，熊心让宋义当上将军，项羽只是副将，摆明了是不想让项家出头。亏得项羽杀了宋义，巨鹿一战，大杀四方，让诸侯们臣服，峰回路转，又成了老大。

最臭的一处是，项羽坐上西楚霸王位置，熊心成了烫手山芋，先尊为义帝，后派人杀掉。

天无二日，你让项羽怎么办？

这样做无疑递了刀子，刘邦正愁找不到借口，结果来了一个冠冕堂皇的由头，一下子成了正义的化身。

尊一声"亚父"，是看您德高望重，就您这谋略水平，如何让项羽言听计从。

只是，司马迁老先生把鸿门宴写得太过精彩，经他这么一写，范增老谋深算，项羽愚蠢低能，算是板上钉钉了。

这也太冤枉项羽了！

除了鸿门宴上执意杀刘邦，关键时刻都没见到范增您老人家的身影啊。

坑杀二十万秦军降兵，未入关先丧失人心，没见您出来劝谏；

进入咸阳后烧杀抢掠，鸡犬不宁人人痛恨，没见您出来劝谏；

放弃关中而建都彭城，四战之地顾此失彼，没见您出来劝谏。

每一条都是项羽最后的败因，弱弱地问一句，范增当时在哪里？

看看人家刘邦的谋士，劝说主公不要贪图富贵，与民约法三章,队伍秋毫无犯,瞬间赢得了民心。

不比不知道,一比吓一跳,就范增这谋略水平差的不是一星半点。

不知道"得民心者得天下,失民心者失天下"吗?

范增或许也感到委屈,自己说了,项羽也不一定听,鸿门宴就是活生生的例子。

但是,别忘了,你是谋臣,该说的必须说,说不说是你的事儿,听不听是项羽的事儿。

看着项羽瞎折腾,睁一只眼闭一只眼,这不是失职是什么?

再说了,劝谏要讲究方式方法,宴会前就应该把道理掰开揉碎给项羽讲清楚。事后又是骂"竖子",又是砸东西,不仅无济于事,反而搞得君臣不和。

两人决裂的祸根就此埋下,接下来的悲剧也就顺理成章。

二

范增再次粉墨登场,是在项羽和刘邦在荥阳对峙时。

刘邦不是项羽对手,派人过来求和。

认怂但话说得不怂,我说项霸王,打仗挺没意思的,伤财又死人,你我都是深明大义之人,不如别打了,以荥阳为楚汉分界言和吧。

项羽动心了!

他太累了,这一辈子不是在打仗,就是在打仗的路上,没有时间好好享受人生。

范增又怒了:"汉易与耳,今释弗取,后必悔之!"现在是击败刘邦的大好时机,机不可失时不再来,接受求和一定会后悔。

这次还算客气,至少没骂"竖子",但话里话外不容商量。

既然如此,项羽硬着头皮还得打,上次鸿门宴没听范增的,被经常痛斥和埋怨,这次就听你一回。

刘邦有些吃不消,关键时刻"救火队员"陈平来了。

刘邦钦定了"汉初三杰",如果再多一个名额,非此人莫属。

这是一位什么样的牛人呢?首先要说的是,他是一个超级帅哥。

帅到什么程度?有一个成语专门形容他——美如冠玉。

放到今天,妥妥的流量明星,遗憾的是陈平生不逢时,当时帅不能当饭吃,所以穷得叮当响。

史书上说得很惨,"家乃负郭穷巷,以弊席为门",住在城郊接合部,房子连门都没有,只挂着破烂的席子。

穷成这样,自然很难讨到老婆,颜值归颜值,吃饭问题更重要,谁家都不愿意让自己的女儿跟着他喝西北风。

就在他犯愁之际,天上掉下了一个大馅饼——豪门之女张氏。

这位张家小姐条件很好,独独有一个缺点——克夫,接连嫁了五个男人,老公都死了,没有男人再敢娶他,害怕成为"第六人"。

陈平听说后,觉得机会来了,高调宣布:我陈平非她不娶。

张氏的爷爷张负实地考察,心里开始哇凉哇凉的,后来他发现陈家门前有许多车辙,一看官员和富豪常来这里。

敢情这个穷小子交际广泛,是一只潜力股,决心即使倒贴钱也要把孙女嫁给陈平。

不知道陈平这小子从哪里整来这些车辙,反正捞到了人生的第一桶金。

说来也怪,张家小姐从此作别"克夫",进入了"旺夫"队列。

人有多大胆，地有多大产，不信邪的陈平踏上了坦途。

天下大乱，陈平起来闹革命，先投奔魏王，后又跑到项羽处，最后在刘邦这里落脚。

刘邦对他很赏识，封为都尉，命他监护三军将校。

有没有搞错？众将不干了，我们跟着大王一路杀来，如今让一个"小白脸"骑在头上，凭什么呀！

周勃、灌婴等大将收集了陈平的黑材料交给刘邦，说此人劣迹斑斑，主要问题有三项：

一则"盗嫂"，"闻平居家时，盗其嫂"，和他嫂子的关系不清不楚，不干不净；

二则"不忠"，"事魏不容，亡归楚；归楚不中，又亡归汉"，吃着锅里的看着碗里的；

三则"昧金"，"平受诸将金，金多者得善处，金少者得恶处"，是藏在队伍中的腐败分子。

"平，反覆乱臣也"，这样一个渣男加奸臣，怎么能受到重用，"愿王察之"。

盗嫂子虚乌有，刘邦也不关心，他是做大事的人，陈平和嫂子关系是否暧昧，和自己没有半毛钱关系。

刘邦只关心第二个问题——忠诚度。

陈平对此答复很简单,我给魏王提建议,他不用,我就走了。项羽只用他的亲信,我又走了。听说大王您能用人,所以才赶来投奔。

"昧金"之事,刘邦没问,陈平主动坦白,我来这里,什么都没带,没钱无法生活,也办不了事,所以才收受礼金。

最后总结陈词:大王您要觉得我的计策可以用的话,您就采纳;如果不可用,我把受贿全部充公,然后拍屁股走人。

陈平心里话,周勃等人别玩阴的,大不了老子不干了,此处不留爷自有留爷处。

刘邦怎么做的呢?道歉、赏赐、升官。

大写的服,要不然为啥人家刘邦是天选之人。

三

陈平很快迎来了报恩的机会,他轻易不出手,一旦出手相当精准。

他给刘邦出的主意是离间项羽和范增,以便早日摆脱困局。

别逗了,怎么可能呢,项羽管范增叫"亚父",如何说翻脸就翻脸。

世上无难事只怕有心人，事越难办，越能显出真水平，完成这项任务，只需要一样东西——钱。

千金散尽还复来，刘邦觉得只要能办成，这些都不是事儿。

陈平毫不客气，一下子将仓库里压箱底的四万斤黄金全部拿走，到处撒钱造舆论。

造什么舆论呢？说范增功劳最大，但却没有封王封地，心怀不满，已经和刘邦暗中约定，共同消灭项羽。

谣言搞得沸沸扬扬，好像真的一样。这不过是陈平在预热，大戏还是后面。

项羽的使者到刘邦的军营，陈平先是命人好生款待，但很快翻脸，将鲍鱼海参换成了小米咸菜，理由是搞错了，还以为来的是范增的使者。

使者很生气，项羽更生气，敢情范增和刘邦真有一腿，从此不再搭理这位亚父。

范增得知此事，又怒了："天下事大定矣，君王自为之。愿赐骸骨归卒伍。"天下的事也就这样了，项羽你好自为之，我不跟你瞎混了。

范增的话虽然说得有些绝，但毕竟干父子一场，于情于理，都应该挽留一下。

项羽啥表示没有，好像巴不得让范增早点走。

既然如此，范增只得上路，越走越气，急火攻心，生了毒疮，一命呜呼。

范增的事好像可以画个句号了，但细细一品，没那么简单，里面有一个大大的疑团。

陈平的这个反间计如此之水，项羽怎么就能轻易相信呢？

连乾隆爷也觉得有点假："陈平此计，乃欺三尺童子未可保其必信者，史乃以为奇，而世传之，可发一笑。"

难道项羽愚蠢到连三尺童子都不如？当然不是！否则他也不可能成就一番霸业。

冰冻三尺非一日之寒，历史的真相或许是项羽早就烦透了这个老头。东坡先生也是这个意思："物必先腐也，而后虫生之；人必先疑也，而后谗入之。陈平虽智，安能间无疑之主哉？"

换句大白话：苍蝇不叮无缝的蛋。

为何会这样呢？这种事，一个巴掌拍不响，项羽有责任，范增更有责任。

亚父是亚父，亲爹是亲爹，范增最大的问题是把这两个身份搞混了。

鸿门宴上竟骂项羽为"竖子"，要知道这是上级教训下级的话，是您应该说的吗？

更何况，不是私下交流，而是公开场合，不仅有自己的人，还当着张良的面，无数人崇拜的西楚霸王竟然被您如此侮辱，项羽怎么能下得了台。

再说了，除了倚老卖老，也没看出您有什么高人之处。

论智谋，您比得上张良、陈平吗？论识人，您和萧何差出一个韩信的距离。

水平一般，脾气真心不小。

最后的表现同样糟糕，项羽只是"稍夺其权"，没有罢免您，更没"重罚"您，犯得着离家出走嘛。

还说什么"天下事定矣"，言外之意是说"你项羽完蛋了，肯定打不过刘邦，你就等死吧"。

有这样说话的吗，专长敌人士气，灭自己威风。

说到底，范增太把自己当回事，太不把项羽当回事了。

项羽表现得倒很有气度，想当初，有人说他"沐猴而冠"，他下令将此人扔进热锅里煮了。范增怎么发脾气，也没见项羽有什么过激反应。

即便是范增要走,也不是项羽撵他走的,而是范增自己主动提出的。

按说范增都七十多岁的人了,早过了"知天命"的年龄,怎么能如此意气用事。

范增一流的暴脾气,三流的军师,为何却被塑造成一位"关键先生",好像项羽离开他才满盘皆输,就像曹魏名臣蒋济所言:"项羽若听范增之策,则平步取天下也。"

范增能有如此高的评价,要感谢一个人,便是他心心念念想杀掉的刘邦。

刘邦在总结取胜原因时说了一句:"项羽有一范增而不能用,此其所以为我擒也。"反过来说,就是如果项羽能用范增,鹿死谁手犹未可知。

其实,这完全是一个误读,因为犯了一个大毛病——断章取义。

刘邦说了一大段话,这只是最后的一句,其中的真意,必须要连起来读。

前面说的话太著名了,每个上过学的都知道——夫运筹策帷帐之中,决胜于千里之外,吾不如子房。镇国家,抚百姓，给饷馈，不绝粮道，吾不如萧何；连百万之军，战必胜，攻必取，吾不如韩信。此三者，皆人杰也，吾能用之，此吾所以取天下也。

看明白了吧，刘邦的本意不是说范增厉害，而是说自己厉害，搬出范增，只是为了凸显项羽和自己的差距。

典型的"凡尔赛"，仅此而已。

可怜又可悲的范增老先生，年过古稀，不想着颐养天年，而是"老犹恋栈"，最后被活活气死，这怨得了谁呢？

历史学家蔡东藩说得直白："郳人之立祠致祭，实为无名，死而有知，恐亦愧享庙食矣！"

生前功劳不高，死后待遇可不低，又是立祠，又是建庙，如果范增地下有知，该作何感想呢？

清朝学者顾嗣立的诗相当到位，算是对范增一生的盖棺定论——七十衰翁两鬓霜，西来一笑火咸阳。平生奇计无他事，只劝鸿门杀汉王。

老大很气,后果很严重——

刘邦和韩信

一

秦末，淮阴街头，人头攒动，指指点点。

看热闹不嫌事大，自古以来皆如此。

什么热闹呢？一个屠户拦住一个叫韩信的人，准备寻衅滋事。

说来两人原本没有什么过节，就是屠户看不惯韩信，觉得他有点"装"，个头高大不说，还天天佩带着刀剑晃荡。

你要不怕死，就用剑刺我，如果怕死，就从我胯下爬过去。

嚣张，实在嚣张得可以。

结果不用说了，大家都知道，韩信选择了后者。

一片哄笑，无数白眼，韩信已经习惯了，无非是伤口上多撒了一把盐。

人群散去，韩信心中怒吼一声：苍天啊，为何如此待我！

先别着急怪上天，刀刃向内，先说说韩信自身的问题。

你一个大小伙子，既不种田，也不经商，天天蹭吃蹭喝，谁能看得起你，难怪"人多厌之者"。

最厌恶他的是南昌亭长的夫人，不能怪她势利，换你是她，一个人赖在你家不走，白吃白喝几个月，能不急吗？

忍无可忍无须再忍，这位夫人提前开饭，到饭点时，韩信发现只剩残羹冷炙。

他知道，这饭看来无法蹭下去了。

韩信决心自力更生，解决肚子问题，靠山吃山靠水吃水，他跑到河边来钓鱼。

只是，人要走了背字儿，连鱼都躲得远远的。

饿得眼冒金星的韩信迎来了生命中第一个贵人——漂母。

漂母并不姓漂，是一个职业的统称，就是在河边漂洗丝绵的老大娘。

她见到这个小伙子每天空手而归，饿得皮包骨头，发了善心，做饭给韩信吃。

韩信倒不客气，成了"啃老族"，一吃就是几十天，或许内心感到不好意思，一再表示将来如果有出头之日一定重重回报。

没想到漂母怒了,你一个大丈夫不能养活自己,看你可怜,才给你饭吃,谁要你的回报。

话说回来,韩信你也不想想,你连自己的温饱问题都解决不了,拿什么回报别人。

再也不能这样活,再也不能这样过。

正赶上陈胜吴广起义,天下大乱,韩信决定投军了!

他先投奔了项梁,项梁死后,接着追随项羽。韩信表现得很努力,只要逮着机会就给项羽出主意,结果呢?三个字——羽不用。

没啥意思,韩信另投门庭,跑到了刘邦处。

俗语讲,树挪死,人挪活,但对韩信是个例外。

在项羽那里,虽然不受重用,但好歹还封了一个郎中。到刘邦这里,只做了一个看守仓库的小吏,而且很快犯了事,被抓了起来。

到底犯了什么事,史书上没说,想必不轻,因为被判了杀头的重罪。

韩信一辈子眼看就要这样玩完,想想有些亏,没吃过美食,没讨着老婆,留下的满是心酸和屈辱。

老子讲得好,"祸兮福所倚,福兮祸所伏",没想到,"杀头之旅"成为韩信自我救赎的起点。

转机在于韩信憋足力气大喊一声:"上不欲就天下乎？何为斩壮士！"刘邦不打算得天下吗？为何要杀壮士。

好大的口气，你个死刑犯和汉王得天下有啥关系？

亏得监刑官是刘邦的"司机"滕公夏侯婴，其他犯人吓得抖成一团，而这位竟敢直视自己的眼睛，讲出如此狂妄的话，不是等闲之辈。

"奇其言，壮其貌"，夏侯婴当下决定"释而不罪"，接下来通过与韩信的交谈，发现自己的判断相当准确。

刘邦给了"御用司机"一个面子，将夏侯婴推荐的韩信任命为治粟都尉。

这是一个什么样的职位呢？具体工作是负责管理粮饷，级别不太清楚，但肯定比韩信原来的职位高。

刘邦觉得可以了，夏侯婴觉得尽力了。

只有韩信觉得不满意，但福祸依旧相依，在这个任上他结识了萧何。

两人是如何邂逅的呢？没人能说清楚，大概率是通过工作关系，萧何是后勤部长，韩信负责管粮，妥妥的上下级。

萧何被惊着了！没想到，汉军队伍里还有这样的奇才，更没想到，还没等他向刘邦推荐，韩信居然跑了。

为啥跑路呢？觉得英雄无用武之地呗。

于是，便有了"萧何月下追韩信"的传奇故事。

二

人好不容易追回来了，该如何安置呢？这事萧何说了不算，要听"带头大哥"刘邦的。

萧何表示如果大王只想做个汉中王，韩信可用可不用，如果想夺天下，则非此人不可。

这个名字从来没有听说过。罢了，罢了，看在你的面子上，封他做个将军吧。

不行！这个职务怎么能留得住韩信呢？

大将！这个总行了吧。

这个还凑合，不过不能简单下个委任状，要整出大动静。

为啥呢？大王您一向傲慢无礼，如果任命大将，像呼唤孩子一样随意，韩信恐怕还要走，所以要选吉日，先斋戒，立高坛，拜大将，表诚意。

这也太得寸进尺了吧，换作项羽早就急了，刘邦却满口答应,这就是差距。

韩信果真如萧何说的那般神奇?刘邦始终有个大大的问号,召来韩信,做个任前测试。

说说吧,你有什么定国安邦之策?

韩信回道:先不着急说我,大王您觉得自己和项羽谁更厉害?

这个问题太扎心了,我刘邦要是比项羽厉害,怎么会待在这个鬼地方。

承认就好,不过,项羽貌似强大,但身上有五个毛病,个个致命。

其一,武力强大,但不能放心使用人才,是为匹夫之勇;

其二,待人恭敬,但不能赏赐有功之人,是为妇人之仁;

其三,独霸天下,但放弃关中选择彭城,是为鼠目寸光;

其四,分封诸王,但厚此薄彼不讲平衡,是为自埋祸根;

其五,大军威猛,但残害践踏鱼肉百姓,是为丧尽民心。

"大王举而东,三秦可传檄而定也。"您都不用打仗,只要传一声口令,关中大地便可收获囊中。

刘邦心里纳闷,我读书少,你可别骗我。哪里像你说的那般容易,当初听了张良的,把栈道给烧了,翻不过秦岭,如何能回到关中？

这个太好办了，一句话——明修栈道，暗度陈仓。

高！实在是高！萧何的眼光果然不错，这个韩信简直就是上天派来帮助自己收拾项羽的。

既然如此，你说咋办就咋办。

一切都如韩信所料，不费吹灰之力，拿下了三秦大地。

刘邦哪肯见好就收，既然和项羽翻了脸，索性一翻到底。

他杀出函谷关，先后收服魏王豹、河南王申阳、韩王郑昌、殷王司马卬，带着五十多万兵马一口气攻占了项羽的老巢彭城。

别以为刘邦多厉害，是因为项羽不在，此时在山东镇压不听话的田荣。

西楚霸王哪里能咽下这口恶气，率三万精骑回师南下，刘邦大败，"睢水为之不流"。

不服不行，要论打仗，项羽和刘邦简直是一个天上一个地下。

刘邦一路狂奔，丢了老爸和老婆，几次把儿女踹下车，好不容易在荥阳刹住了闸。

又到了韩信表演的时间！

他先是灭掉了反叛的魏国,生擒魏王豹,接着提出:"北举燕、赵,东击齐,南绝楚之粮道,西与大王合于荥阳。"

用现在的话说,开辟第二战场,采用迂回战术,最后包楚军的饺子。

好一个"东南西北",高瞻远瞩,非同一般的战略眼光。

韩信牛掰在不仅能提出战略目标,还能亲自带队实现。很快,他打出了第一个辉煌战例——井陉之战。

这一战打出两个成语:背水一战和置之死地而后生。

过程不再赘述,说说结果,平定赵地,活捉赵王歇。然后修书一封送往燕都,燕王胆寒,宣布投降。

按照战略部署,下一步应该是"东击齐"。

未承想,韩信还没行动,队伍却被刘邦拉走了。

咋回事呢?刘邦抽空东渡黄河,带着"司机"夏侯婴一大早跑入韩信军营,夺了印信兵符。

齐国还打吗?当然要打,至于兵马,韩信你自己想办法。

刘邦表现得如此猴急,是因为被项羽围困得够呛,急需人马增援。

问题来了,给韩信下道命令即可,何必亲力而为?或许他觉得韩信不一定听他的,从这时起就对手下这位大将有了猜忌之心。

遇到这样的主公，没地方讲理去。

韩信只得收拢赵国降军东进攻齐，走到半路，听说刘邦派出的密使郦食其已经成功说服齐王归汉。

这是几个意思，既然派使者谈判，又为何派兵攻打呢，看来是要"先礼后兵"，既然"礼"已达目的，可以考虑罢兵了。

别介啊！手下谋士蒯通站出来反对，将军是奉旨出兵，大王没说要停止进攻啊。

更重要的是，郦食其只是一个说客，凭三寸之舌降服齐国七十多个城邑，将军你带了几万兵马，一年多时间才攻占赵国五十多个城邑。

言外之意，要论性价比，韩信比郦食其差多了。

说什么也不能让一个说客摘了胜利的果子，韩信挥师攻齐，带来的直接后果是郦食其被愤怒的齐王给煮了。

三

紧接着，韩信迎来了第二个辉煌战例——潍水之战，对手是项羽手下大将龙且。

齐王向项羽求救,龙且率二十万楚军赶来救援,两军隔潍水摆开阵势。

这一次,韩信没有用"背水一战",但战法与"水"密切相关。

他下令赶制一万多个沙袋,全部投入潍水中,筑成一道人工坝。另派一队人马渡河与楚军交火,佯装败退,目的是引诱楚军过河。

关键一招来了,楚军渡河到一半时,扒开人工堤坝,楚军或淹死或逃命,龙且也在乱军中被杀。

齐地平定,完成了对项羽包围圈的最后一张拼图。

项羽急了,赶忙派使者武涉说服韩信别再为刘邦卖命。

武涉首先高度评价了韩信的地位,高到什么程度呢?"当今二王之事,权在足下,足下右投则汉王胜,左投则项王胜。"

别看刘邦和项羽打得很热闹,决定他们命运的是韩信,两边如今都得看你的眼色。

武涉给出的建议是,你既不要投汉,也不要投楚,而是称王齐地,三分天下。

听上去好有诱惑,但韩信拒绝了,为何做出这样的抉择呢?他给出的解释是感念刘邦的知遇之恩。

你家项王当年是如何对我的,"官不过郎中,位不过执戟,言不听,画不用,故倍楚而归汉"。

人家汉王是怎么对我的,"授我上将军印,予我数万众,解衣衣我,推食食我,言听计用,故吾得以至于此"。

最后的态度是:打死也不会背叛刘邦而自立。

刘邦也急了,因为韩信上书要求做代理齐王,给出的理由是"不为假王以镇之,其势不定"。

不怪刘邦没涵养,换作是谁,被项羽团团围困,没等来韩信的援兵,却等来了要求封王的书信,估计也不会有好脸。

他本想对着韩信使者破口大骂,突然感到有人暗中踢他的脚后跟,捣乱的是身后的张良和陈平。

明白了,明白了,韩信已不是四个月前的韩信,如今他拥兵自重,倘若叛汉联楚,自己瞬间玩完。

小不忍则乱大谋,先给这小子记上一笔,秋后再算总账。

刘邦收回脏字,改口骂道:"韩信这小子太没出息,大丈夫要做就做个真王,何必做个假王呢?"

韩信如愿当上了齐王,付出的代价是失去了刘邦对他的信任。

韩信因感恩而拒绝自立，看上去为后来自己的悲惨命运挖了一个大坑。他难道不懂"兔死狗烹"的道理吗？

非也，非也，在笔者看来，韩信不反不是不想而是不能。

原因很简单，他手下的将领大多都是刘邦的死忠，不可能跟着他走，要想自立，必须要进行大清洗，内部很可能分崩离析。

三足鼎立听上去美好，哪儿那么容易，不如走一步看一步来得稳妥。

韩信接着迎来了最后一个辉煌战例——垓下之战。

只是，开战之前，又犯了糊涂。

刘邦下令韩信、彭越一起围攻项羽，但到了指定地点，压根儿没看到这两位的影子，结果自己被项羽暴揍一顿。

为啥没来呢？张良分析是因为赏赐不够，"君王能与共分天下，今可立致也"。大王您再大方点，我保证他们立马会来。

刘邦又想骂人，但又忍了，眼前天大的事情是消灭项羽。

善！善！善！

划陈以东至海广大地区为齐王韩信封地；封彭越为梁王，划睢阳以北至谷城为其封地。

大手笔啊大手笔，两人什么态度呢？韩信、彭越皆报曰："请今进兵。"

后来的事情，大家都知道了，十面埋伏，四面楚歌，霸王别姬，乌江自刎。

项羽是灭了，韩信军权也没了。

这个信号已经非常强烈，功劳太大夹着尾巴做人都不一定有好果子，何况韩信又犯大错。

这次的错误是私下收留项羽手下猛将钟离眜，此人曾多次打得刘邦开始怀疑人生。

没有不透风的墙，很快有人告发韩信谋反。

大概率是刘邦的授意，是时候将过去对韩信的怨气彻底发泄出来了。

怎么能不动干戈让韩信乖乖上钩呢？陈平出了个好主意，大王您打着外出巡视会见诸侯的名义，通知韩信来会面。

球又踢到了韩信这边。

去还是不去呢？直觉告诉他，不能去！现实告诉他，必须去！

韩信矛盾了，"信欲发兵反，自度无罪，欲谒上，恐见禽"，想反吧，感觉自己没有什么过错，去见吧，又害怕上了刘邦的圈套。

犹豫彷徨之际,有人出主意:"斩眛谒上,上必喜,无患。"刘邦不是想要钟离眛吗,提着他的人头去,想必问题不大。

轮到钟离眛倒霉了,临死前发下狠话:"吾今日死,公亦随手亡矣。"我今天死了,明天就轮到你了。

神预言!一语中的。

钟离眛算是白死了,刘邦根本不在意这颗人头,他要的是眼前的这个活人。

韩信发出了感慨:"果若人言,'狡兔死,良狗烹;高鸟尽,良弓藏;敌国破,谋臣亡。'天下已定,我固当烹!"

哪来那么多废话,有人告你谋反,就这么简单。

四

人是抓住了,杀还是不杀呢?这个决心也不好下。

杀韩信有一条理由,拥兵自重,要挟老大。不杀也有一条理由,战功卓著,三杰之一。

要是没有韩信,刘邦他恐怕现在还在穷山沟里打"游击"呢。

刘邦最后的决定是"不杀",但王爷别当了,封地也别回了,带回洛阳,贬为淮阴侯。

只要韩信不离开自己的视线,想必他不会掀起什么风浪。

按说韩信应该感恩戴德,毕竟保住了项上的人头,但一个人狂惯了,让他收敛起来,比登天还难。

他经常不上朝,名义上是身体不舒服,实际原因是"羞于绛、灌等列"。

绛、灌是何等人物?韩信如此看不起他们。

绛是大将周勃,和刘邦从沛县一路杀来,立功无数,封赏仅次于曹参、张良和萧何。

灌是大将灌婴,是刘邦的骑兵"总司令,"曾经做过韩信的部下,是追击项羽的主将。

这两位重量级的人物,韩信都觉得和他们站在一起掉价,更别说像樊哙这种莽夫。

有次他路过樊哙府邸,进去转了一圈,樊哙受宠若惊,不知道今天太阳为啥从西边出来了,跪拜恭迎,一再表示:"大王竟肯光临臣下家门,真是臣下的光耀。"

又是跪拜,又是称臣,礼数足够到位,显得有些过了。

樊哙是什么人？刘邦的妹夫，鸿门宴上敢怼项羽的人。

韩信啥表现呢？出门后自嘲道："没想到，我这辈子居然同樊哙这种人同列！"

能入韩信的法眼太难了，包括自己的"老板"刘邦。

都知道"多多益善"的故事吧，两人之间一次闲聊，韩信表示刘邦最多只能带十万兵马，再多就乱了，而自己则有多少能带多少。

狂妄不狂妄，气人不气人。

你如此牛，为何会被我拿下呢？这个问题太难答了，总不能说陛下您使了"下三烂"手段吧，更不能说要是当年老子反了哪能有今天？

狂归狂，但韩信不是二百五，接下来的马屁拍得相当舒服，陛下您不善于统兵但善于统将啊，更何况您可是天选之人。

靠着这句话，韩信又一次保住了性命。

不过，该来的终究会来，公元前197年，韩信被吕后杀于长乐宫，公布的罪名是串通陈豨叛乱。

同时给出了完整的证据链：陈豨外派前，两人密谋；陈豨起兵，韩信称病不出；韩信假传诏书，私放罪犯奴隶；韩信被手下告发，密谋功亏一篑。

看上去相当严密，相当确凿，遗憾的是，相当的不靠谱！

这两位沆瀣一气，联手作乱，疑点重重，令人质疑。

疑点一：韩信手握重兵时不反，为何手无寸铁时又想起了造反呢？

疑点二：两人既非同乡，亦非上下级，没有太多交集，怎么能在一起密谋造反呢？

疑点三：陈豨造反是因为周昌告发他违法乱纪，刘邦下令追查，这和韩信有啥关系呢？

疑点四：韩信对周勃、樊哙等人都不放在眼里，怎么能看上陈豨，相信他能成功呢？

所以说，三个字——莫须有！

为啥史书里这样写呢？太简单了，杀掉韩信这样的大功臣总得有些说辞吧，"谋反"是最好的理由，没有之一。

韩信总不上朝，诛杀行动怎么操作的呢？不得不牵扯出另一个问题人物——萧何。

普遍的说法是吕后和萧何密谋，编了个由头诱使韩信进宫，然后人头落地。

成也萧何，败也萧何，说的就是这个事儿。

前一句没啥问题，没有萧何的月下狂奔和大力举荐，韩信还不知在哪里饿肚子呢。

后一句问题大了，好像没有萧何，吕后就杀不了韩信。

天真，太天真了。

套用樊哙的名言："人为刀俎我为鱼肉"，遭到软禁的韩信不过就是一块鱼肉罢了。

只是刘邦念及旧情，不忍下手，没有想到老婆比自己更狠毒。

收拾完陈豨回到长安的刘邦对此啥反应呢？"且喜且怜之"。

不得不说，这五个字概括得相当到位。

"怜"在哪里呢，毕竟共同度过了激情燃烧的岁月，可惜有难可以同当有福却不能共享。

"喜"又在哪里，早晚要解决的老大难问题，一直下不了决心，还是自己老婆干脆利索。

据说韩信祠堂有一副十字对联："生死一知己，存亡两妇人"。

两妇人好理解，一个是漂母，一个是吕后，一知己说的就是背锅侠萧何了。

这口锅萧何背了几千年,估计还要一直背下去。

如果不怪萧何,韩信之死到底应该怪谁?其实,最该怪的就是他自己。

明知功高震主,也懂得兔死狗烹,但他却做了一些什么呢?

有兵权时不敢谋反,无兵权时不愿当孙子,如此造次,除了"死",难道还有第二条路吗?

说到底,韩信在军事上智商爆棚,政治上却相当低能。

这没有冤枉他,"汉初三杰"中,人家萧何、张良得以善终,为何偏偏是韩信死于非命。

不过,平心而论,走下神坛的韩信是个好人,最大的优点是感恩不记仇。

蹭过饭的南昌亭长、救过命的漂母大加赏赐,滴水之恩当涌泉相报。

这好理解,也着实应该,但将羞辱自己的屠户提拔为中尉,不由使人大跌眼镜。

韩信给出的理由是,正是当年的隐忍才有了今天的成就。换作一个成语,就是知耻后勇。

说起成语,韩信创造了一个纪录,和他有关系的成语典故有二十多个,堪称"成语专业户",什么国士无双、拔旗易帜、独当一面、不赏之功、推陈出新……

但他独独没有读懂其中的一个成语的真正含义,便是"功高盖主",所以司马迁老先生发出感叹:"假令韩信学道谦让,不伐己功,不矜其能,则庶几哉,于汉家勋可以比周、召、太公之徒,后世血食矣。"

只是,处处隐忍,夹着尾巴做人,韩信还是韩信吗?说到底,还是另外一个成语准确——命中注定!

吕雉和戚夫人

女人的狠才叫狠——

一

公元前 195 年的 6 月 1 日,西汉开国皇帝刘邦呼出了生平最后一口气息。

长乐宫,一个女人的哭声异常凄厉,声音分贝严重超标。

如此充满绝望的痛哭,是因为刘邦的死,意味她将很难苟活。另一个女人正在冷眼盯着她,一场血雨即将来临。

这个即将死去的女人叫作戚夫人。

那个准备送她下地狱的女人是皇后吕雉,她马上要拥有一个更为尊贵的称号——皇太后。

吕雉能等到今天着实不易,所有的一切都与刚刚咽气的皇帝老公息息相关。

她遇到这个比自己大十五岁的男人时,刘邦还叫作刘季。

正处在少女时代的吕雉,像《大话西游》中的紫霞仙子一样,梦想着有一天,一位盖世英雄会踏着七彩祥云来到她面前。

不同的是，紫霞说："我只猜中了开头，可是我却猜不中这结局。"吕雉说："我猜不中这开头，却猜中了结局。"

吕雉幻梦的破灭，是在一个阴雨天，她爹突然告诉她，要她嫁给一个叫作"刘季"的中年男人。

天打五雷轰！

她的老爸老妈为此大吵一架。毕竟"正值儿女好年华"，要家境有家境，要容貌有容貌，追求者至少一个加强排，其中还包括当地的县太爷。

刘邦呢，除了一个小小的亭长职位和一个叫作刘肥的私生子，好吃懒做，要啥没啥。

不过，吕太公坚信自己的选择，在他看来，刘邦不是一个"好酒及色"的油腻中年男，而是一只不可限量的潜力股，定会一路飘红直到爆表。

因此，其他人的不满和嘲讽算得了什么，走自己的路，才能让别人无路可走。

"浪子回头金不换"，那是说别人，成家的刘邦依旧到处闲逛，骗吃骗喝，婚姻对他来说，只是田里多了一个干活的女人。

吕雉却没有二话，心中抱定信念："嫁鸡随鸡嫁狗随狗，嫁刘季就随刘季。"

她的表现不由让人竖起大拇指,如果那时有"五好家庭"的评奖,想必她能将最佳儿媳、最佳母亲和最佳老婆悉数囊获。

在家里,她上侍奉公公婆婆,下抚养一双儿女,一天从早忙到晚,从不叫苦叫累。

在家外,种田的是她,施肥的是她,放马的还是她,重活累活都压在她柔弱的肩膀上。

有时,家里和家外的事情还要搅和在一起。因此,经常会看到这样感人的场景,吕雉将儿女放在田边的篮子里,她自己在田里挥汗如雨。

这还不算,她还要照料自己老公在婚前与别人私通生下的刘肥,也没听到她有什么怨言。

做女人不容易,做刘邦的女人越发不容易。

刘邦是一只潜力股?吕雉开始还相信老爸的话,但越来越怀疑爹爹的老花眼走了神。

不过,嫁出去的女儿泼出去的水,总不能推倒重来。只能和所有不切实际的幻想来了一个"断舍离",踏踏实实过好小日子。

就连这样一个基本要求,刘邦也无法满足。

一场灾祸很快降临,刘邦带队去咸阳服劳役,半路上跑了几个,按照秦律,即便剩下的人都到了咸阳,刘邦依旧要受到重罚,他索性将其他人都放了,自己跑到山里躲了起来。

哪里来的一路飘红?简直是一条道走到黑。

刘邦过去虽然对家里不管不顾,但好歹还能经常回家。现在倒好,居然变成了一个朝廷通缉的逃犯,而吕雉自己也沦为了罪犯家属。

吕雉继续着优异的表现,一面独自支撑整个家庭生计,一面还要偷偷给山里的刘邦送饭送酒。

一个女人能做到这个份上,旁人除了献上膝盖,还有什么可说的呢?

情况不仅没有好转,反而越来越糟糕,官府抓不到刘邦,便把吕雉投入大牢。

她搞不明白,自己不求富贵,不求回报,不求理解,不求恩爱,到头来,却成了一个囚犯。她曾经对人生做过各种预想,但唯独没有这个选项。

那一刻,吕雉的心情暗淡到了极点。

二

令吕雉更想不到的是,她一辈子会因这个男人坐两次牢。

刘邦趁着天下大乱,在萧何、曹参等铁哥们簇拥下,从山里出来,杀掉县令,自称沛公,扯起一支队伍,后成功杀入咸阳,被项羽封为汉王。

接着"明修栈道,暗度陈仓",攻占三秦大地,趁项羽在外地作战,直捣了项羽的老巢彭城。

刘邦算是捅了马蜂窝,项羽带着三万人回师,将刘邦几十万人杀得血流成河,横尸遍野。

刘邦跑了,将自己老爸和老婆丢给了项羽。

俗语讲"夫妻本是同林鸟,大难临头各自飞",不过,翻了翻史书,好像每次飞的都是刘邦,他不仅丢了刘太公和吕雉,还险些将一对儿女丢掉。

逃亡路上,刘邦的一对儿女看到老爸,两眼直冒光,他们终于看到了活下去的希望。

谁承想,刘邦为了成功脱身,竟将儿女踹下了车去。请注意,不是一次,而是"如是者三"。要不是负责赶车的夏侯婴实在看不下去,三番五次将这两个孩子抱上车,也就不会有以后的惠帝刘盈和鲁元公主。

"无情未必真豪杰,怜子如何不丈夫?"这说的还是别人。

吕雉在项羽冰冷的牢狱中待了两年,作为妇道人家,想必受了不少屈辱,直到楚汉讲和,她和刘太公才被放回来。

但所有的一切都变了!

吕雉原本想自己经历如此磨难,刘邦会觉得内心愧疚,进而会加倍补偿,但统统都猜错,刘邦身边已经有了一个姓戚的新欢。

两人不可同日而语,这个情敌年轻漂亮、能歌善舞,再对着镜子看看自己,长年的劳作和牢狱生涯,早已年老色衰、惨不忍睹。

如果你是一个男人会如何选择,更何况是以"好色"著称的刘邦。

戚夫人正是利用这种"后发优势",成功实现了"弯道超车",这一点,吕雉忍了。

但后来有件事,吕雉实在忍无可忍,在刘邦称帝后,戚夫人还不满足,竟然提出让刘邦废掉刘盈的太子之位,由她的儿子赵王刘如意取而代之。

戚夫人看上去是蹬鼻子上脸,但确是不得已而为之。

刘邦对自己极为恩宠，但毕竟他的年龄摆在那里，万一失去这个靠山，后果是什么？一想到这里，她便感到不寒而栗，寝食难安，要想保住富贵和性命，如今只能博一把——改立太子。

"戚夫人"简直就是"欺负人"。

吕雉一退再退，感到已经无路可退，保住自己儿子的太子之位，不仅是红线和底线，更是一条生命线。

这场正室和偏房的PK进入了白热化。

戚夫人无疑占有优势，她有刘邦这棵大树可依靠，毕竟作为九五之尊，立哪个儿子为太子，就是他一句话。

戚夫人运用的武器是眼泪，既值钱又不值钱，不值钱是因为基本没有成本，可以说来就来，值钱在于这一招对刘邦最好使。

于是，"日夜涕泣"，无论白天黑夜，戚夫人逮着机会就要向刘邦痛哭一番，然后嚼耳根说："刘盈太软弱不像陛下，刘如意才有您的风范。"

刘邦开始没觉得怎么着，但听得多了，感觉好像确实是这么回事，开始盘算废长立幼。

吕雉被逼到悬崖边上，她虽没有皇帝老公这张"王牌"，但手中还是有两张牌可用：一是朝中的群臣；二是张良的妙计。

第一张牌起到的是阻击作用，不少大臣站出来反对，好让刘邦难下决心。边战边退，目的只有一个——千万不能让生米煮成熟饭。

第二张牌则是撒手锏，等阻击得差不多了，关键时候亮出来，从而一击致命。

张良出的主意是让吕雉无论如何都要请来"商山四皓"，这四位是当时隐居的高人，刘邦费尽周折想请他们出山，这四位都不给他面子。

终于到了亮剑的时候。

一次宴会上，刘邦看到太子刘盈身后站着四位白发苍苍的老人，一问才知是大名鼎鼎的"商山四皓"，他们不愿帮自己，却愿意帮太子。

那一刻，胜负已定。

刘邦对戚夫人表示，太子羽翼已成，如今难以撼动，废立之事以后就不要再提了。

戚夫人泪如泉涌，但已无济于事。刘邦为了安慰心爱的女人，又拿出了他的看家本领——唱歌。

刘邦在这方面堪称专业，美声、民族、通俗三种唱法样样精通，关键还可以自己作词作曲，如果古代皇帝来个"我是歌手"比赛，想必他能直接晋级决赛。

他上一次粉墨登场还是在老家沛县，一首采用美声唱法的《大风歌》，唱得荡气回肠，绕梁三日。如今这首通俗歌曲却凄婉了许多。

"鸿鹄高飞，一举千里。羽翮已就，横绝四海。横绝四海，当可奈何？虽有矰缴，尚安所施？"一旦羽翼丰满，即使我拥有利箭、有密网，又能把他怎么样？

一曲歌罢，戚夫人的命运就此决定。

三

吕雉这一生几乎没有为自己活过，少女时代为父母，青年时代为刘家，中年时代为权力，如今皇帝老公驾崩了，她终于可以活出自己想要的样子。

戚夫人母子成为她步入新生活的祭品。赵王刘如意先被毒杀，接着矛头转向戚夫人。

一刀杀掉她？这不是吕雉的选项，太便宜了这个"狐狸精"。她必须死，但首先要生不如死。

怎么实现这个目的呢？司马迁老先生在《史记》中记载："太后遂断戚夫人手足，去眼，煇耳，饮瘖药，使居厕中，命曰'人彘'。"

"彘"就是"猪"的意思。

断手足—挖双眼—聋耳朵—喂毒药—扔厕所，用现在《刑法》里的术语——手段极其残忍。

残忍到连自己的儿子也看不下去，惠帝刘盈看过戚夫人的惨状后，一病不起，没想到老妈如此毒辣，他给吕后递话说："此非人所为。臣为太后子，终不能治天下。"

似乎唯有如此，吕雉才能将过往所有的焦虑、痛苦、不幸和嫉妒发泄出来。

最毒莫过妇人心，女人要狠起来，一般男人还真比不上。

吃瓜观众心中不禁会打个问号，如此恶毒的吕后和当年那个贤惠的吕雉是一个人吗？没错，那个种过田、坐过牢的吕雉，如今完全活成了另一副样子。

她走到这一步，刘邦和戚夫人发挥的作用最大，每一次相逼，便积攒一分仇恨，终于等到了爆表的那一天。

戚夫人有错吗？她谋求改立太子，不过是为了保命而已，完全是求生的一种本能。

只是,她太嫩了,以为仅靠漂亮的脸蛋和几滴眼泪便可大功告成,殊不知,政治太复杂,远不是喝酒跳舞和卿卿我我。

"姜还是老的辣",吕雉成为一个"老姜",特别要感谢过去的苦难经历。

没有这份经历,她可能不会被册立为皇后;

没有这份经历,她可能不会得到群臣拥护;

没有这份经历,她可能无法隐忍过早而死。

好像巴尔扎克说过:"苦难是人生的一块垫脚石,对于强者是笔财富,对于弱者却是万丈深渊。"

吕雉没见过巴尔扎克,但从见到戚夫人第一天起,便清楚知道,在这场 PK 中,自己要想笑到最后,只有两个字——强大。

打铁还需自身硬,你变得强大了,敌人就弱小,你先认尻了,等待的只有毁灭。

不过,吕雉的胜利可谓惨烈,她将戚夫人折磨致死,却在历史上留下了千古骂名。

尽管吕雉在治国上成绩斐然,连一向对她不感冒的司马迁老先生都不由赞道:"政不出房户,天下晏然;刑罚罕用,罪人是希;民务稼穑,衣食滋殖。"

但只要说起吕雉,几乎所有人浮现的都是一个面目狰狞的狠毒妇人。

因此,在这场两个女人的战斗中,其实没有胜利者,如果说一定要有一个,它的"名字"叫作——权力。

汉文帝和贾谊

有一种痛叫生不逢时——

一

公元前 176 年，湘江边，一个落寞的身影在徘徊。

不过，无须担心，这位仁兄并没有想自我了断，来这里是缅怀一个自我了断的大人物——屈原。

他的名字叫贾谊，触景生情，写了一篇非常有名的《吊屈原赋》。

"谊追伤之，因自喻"，说得很清楚，屈原只是一个托，贾谊实际是在感怀自己。

此时此刻，只有两个字弥漫在心头——孤独。

到了什么程度？"国其莫我知兮，独壹郁其谁语"，整个国家没有一个人了解我，独自忧愁抑郁能够和谁说呢？

谁把这位大才子搞得如此抑郁呢？答案是他的顶头上司汉文帝刘恒。

因为早些时候，这位皇帝下令让贾谊离开京城，外放到长沙国去做太傅。

长沙如今是网红打卡地,灯红酒绿,人潮汹涌,但在当时却是荒僻之地的代名词。

是贾谊不胜任京城的工作吗?非也。是汉文帝不赏识贾谊吗?更非也。恰恰相反,赏识得要命。

那到底是怎么回事呢?别着急,先说说这两位当事人。

先说文帝刘恒,他能来到这个世界,本身就是一个意外。

都知道他的老爸是汉高祖刘邦,但许多人并不知道他的母亲是谁。

说来不怪大家,因为这位叫作薄姬的女人出身低微,原本是魏王魏豹的妾。魏豹被刘邦所灭,刘邦看到薄姬有些姿色,便将其纳入了后宫。

谁承想,她从此再没有见过这个男人。

"好酒及色"的刘邦,身边美女如云,哪里会在意这样一个不起眼的女子。

照此下去,薄姬只能是"白头宫女在,闲坐说高祖",这样一来,根本就没有后来文帝刘恒什么事儿了。

有时候,不得不信命运的诡异。

薄姬曾经有两个闺蜜——管夫人和赵子儿,彼此约定:"苟富贵,勿相忘"。

三人同时入宫，人家两位先得宠了，不知是有意还是无意，他们在服侍刘邦时谈起了薄姬这个姐妹。

敢情还有这样一位女子，刘邦后来派人召她来陪侍。

神奇的事情发生了——一幸生男，宠幸了一次便怀上了龙种，而且还是个皇子。

不用问，这个男孩就是后来的汉文帝刘恒。

"其后薄姬希见高祖"，孩子他爹从此又消失了，不过，见与不见不再重要，反正有了龙子。

更没想到的是，"不见"反而成了天大的幸事，因为刘邦有个毒辣的正室夫人——吕雉。

刘邦驾崩后，吕后将老公宠幸过的妃子全部囚禁起来，不让这些"狐狸精"出宫，独独薄姬因为备受冷落，吕雉放了她一马。

刘邦最宠幸的戚夫人被整得人不像人鬼不像鬼，名曰"人彘"，她的儿子赵王如意也被吕后毒死。

薄姬不仅保全了自己，还跟随儿子刘恒来到代国，成为代王的太后。

代地远离京城，看上去比较荒蛮，但这又成为一件幸事。

因为长安城里此时正经历着腥风血雨。吕后为了专权，接连诛杀了刘氏诸王母子，被她遗忘的代地反而成了世外桃源。

吕后杀够了，自己也挂了，陈平、周勃等联手诛灭吕氏一族。

国不可一日无君，那该由谁来当大汉天子呢？

按说这不是问题，刘邦生了八个儿子，根本不存在无人继位之忧，反而有诸子夺嫡的风险。

只是吕后大开杀戒，杀来杀去，此时只剩下了淮南王刘长和代王刘恒。

为何周勃、陈平选择了刘恒呢？因为刘长有一个致命的硬伤，便是他从小是由吕后抚养长大。

这些汉臣被吕后吓怕了，打死也不能让刘长上位，担心他将来反攻倒算。再说了，薄姬身份卑微，素来低调，没有家族势力，不会重蹈太后专政的覆辙。

刘恒成为唯一的选择，大汉王朝又迎来了一位新皇帝。

二

公元前180年，就是文帝登基那一年，刘恒和贾谊相遇了。

牵线人是河南郡守吴公，此人在地方官业绩考核名列榜首，文帝提升他为廷尉。

吴公治郡有方，多亏了贾谊辅佐，知恩图报，他向文帝推荐了这位青年才俊。

贾谊被任命为博士，不过，当时的"博士"和如今的"博士"完全不是一回事儿。现在是一个学历，当时是一种官职，负责给君主提供治国理政的建议，有点像皇帝的顾问和秘书，职位不高，但很重要，因为能和老大直接说上话。

"是时，谊年二十余，最为少"，贾谊不仅成了博士，而且是其中最年轻的一位。

"姜还是老的辣"，这话对贾谊完全不适用。

"每诏令议下，诸老先生未能言，谊尽为之对，人人各如其意所出。"每逢皇帝出题让讨论，老先生们大眼瞪小眼时，贾谊不仅应答如流，见解还很精辟。

贾谊能有这样的表现，可以用一句成语概括，叫作"厚积薄发"。

史书记载，在孩提时代，贾谊酷爱读书，是当地有名的学霸，脑子好且非常用功，长大后自然文采斐然。

"梅花香自苦寒来，宝剑锋从磨砺出"，没有人能随随便便成功。

贾谊的表现征服了所有人，"诸生于是以为能"，文帝也成了他的"粉丝"，连续破格提拔，一年内升任为太中大夫。

这个职务居诸大夫之首，"正部级"待遇，要知道贾谊此时才二十岁出头。

贾谊傲娇了，平生所学终有了用武之地，兴奋之余写下了气势磅礴的《过秦论》，回答了强大的秦朝，为啥"其兴也勃焉，其亡也忽焉"。

他给出的答案是"仁义不施而攻守之势异也"，翻译过来，就是说因为不实行仁政，而使攻守形势发生了变化。

大汉不能重蹈覆辙，所以该说的必须要说。

新官上任三把火，贾谊履新后，多次上书针砭时弊，提出改革举措。概括而言，有三大项：改德行，重农桑，退列侯。

改德行，就是将汉初定下的"水德"改为"土德"。各位或许有些懵，啥个意思呢？要想搞明白，先要普及一下"五德始终说"。

所谓"五德"是指土、木、金、火、水五种德行，"始终"是说五德周而复始的循环运动，通常将此作为历史变迁、王朝更替的根据。

"五德从所不胜，虞土、夏木、殷金、周火"，接下来的秦朝就是水德。按理说，取秦代之的汉应为土德，但不知为何，刘邦认为汉朝也是水德。

是时候拨乱反正了！

不过，这远远不是改个颜色那么简单，牵一发而动全身，需要"改正朔、易服色、制法度、兴礼乐"。

不知是因为动静太大，还是没啥实际意义，文帝没有采纳。

要有实际意义的，那太好办了，贾谊接着上《论积贮疏》，提出重农抑商的政策建议。

这个上疏很有针对性，相对于辛苦劳作的种地，做生意来钱更快，因此不少人"背本逐末"，弃农从商。

"手中有粮、心中不慌"，粮食安全始终是头等大事，更是红线底线。要想解决好，必须聚焦"三农"问题，实施惠农政策。

文帝不仅全盘采纳，而且亲自做了示范，史称"于是上感谊言，始开籍田，躬耕以劝百姓"。

从此以后，每年春耕时节，皇帝就开启了摆拍模式。

这两个举措，无论拒绝或采纳，都没有触及到利益调整，所以波澜不惊。

第三个建议可要了命，因为捅了一个大马蜂窝。

"退列侯"，就是让各位列侯离开京城，回到自己的封地。

列侯是什么人？都是当年提着脑袋与刘邦打天下的功臣，他们和皇帝、诸侯王构成了汉朝政治的三极，朝中最重要的职务都由他们把控。

文帝很头疼，自己被这些人推上了皇位，但又受制于这些人。

贾谊提出的方案是"及列侯悉就国"，就是说各位功臣们别赖在京城了，赶紧回自己的封地吧。

一箭三雕，釜底抽薪。

一来避免他们聚集长安，相互串联，图谋不轨；二来回到封国，便要辞去朝中职位，无法继续把持朝政；三来封国不大，无兵无权，想要收拾便会束手就缚。

换你是列侯，辛辛苦苦打下江山，遭遇这样的待遇，生气不生气，愤怒不愤怒。

但是气又不能撒在文帝身上。出主意的贾谊自然成了众矢之的。功臣们联起手来，要给这个出馊主意的年轻人沉重一击。

很快,他们就迎来了绝好的反击机会。

由于贾谊表现突出,文帝准备让他担任公卿,一跃成为"副国级"的领导人物。

不行!坚决不行!周勃、灌婴等功臣代表站出来公开反对,给出的理由有三条:"年少初学,专欲擅权,纷乱诸事"。

第一条是说贾谊年龄小,学识还不足,这实在是有些扯了,贾谊的学识连老博士都心服口服,提出了一系列的政策建议,怎么就"年少初学"呢?

"专欲擅权"更谈不上了,贾谊手中能有什么权力,最多也就有个建议权罢了。

至于第三点,说升迁过快会扰乱政事,这更扯了,"能者上、庸者下",优秀人才脱颖而出,国家才能治理好,这样简单的道理难道还不懂吗?

没有一条能够站得住脚,根本不值一驳。

"欲加之罪,何患无辞",列侯们实在抓不住贾谊任何把柄,挖空心思整出了这三条。

但在关键时刻,文帝退让了,下诏调贾谊出京,到南方任长沙王太傅。

文帝这样做，煞费苦心，目的有二：

一是平息众怒，这帮老臣扶自己上位，势力盘根错节，不能全得罪光了，否则皇位不稳；

二者保护贾谊，远离权力核心，暂时避避风头，不再成为众人的靶子，等机会合适再回来。

长沙王太傅官位也不算低，但对于贾谊来说，这种安排不仅伤害性大，侮辱性更强。

陛下您这是丢卒保帅啊，没想到一片赤胆忠心，竟然换来这样的结局。

贾谊从此抑郁了！

湘江边凭吊屈原，感怀怀才不遇，这才是轻度症状，三年后，写下《鹏鸟赋》，已经发展到了重度。

为啥会写这篇文章呢？是因为一只猫头鹰。

猫头鹰像鹃，旧时视为不吉祥之鸟，一天，有一只挺不识趣地飞进了贾谊的住所。

贾太傅已经来长沙三年，这里低洼潮湿，再加上心情抑郁，本就觉得自己寿命不会长，再看到一只不祥之鸟飞来，更让他伤怀不已。

说不得，骂不得，只能又提起笔，抒发情绪，自我安慰。

三

实际上，文帝刘恒一天都没有忘记贾谊。

他先外放贾谊，稳住了列侯们，然后再用贾谊之策，以威逼利诱、逐个击破的方式，把列侯赶回了封地。

贾谊可以回来了！

文帝在未央宫祭神的宣室接见了分别三年的老友，两人聊起了鬼神的起源，贾谊越说越嗨，文帝越听越入迷，竟不自觉间将座椅移向了贾谊。

"吾久不见贾生，自以为过之，今不及也"，牛人还是那个牛人，文帝打心底佩服。

谁承想，本来是君臣间的一段佳话，却意外地搞臭了文帝。

始作俑者是唐朝诗人李商隐，他写了一首《贾生》："宣室求贤访逐臣，贾生才调更无伦。可怜夜半虚前席，不问苍生问鬼神。"

看得出李才子对文帝相当不满意，你好不容易召回贾谊，应该谈一些国计民生的重大问题，却选择不着边际的鬼扯。

实话说,李大诗人实在有些小题大做、上纲上线,君臣之间聊一次天,至于吗?

更何况,贾谊外放三年,他到底如今是个什么状态,文帝心里没谱,权当是一次任前考察。

没得说,贾谊以优异的表现通过了面试。

接下来该给贾谊重新安排工作了,文帝思来想去,最后决定将他调任梁怀王刘揖的太傅。

同样为太傅,但长沙王的太傅和梁王的太傅相差实在太远了。长沙王是一个异姓王,而这位梁怀王则是文帝最喜欢的小儿子。

如果太子刘启出什么意外,继承皇位的很可能就是刘揖,文帝做出这样的安排,自有深意在其中。

史书上没说贾谊对这次安排满意不满意,只说到梁国以后他一直没有闲着,多次上疏陈述政事,后来班固将上疏要点汇集在一起,记录在《汉书·贾谊传》中。

流传千古的一篇经典政论——《治安策》诞生了!

贾谊一上来便毫不客气,"臣窃惟事势,可为痛哭者一,可为流涕者二,可为长太息者六,若其他背理而伤道者,难遍以疏举"。

就是说，我看如今的局势，可为之痛哭的有一项，可为之流泪的有两项，应为之大声叹气的有六项，至于其他违背情理而伤害大道的事情，很难一一列举。

总之，形势不是一片大好，而是一片大坏，暗流涌动，危机四伏。

贾谊还怕文帝不明白他的意思，特意整了一个比喻，说如今的情势，就像有人睡在已经点燃的木柴上，火还没烧起来的时候，觉得没事，一旦烧起来便不可收拾。

威胁大汉社稷的有两把火：外患匈奴，内患诸侯。两者相比，后者尤甚。

"疏者必危，亲者必乱"，关系疏远的诸侯很危险，关系亲近的诸侯也一定会作乱。

为什么现在看上去比较安宁呢？因为大诸侯国王年纪还小，朝廷派到封国的太傅、丞相掌权，等国王长大了，太傅、丞相告老还乡，掌权的人都会换成诸侯王的亲信，祸端自然就来了。

又怕文帝看不懂，接着整了一个比喻，这就好比人患了浮肿病，小腿粗得差不多像腰围，脚趾粗得差不多像大腿。

有病就得治，如何才能成功消肿呢？一句话——众建诸侯而少其力。

什么意思呢？核心要义是"削强为弱"，方法途径是逐渐分割诸侯封地，分封给他们的子孙，使得大国不复存在，众多小国就不会对中央朝廷构成威胁。

贾谊认为这样做一举两得，既体现了文帝恩泽有加，又不留痕迹侵削了诸侯实力。

妙，实在是妙！

有预判，更有举措，能提出问题，更能解决问题，怪不得毛泽东对此评价："《治安策》是西汉一代最好的政论。"

主意不错，效果如何呢？相当有限。

文帝为何没有完全听他的，是因为贾谊说得不对吗？非也！不仅正确，而且是相当正确，十多年后的"七王之乱"印证了这点。

是文帝目光短浅吗？当然不是，刘恒是一代贤君，一手缔造了"文景之治"，焉能鼠目寸光，更何况贾谊把道理掰开揉碎讲得很清楚。

没有言听计从的原因，简单说，四个字——时机未到。

一来形势还没有发展到必须动手的地步，霸王硬上弓容易引发纷争；二来刚刚整治了功臣集团，万一生乱，没有人领军讨伐诸侯。

文帝当然明白贾谊的苦心,但是他是天子,江山社稷系于他一人身上,凡事必须瞻前顾后。

说到底,政治不能单靠理想和热情,很多时候恰恰是妥协的产物。

一代有一代人的责任,他这一代"不折腾",就是为了下一代拥有可以"折腾"的资本。

四

贾谊又一次失望了!

坏事一件接着一件。公元前169年,决定贾谊最终命运的事件发生了——梁怀王刘揖坠马而死。

按说这完全是个意外事故,和贾谊没有多少关系,包括文帝在内,没有人指责他。

但贾谊内心痛苦极了,总觉得自己没有尽到责任,经常以泪洗面,有时甚至绝食,本就严重的抑郁症到了登峰造极的地步。

公元前168年,一代奇才贾谊在忧郁中死去,生命永远停留在三十三岁。

他发光发热到生命最后一刻,献出的计策日后拯救了社稷。

梁怀王无子,按照惯例,他死后封国要被撤销,贾谊认为梁国地位非同寻常,绝对不能撤销,而应让其他皇子迁到梁国。

文帝采纳了贾谊的建议,迁次子淮阳王刘武为梁王,后来的"七国之乱"中,如果不是刘武在梁国拼死抵抗,叛军早就攻克长安了。

所有人都活在当下,贾谊却预料了十多年后的事情,这是他真正的厉害之处。

因此,贾谊接受了后世不少迷弟的膝盖。西汉大学问家刘歆说:"汉朝大儒,唯贾生而已。"明朝名臣李东阳说得更绝:"文帝时,可当大臣者,唯贾太傅一人。"

或许正是因为才高八斗但没有完全发挥,贾谊被树立为怀才不遇的代表人物。

后世文人只要仕途不得志总是要把贾谊搬出来说事。

首当其冲的是司马迁老先生,他把贾谊和屈原放在一起写,名曰《屈原·贾生列传》,意思再明白不过。

诗人云集的唐朝为他鸣不平的更多，除李商隐外，刘长卿也写道："汉文有道恩犹薄，湘水无情吊岂知！"

连杜甫也赶来凑热闹，"去国哀王粲，伤时哭贾生"，听这话，不用问，杜老先生过得也相当不如意。

无论怎么写，说贾谊时，同时必须捎带上文帝，道理很简单，"怀才不遇"，前两个字说的是贾谊，后两个字说的就是文帝。

贾谊的悲剧难道只怪文帝吗？

至少在苏东坡看来，大错特错，"贾生志大而量小，才有余而识不足也"。贾谊太着急了，心胸不够宽广，见的世面太少。

"夫君子之所取者远，则必有所待；所就者大，则必有所忍。"贾谊既不能"待"又不能"忍"，做什么都想立竿见影，遇到挫折便不能自拔。

性格决定命运，没有经历"挫折教育"的贾谊，正是败给了自己的性格。

一辈子经历过大风大浪但乐观豁达的东坡先生，完全有资格说这样的话，但以此来全盘否定贾谊就有些过了。

不用说，贾谊确实有性格上的缺陷，"梁王坠马寻常事，何用哀伤付一生", 如果想开点, 不至于英年早逝。

大丈夫能屈能伸, 只要活着, 总会有机会, 况且贾谊提的都是真知灼见, 只是时机不成熟, 无法完全实施, 假以时日, 条件成就, 必会大展宏图。

不得不说, 隐忍是一个人走向成功的必经关卡, 贾谊就倒在了这两个字面前。

凡事都有正反两面性, 贾谊看似消极的人生中也有积极的一面。

处江湖之远则忧其君, 即便在长沙感到无限失意时, 贾谊还不忘上疏文帝礼遇大臣和禁止私人铸钱。

话说回来, 文帝也有文帝的苦衷, 这一点王安石看得明白, "一时谋议略施行, 谁道君王薄贾生。爵位自高言尽废, 古来何啻万公卿"。

贾生啊, 文帝待你不薄, 想想自古多少位公卿之人的建议都没人听, 你好歹还施行了一些啊。

听得出这是王安石变法遭到重大挫折后的牢骚话, 表面上说贾谊, 实际还是说他自己, 如果当年如日中天, 红得发紫时, 想必他也不会这样说。

还是班固最靠谱, 他在《汉书·贾谊传》中说: "谊以夭年早终,虽不至公卿,未为不遇也。"

以后就别提"怀才不遇"了,没影的事儿。

说一千道一万,只能说贾谊生不逢时,如果他能生在武帝时代,想必完全是另一番光景。

因为武帝治国理政采取的不少举措,恰恰是贾谊当年提出的,最出名的莫过于彻底解决诸侯王问题的"推恩令",原创版权就属于贾谊。

历史公正的评价是这样的,推恩令是"贾谊兆其端,晁错谢其身,主父偃毕其功"。就是说,最后摘桃子的是主父偃,但种树的却是贾谊。

说来也怪,这三位建议削藩的下场都不太好,晁错被腰斩,主父偃被灭族,比较而言,贾谊算是最幸运的,虽然死得早,但还算是自然死亡。

读史明智,看完了贾谊的故事,工作中再遇到些挫折,别太在意,更犯不上因此抑郁,毕竟身体是自己的,没有比生死更大的事情。

很多事情,挺一挺就过去了,真没必要一条路走到黑。

如果真有才能,还是要相信那句话——是金子总会发光的!只是早晚的事儿。

没有金刚钻,别揽瓷器活——

汉景帝和晁错

一

公元前155年，长安城，一对父子展开了一场关于家族命运的对话。

儿子叫作晁错，时任御史大夫，"副国级"的大官，至于他老爸叫什么，史书上没说，姑且就叫晁太公吧。

这位老爸星夜兼程从老家颍川赶到都城长安。

这也太难为老人家了，因为两地相距有五百多公里，如今驾车走高速都要五个多小时，何况当时，跋山涉水，要走个把月。

老爷子不远千里跑来长安干什么呢？劝儿子。

儿子做了什么事情让老爸如此担心和焦虑呢？两个字——削藩。

晁太公急了，刘姓本一家，你瞎管什么闲事，一个劲儿地要削弱诸侯，疏远人家骨肉，现在大家都责怪怨恨你，儿子你这样做到底是为什么呢？

为什么?"不如此,天子不尊,宗庙不安!"

幼稚,实在是太幼稚了!

儿子你也不想想,刘家是安稳了,咱们晁家可危险了,你这样瞎折腾下去,不仅自己会成为替罪羊,整个家族都要跟着遭殃。

忠孝自古难两全,"忠"永远排在"孝"前面。无论老爷子好说歹说,晁错还是决心要将削藩进行到底。

谁承想,这一下子要了老人家的命,"遂饮药死",失望至极的晁太公回到家后服毒自杀了。

为什么要走绝路呢?老爷子临死前留下一句话:"吾不忍见祸逮身。"反正横竖都是一死,不如死得从容些,总比将来横尸街头要强得多。

不得不服,姜还是老的辣,老爷子对儿子和家族命运的预感分毫不差。

这算得上是老爸对儿子的死谏,代价可谓巨大,有效果吗?没有。

晁错不仅没有收手,反而干得更起劲儿了。

他为何看上去如此犟呢?原因有二,其一认为此事对巩固社稷大有裨益,必须搞而且要尽快搞;其二背后有老大的坚定支持。

这位老大就是汉景帝刘启。

论起两人关系,不仅是君臣,而且是师生,当然,晁错是老师,刘启是学生。

晁错怎么当上景帝的老师呢?这还要从刘启的老爸汉文帝刘恒说起。

晁错出道是在文帝期间,"以文学为太常掌故",因为他文字功底好,在太常寺谋得一个职位。

太常寺是个什么机构呢?九部之一,主管祭祀、礼仪和教育。

按说以晁错的才华,这个起点并不算高,但架不住很快便时来运转。

这要感谢另外一位老大——秦始皇嬴政。

这又不是穿越剧,风马牛不相及的两人怎么会有交集?原因在于嬴政干了一件让天下读书人咬牙切齿的事情——焚书坑儒。

书虽然烧了,但内容却保留在一些文人的脑中,这些人便成了"珍稀物种"。

"四书五经"中的儒家经典《尚书》,当时只有一个人懂得，此人叫作济南伏生，打秦朝起就是博士，此时已经九十多岁了。

如此大年龄让他来京城传授，显然不现实，大概率会在半路挂掉。怎么办呢？派人去学。

既然太常寺主管教育，这个人选就由那里出，结果晁错中了头彩，获得了这个外出培训机会。

这个学习机会为何如此重要？因为这意味着晁错将成为"文化遗产传承人"，更重要的是，传承对象包括当今老大——文帝刘恒。

不负众望，满载而归。

文帝头一次见到这个青年才俊，觉得人才难得，不能浪费，委以重任，晁错一跃成为太子刘启的老师。

晁错注定是个不甘寂寞的角色。

按说作为太子舍人，踏踏实实教好太子就算称职，但他完成本职工作的同时，自我加压，频频向文帝上疏。

这一堆上疏中，最让晁错着迷和执着的事情，就是后来引发他老爸自杀的诱因——削藩。

顾名思义，藩就是藩国，当头的就是藩王。

要说起它的历史，还要从周朝开始，天子把土地封给诸侯,叫作"国",诸侯接着又分给大夫,叫作"家"。

"修身齐家治国平天下",说的就是这个关系。

如何让这些"家"和"国"听自己的呢？周朝天子采用的方式是做思想政治工作,核心要义是"普天之下,莫非王土,率土之滨,莫非王臣"。

刚开始还管点事,但在巨大的利益面前,这种说教很快就失灵了。

于是,春秋接下来战国,天下乱成了一锅粥。

再不能这样下去！秦始皇灭掉六国后,废除了封建制,另起炉灶,搞了一套新体制——郡县制。

本来以为能千秋万代,没想到二世而斩。

痛定思痛,刘邦觉得两种体制都有利弊,不如来个中间路线——一朝两制。首都周边地区实现郡县制,其他地方依旧是封建制。

诸侯国从此有了一个新名字——藩国,为啥叫这个呢？藩就是藩篱,意为地方要像藩篱一样拱卫中央。

怎么才能实现这个目的呢？刘邦煞费苦心,杀了一匹白马,拉着各位王爷和大臣,共同盟誓:"非刘氏而王,天下击之。"

这意味着所有的藩王,都必须是刘姓皇族,不姓刘的,功劳再大,贡献再多,充其量封一个侯。

刘邦的想法是用血缘关系凝聚团结,出发点不错,只是太理想化了,如今为房子拆迁,兄弟姐妹们都可能撕破脸,何况面对的是金銮殿上那把龙椅。

搞不好,藩篱很容易变成刀戈,本来是为中央消除威胁,到头来却成了中央的威胁。

不少人看出了这样的隐患,"削藩"就成了热点问题。

第一个提出的是贾谊,汉文帝没有采纳;第二个提出的是晁错,汉文帝还没有采纳。

文帝有文帝的考虑,贾谊不理解,晁错更不理解。

不同的是,贾谊把苦闷都放到心里,结果把自己搞抑郁了,晁错不管不顾,该说的必须要说:"狂夫之言,而明主择焉。"

我是一个狂妄之人,说了一些狂话,皇上英明,您看着办。

这话两说,一则说自己狂妄,请陛下不要怪罪。另则在说陛下您太保守了,一点魄力都没有。

文帝对此啥表示呢?"言者不狂,而择者不明,国之大患,故在此也。"

翻译过来是说,一个国家最糟糕的是什么?能够提意见的人其实并不狂,但是如果做决策的人糊涂,那就麻烦了。

同样话里有话,无论贾谊还是晁错,你们可以随便提建议,但作为一国之主,究竟该怎么做,那还要统筹兼顾。

一句话,建议归建议,决策归决策。

二

公元前157年,文帝驾崩,太子刘启接班,是为景帝。

刘启不仅是晁错的学生,还是他的"粉丝",因为他能说会道,嘴皮子太好了,"以其辩得幸太子"。

太子家号曰"智囊",晁错获得了这样一个称谓,这也是历史上第一次出现"智囊"的说法。

新皇帝自然要重用这个智囊,景帝一上台就任命晁错为内史。

内史是个什么官呢?用现在的表述就是首都的市长,这算破格提拔,从厅局级直接成为正部级。

景帝对他言听计从,晁错变成当朝第一红人,这位仁兄干得更来劲儿了，不停地建议今天改这个，明天要改那个。

群臣们不高兴了！

要知道，这些大臣资历很深，有的还是当年和景帝的爷爷刘邦一起打天下的，本来对晁错的火箭般升职看不顺眼，没想到这位上位后毫不收敛。

第一个站出来的是丞相申屠嘉。

他以晁错擅自凿开庙墙为由，报请景帝处死晁错。晁错不知从哪里提前打探到消息，抢先一步奏报景帝，两人统一了口径。

结果可想而知，申屠嘉被景帝怼得无话可说，回到家里吐血而死。

申屠嘉不是一般人，"门不受私谒"，家里从来不接待客人，有事办公室谈，堪称百官的典范。

这样一位位高且廉洁的好官居然被晁错气死，这让他一下子站到了百官的对立面。

晁错不管这些，只要有老大的支持就足够。

景帝对他确实够意思，任命晁错为御史大夫，位列三公，四十多岁就迈上"副国级"门槛。

是时候提出削藩了！这是晁错一生最执念的政治理想。

景帝上台第二年,晁错提出了著名的《削藩策》。

这道上疏中最重要的一句话是:"今削之亦反,不削亦反。削之,其反亟,祸小;不削之,其反迟,祸大。"

说它重要,这里面有一个基本判断:不管削与不削都会反。如果这个判断成立,早削当然比晚削要好。

关键在于,这个预判是否准确。

至少在当时似乎不能完全成立,包括实力最强的吴王刘濞,看不出有什么反意。

刘濞是刘邦二哥刘仲的儿子,曾经跟着刘邦讨伐英布叛乱,勇敢过人,表现优秀。汉朝"解放"吴楚之地后,刘邦就把刘濞封为吴王。

不过,任命刚刚发出,刘邦就后悔了,因为他察觉出刘濞有反相。

这就有点意思了,早干吗去了,君子一言,驷马难追,何况是九五之尊的皇帝呢?

咋办呢?刘邦把这位侄儿找来,摸着他的背部表示五十年后东南会有人作乱,不会是你吧?天下姓刘的都是一家,千万别干这种蠢事。

刘濞吓得面如土色,纳闷这位皇帝叔叔从哪里看出自己有反骨，急忙下跪表示打死也不会。

刘邦也太神了！居然成功预判到五十年后的吴楚之乱。

读史存疑，虽然是正史记载，但总觉得杜撰的可能性较大，根据以往经验，越是神乎其神，可信度越低。

刘濞实力最强，因为吴国的地理位置实在太优越了，简单概括八个字——煎矿得钱，煮水得盐。

吴地有铜矿，开采后就可以铸钱，而且地处海边，盛产食盐，可以卖大价钱。

话说回来，即便如此，也没有确凿的证据表明吴国生产和制造"大规模杀伤性武器"。

如果非要说刘濞有什么异样举动，便是长期没有按照藩王礼节去长安朝见文帝。

这事儿说来不能完全怪刘濞，景帝刘启难脱干系。

怎么一回事呢？当年刘濞的世子刘贤入京，和当时还是太子的刘启饮酒下棋，不知是喝高了，还是有人要悔棋，总之，两人动起手来。

刘启拿起棋盘扔向刘贤，赶了个寸劲儿，击中了刘贤要害部位，一击致命。

刘濞不干了，本来尸体已经送回吴国，他又派人送回长安,给出的理由是:"天下同一家,死在长安就葬在长安,何必送回吴国来葬。"

明显闹情绪,不过也能理解,毕竟儿子死了。

只是,这位吴国世子,实在可怜,不仅死于非命,尸体还被运来运去,闭了眼都不安生。

从此后,刘濞称病不来朝见,文帝并没有怪罪,谁让自己的儿子杀了人家的儿子,不来就不来吧。

晁错认定刘濞必反,除了吴国富得流油外,还有两点理由:其一招募天下亡命之徒;其二替百姓上交中央税赋。

刘濞你这是要干啥,收买人心的同时储备造反人才。

其实,细细说来,这两条也不大站得住脚。

史书上说刘濞招募流民来开矿煮盐,这很正常啊,这两个产业本来就属于劳动密集型的,吴地人力资源短缺,只能引入外来务工人员。

再说第二条,国家富了,提高百姓福利待遇,这不是很自然的嘛,总比所有财富都收入吴王囊中要好得多吧。

景帝又一次被晁错说动了心,不过,这可不是小事,搞不好会天下大乱,还是要听听众位爱卿的意见。

明眼人看出,这不过是走走程序,即使出了事,也是集体决策,不是独断专行,所以没有人站出来提意见,只有景帝老妈窦太后的侄子窦婴表示坚决反对。

杯水车薪,无济于事。

削藩令正式实施,先是削夺赵王的常山郡、胶西王的六个县、楚王的东海郡和薛郡。

不过,总得找点理由吧,否则难以服众。

要说理由,太好找了,这些王爷在当地作威作福惯了,谁还没有一点把柄。

楚王是因在太后丧期内乱搞男女关系,对于一个王爷来讲,这不过是小节问题,无论如何与谋反挂不上钩。

胶西王是因为卖官,卖官这个事从秦始皇就开始了,凭什么其他人可以卖,他就不能卖,这实在也不算什么大事啊。

只是,事情是大是小,完全是皇上一句话,说你大就小不了,说你小就大不到哪里去。

三

景帝和晁错先捡软柿子捏,为的是看看吴王刘濞的反应。

刘濞好像没有什么动静,既然如此,可以直奔主题了,下诏削吴王的豫章郡和会稽郡。

这下子刘濞有动静了,而且不动则已,一动就不得了。

公元前154年,刘濞联合楚王刘戊、赵王刘遂、济南王刘辟光、淄川王刘贤、胶西王刘卬、胶东王刘雄渠联合起兵。

这就是历史教材上所说的"七国之乱",又称"吴楚之乱"。

打出的旗号是"清君侧,诛晁错",言外之意是这件事和景帝没关系,都是晁错这个小人挑拨所致。

出来混迟早要还的,既然陛下您下不了决心,我们就帮您清除这颗毒瘤。

景帝刘启有点傻了,还真反了啊,而且一反就是七国。

他想到的第一个人,自然是"智囊"晁错,削藩是他提出来的,如今出了大乱子,想必他事先一定想好了应对之策。

遗憾的是,晁错还真没有。

这就怪了,口口声声说"削之亦反,不削亦反",明知要反,总得提前准备预案吧,哪怕一套也好。

不仅没有任何预案,关键时刻,晁错昏了头,整出两个馊主意。

第一个是要杀袁盎。

此人同样是两朝元老,死活看不上晁错,因此彼此关系非常紧张。到了什么程度?"有我无他",一个在,另一个就离开,反正不会在同一个场合出现。

袁盎曾经被派遣到吴国当丞相,鉴于刘濞和中央的关系,这个职位比较难干,搞不好就是风箱里的耗子。

如何是好?有人出主意,到任后只管饮酒,不问政事,规劝吴王安分守己,同时报告朝廷刘濞无反意,这样两边都不得罪。

袁盎听劝,果然安然无事。

景帝登基,晁错得宠,袁盎自然没有好果子吃。晁错找了个由头对他定罪处罚,变成了一介草民。

大敌当前,晁错不想着如何退敌,却又想起了除掉政敌。

"夫袁盎多受吴王金钱,专为蔽匿,言不反。今果反,欲请治盎宜知计谋。"这是晁错给出的治罪理由。

袁盎当初说刘濞不会反,如今却反了,说明两人狼狈为奸,藏有密谋。

这有些太牵强了,袁盎为吴相时,刘濞确实没有反意,他造反,不是拜您的削藩令所赐吗?

只是,惹出如此大的乱子,总要有个替罪羊,屎盆子扣在袁盎头上再合适不过了。

晁错万万没有想到，所有的属下都不同意，如果没反，杀了袁盎，可以看看刘濞的反应，如今已经竖起反旗，杀了他又有何用。

再说了，袁盎是朝廷命官，到吴国做丞相也是"组织安排"，工作需要，能有什么阴谋诡计。

晁错犹豫了！

袁盎听说此事，恨得咬牙切齿，欺人太甚，忍无可忍无须再忍，必须给晁错致命一击。

不过，他如今只是草民一个，根本没有资格面见景帝，于是找到了同盟军，晁错的另一个政敌——窦婴。

这个忙必须帮！

窦婴向景帝进言，应该听听袁盎的意见，毕竟曾经做过吴国的丞相，熟悉那里的情况，知己知彼百战百胜。

袁盎如愿见到景帝，难得的是还和晁错同处一室。

景帝最关心的一个问题，是这次叛乱能否最终成气候。

肯定不会！袁盎给他吃了一个定心丸，理由是刘濞招募的都是一些黑道上的亡命之徒，只是为钱而战，怎能打得过朝廷的正义之师。

一支强心剂，剂量还挺足，本来有些颓的景帝瞬间变得精神起来。

袁盎你有啥退兵之策呢？主意是有，但只能和陛下一个人讲。

话说到这个份上，晁错只能乖乖退下。

什么好主意呢？"今计独斩错"，不用藏着掖着，如今唯一有效的办法是杀掉晁错。

理由明摆着，叛军打的旗号就是"杀晁错"，不是奔着皇上来的，杀掉晁错，他们就师出无名，不战而退。

听上去有点道理。

景帝沉默了许久，说了一句话："顾诚可知，吾不爱一人谢天下"。如果真能起作用，我也不在乎一两条人命。

说出这样的话，说明景帝已有了杀心。

这是杀晁错的缘起，袁盎从此背上黑锅，一直被当作陷害忠良的"小人"，

只是，回头想想，如果晁错不是先要除掉袁盎，他怎么会跑到景帝面前进行忽悠。

这件事始作俑者恰恰是晁错，连司马迁老先生都看不下去："诸侯发难，不意匡救，欲报私仇，反以之躯。"

危难之际，不琢磨怎么退兵，却想着除掉政敌，反倒是自己先掉了脑袋。

压倒晁错的最后一根稻草是第二个馊主意——让景帝御驾亲征，而自己留守京城。

景帝彻底无语了！

你不知道打仗是要死人的吗，敢情让朕去挡子弹，你在后方享清福。

"而遭天子以其至危，此忠臣义士所以愤怨而不平者也。"景帝很失望，群臣也不干了。

晁错你几个意思，让皇上上前线，你留在京城，万一陛下有个三长二短，你是否想篡位？

"当此之时，虽无袁盎，错亦未免于祸。"东坡先生认为，这个时候，即使没有袁盎，晁错也难逃一死。

乱子是你惹的，没好主意也就罢了，还没有任何担当，这样的官员还怎么能继续信任。

关键时刻，袁盎又往火上浇了一桶油。

晁错的死期依稀可见了，遗憾的是，他本人毫无警觉，打死也不会相信景帝会杀掉自己。

没过几天，丞相陶青、中尉陈嘉、廷尉张欧联名上书弹劾晁错，给出的罪名是"亡臣子礼，大逆无道"，提议将晁错满门抄斩。

这三位都是重量级的人物，相当于现在的政府总理、公安部长、司法部长，不知是景帝授意，还是三位实在看不下去，搞出一份晁错的死刑判决书。

现在就差景帝最后签字了。

可！可！可！重要的事情说三遍。

蒙在鼓里的晁错该干吗还干吗呢，中尉陈嘉请他上朝议事，晁错穿上官服上车，路上还想着如何给景帝出主意。

他哪里知道自己已经成为景帝手中的一颗弃子。

马车走到东市时，突然停住了，就在晁错纳闷时，陈嘉突然喝令他下车，宣布皇帝密诏：立即腰斩。

这是要演哪一出呢？晁错还没整明白，已被拦腰斩断，随后被灭族。

历史上被杀掉的大臣实在太多了，不计其数，但有一项纪录却独属晁错，他是身穿官服被杀的唯一一人。

司马迁老先生对此有不同解读，"上令晁错衣朝衣斩东市"，说的是景帝给了晁错很大的面子，穿着朝服见阎王爷是享受了"特殊待遇"。

扯了！实在有些扯了！

还是班固实事求是，《汉书》中说"绐载行市"，绐，是诓骗的意思，晁错穿着朝服被斩，恰恰说明是被皇帝骗到刑场的。

四

杀掉晁错的效果如何呢？完全没有效果。

开弓没有回头箭，成者王败者寇，既然起来造反哪里会有半途而废的道理。

由此，千百年来，汉景帝被塑造成"很傻很天真"的典型。

有个很出名的故事，说是谒者仆射邓公从前线回来汇报军情，景帝弱弱问了一句："晁错死了，吴楚两国应该退兵了吧？"

想什么呢，吴王为造反准备多年，好不容易逮着个机会，怎么善罢甘休，"诛晁错"只是一个幌子，陛下您这么做，无济于事，还有一个恶果，以后没有人再敢说真话了。

景帝啥表现呢？有些后悔了，叹息说道："公善言，吾亦恨之。"

　　景帝真的如此天真吗？不知道杀晁错于事无补？非也，如果这样想，那太小看这位创造"文景之治"的皇帝了。

　　晁错必须死，没有什么可后悔的。

　　叛军提出的旗号，非常有影响力，在许多人心中，这场乱子就是晁错挑拨离间所致，换句话说，晁错就是隐藏在皇帝身边的小人。

　　还先别说别人，晁错的老爸都是这样想的。

　　这样一来，七国就不是叛乱，而是"义举"，很容易得到不明真相群众的拥护。

　　要想平叛，首先要打掉他们"正义"的基础，需要的就是晁错项上的人头。

　　你们不是想"清君侧"嘛，如今我主动清除了，看你们还想怎样，继续进兵，就是乱臣贼子，天下人可共击之。

　　所以无论管不管用，晁错必须死。

　　还有一个原因，晁错太傲娇了，眼里只有景帝一个人。

　　他不仅把文臣得罪光了，和周亚夫、栾布等武将也不对付，为了让文武大臣团结一致抵御叛军，只能牺牲晁错。

　　团结就是力量，这力量是铁，这力量是钢，比铁还硬，比钢还强。

人心齐,泰山移,晁错死后,没过三个月,叛乱被平定。

明白了吧,为了安内攘外,晁错必须搭上这条性命。

但问题来了,死就死吧,为啥下手如此之重,又是腰斩,又是灭族。

这很可能是因为景帝当时正在气头上。

气从何而来?一则晁错明知要反却毫无预案;二则他真不把皇帝当外人,自己留守后方,却让景帝上前线;三则众臣集体拱火,落井下石。

说来说去,晁错根本就不是搞政治那块料,身上毛病太多了。

最大的毛病是不善于处理人际关系,四面树敌,人人怨之。

这和他的个性有直接关系,史书上说他"峭直刻狠",什么意思呢?严厉、刚直、苛刻、心狠。

这样的人很难交到朋友,却容易制造敌人,果不其然,晁错几乎惹毛了所有重臣,最后成了孤家寡人。

搞政治,就是要把朋友越搞越多,敌人越搞越少,晁错倒好,反着来。

晁错或许觉得抱着景帝这棵大树就够了，只要大树不倒，他就一直能乘凉。

但他忘了一个成语——众口铄金，吐沫星子照样能淹死人，再说了，皇帝耳根子也有软的时候。

你再得宠，不过是个CEO，公司出了问题，股价大跳水，小股东集体抗议，大股东也只能拿你开刀。

遗憾的是，晁错到死也没有明白这个道理。

还有一个大毛病是应对复杂局势的能力太差，没见过大世面，没经过大风浪。

你天天叫喊着吴楚会反，可真反了，却一点招数都没有，实在令人难以原谅。

东坡先生分析得到位，做削藩这种冒险性极强的事情，至少有三个条件："前知其当然，事至不惧，而徐为之图。"

"前知其当然"，提前把事情搞清楚，要做风险评估和应对预案，晁错显然没有搞清楚，否则也不会惊慌失措，昏招频出。

"事至不惧"更谈不上了，恰恰相反，"事至大惧"，这很好理解，心中没货，怎么能临危不惧、气定神闲呢？

"徐为之图"，就是事情到了紧急关头，有足够的智慧和办法不动声色地处理问题。

晁错倒好，急病乱投医，一个馊主意跟着一个馊主意，哪里有"徐为之图"，彻底乱了方寸。

最后居然提出让景帝挡枪子，自己守后方的建议，完全是脑子进水，自己作死的表现。

试想晁错如果能一人做事一人当，站出来主动要求带兵出征，袁盎根本就没有机会。

如果得胜凯旋，会取得盖世奇功。即使光荣牺牲，也能落得一个"烈士"的名号，总比被腰斩灭族强得多吧。

本来是可以当英雄的，但关键时刻一缩脖子，就变成了狗熊。

不管怎么说，人死了，而且死得很惨。

由此，晁错便成了一个很具有争议的人物。

顶他的人认为他忠心耿耿，专心做事，公而忘私，班固说："为国远虑，而不见身害。错虽不忠，世哀其忠。"

活脱脱一个"腰斩不要紧，只要主义真"的忠诚的君权主义战士。

贬他的人认为他恃宠而骄，刚愎自用，目中无人，苏轼说："错之所以自全者，乃其所以自祸欤。"

由此说来，最后的结局咎由自取，怪不得别人。

好像都有些道理，还是那句老话："可怜之人定有可悲之处"。

读史明智，细细品品晁错的人生，似乎能得出这样的经验教训——人太顺了不是什么好事。

孟子说得好："故天将降大任于斯人也，必先苦其心志，劳其筋骨，饿其体肤，空乏其身，行拂乱其所为，所以动心忍性，曾益其所不能。"

晁错一起步就是太子老师，心志未苦，筋骨未老，体肤未饿，没有经历过什么挫折，所以无法做到"曾益其所不能"。

倘若从基层做起，学会处理好人际关系，有能力妥善解决复杂问题，才能脱颖而出，出人头地。

回过来看，这两点正是晁错的致命弱点，他始终没有机会补上这一课。

东坡先生说得很明白："惟仁人君子豪杰之士，为能出身为天下犯大难，以求成大功"，只有仁人君子、豪杰之士，才能挺身而出，为了国家安定而冒天下之大不韪，以求得成就伟大的功业。

在苏东坡看来，晁错显然不是这样的人。那是什么样的人呢？"范跑跑"式的人物。

"事至而循循焉欲去之，使他人任其责，则天下之祸，必集于我"，祸乱发生却想躲躲闪闪地避开它，让别人去承担平定它的责任，那么天下人的责难，必定要集中到自己的身上。

削藩这种事不是不能干，关键是"吾发之，吾能收之，然后有辞于天下"，我挑起的事端，我能妥善处置，能给天下人一个有说服力的说辞。

晁错最大的问题，只能"发之"，不能"收之"，惨死东市，就不足为怪了。

说到底，还是那句话："没有金刚钻，别揽瓷器活"，否则误人害己。

晁错在前，不可不鉴！

窦婴和田蚡

站住，我要和你做朋友——

一

公元前135年一个夏日,列侯窦婴家从早就开始忙碌,又是设置帷帐,又是布置餐桌,准备美酒佳肴,全家总动员,忙得不亦乐乎。

作为一个列侯,如此兴师动众,难道是要接待当今皇上?非也,他要接待的是另一位列侯田蚡。

地位一样,至于如此隆重吗?至于,太至于了!人家现在是一号红人。

三十年河东,三十年河西。想当初,窦婴红得发紫的时候,田蚡还只是一个小小的郎官,窦婴都不拿正眼看他。

这还不到三十年光景,一切都发生了逆转。

为啥窦婴高开低走,人家田蚡低开高走了呢?

这不关个人的事,他们共同的身份注定彼此的命运都要和时局变化紧密相关。

什么共同身份呢?外戚。

这个名字经常在历史课本中出现，简单地说，就是皇帝母亲和妻子那边的亲戚。更直白点，就是太后、皇后、嫔妃的娘家人。

窦婴是哪位的娘家人呢？窦氏，她是文帝的老婆，景帝的老妈，武帝的祖母。经历三朝，从皇后到太后一直干到太皇太后。

窦婴是她堂兄的儿子，论辈分，算是她的侄子。

大树底下好乘凉，有了窦太后做靠山，窦婴前途一片光明。谁承想，他惹毛了大靠山，仕途之路险些半路夭折。

发生了什么事情？还是要从窦太后自身说起。

这位文帝的皇后，为皇帝老公生下了一女二男，长女是馆陶长公主刘嫖，长子是后来的景帝刘启，小儿子是梁孝王刘武。

窦太后对小儿子很是疼爱，始终有个念头——兄终弟及，一旦景帝驾崩了，就让刘武继位当皇帝。

景帝对老妈的心思当然清楚，有次刘武入朝，母子三人宴饮，景帝喝高兴了随口说了一句："我死之后把帝位传给梁王。"

窦太后心里乐开了花，还是大儿子懂事。

万万没想到，此时窦婴站出来泼凉水，他给景帝敬酒时表示帝王父子相传是高祖定下的规矩，怎么能擅自违规传给梁王。

这话本身没毛病，但把窦太后气得够呛，好一个吃里扒外的东西。

必须杀一儆百，否则窦家的队伍不好带了。

窦婴被收回了进出宫门的通行证，逢年过节也不允许他进宫朝见，彻底被晾到了一边。

没想到的是，窦婴命运的转折居然是"七国之乱"。

天下乱了，才感觉无人可用，景帝觉得窦婴是个人才，准备让他出山恢复工作。

哪里那么容易，和平年代晾在一边，如今乱了才想起自己，窦婴来劲儿了，借口有病坚决推辞。

大敌当前必须一致对外！

窦太后来了个自我检讨，表示自己做得有些过。景帝也发话了："天下正有急难，你怎么可以推辞呢？"

面子里子都有了，再要拒绝，就有些说不过去了。

窦婴就任大将军，驻守荥阳，监督齐国和赵国两路兵马动向。三个月后，叛乱平定，窦婴立功了，而且立了大功，论功行赏，被封为魏其侯。

终于迎来了傲娇时刻，傲到什么程度？朝廷议事，没有大臣敢与周亚夫、窦婴平起平坐。

这两位大功臣完全配得上，没有他们，叛乱也不会如此快地平定。

不用说，见风使舵的都来了，"诸游士宾客争归魏其侯"，其中就包括郎官田蚡。

田蚡削尖脑袋往窦婴身边凑，逮着机会就往窦家跑，陪喝酒陪吃饭陪聊天，标准的三陪，一副甘当陪客的模样。

只是，红得发紫的窦婴怎么会看得上一个不起眼的郎官。

窦婴很快接到了更重要的工作，担任太子刘荣的老师。

说它重要，是为窦婴提供了"双保险"，如今的荣华富贵都是因有"窦家"这块金字招牌，但能够打多久，窦婴心里没底。

但作为太子的老师就不一样了，将来刘荣继位，现有的权贵不仅可以保留，说不定还能更进一步。

只是，人算不如天算，刘荣的太子之位仅仅坐了三年就被废黜了。

这不是刘荣有什么问题，所有的问题出在他老妈栗姬身上。

栗姬有什么问题呢？简单地说，猪脑子加愣头青。

刘荣被立为太子，多少有些偶然因素，因为景帝的皇后薄姬始终没有生下皇子。

偶然中有必然，薄姬无宠无子，很大原因是因为栗姬太得宠了。

景帝还是太子时，栗姬就来到了他身边，一口气为刘启生下三个儿子，刘荣是其中的老大。

刘启登基第三年，立庶长子刘荣为皇太子，储君的身份得以确立。

按说仗着景帝的宠幸和太子的位置，只要栗姬母子不犯重大错误，下一任皇帝妥妥的应该是刘荣，太后之位对栗姬而言唾手可得。

遗憾的是，栗姬将一手绝佳的好牌打得稀烂，不仅自己没胡，还给别人点了炮。

回顾整个栗姬的"愚蠢之旅"，她犯了两大致命错误。

首当其冲的是拒绝公主亲事。

这位公主来头很大，馆陶长公主刘嫖是景帝唯一的姐姐，两人曾相依为命，感情自然很深厚。

公主想把自己的女儿陈阿娇许给刘荣做太子妃，其中用意所有人都懂得，如今靠弟弟，将来靠姑爷。

照理说，栗姬应该求之不得，这种事有百利而无一害，亲上加亲，只会使刘荣太子之位更加稳固，将来顺利继位板上钉钉。

长公主刘嫖也这样想，信心满满地跑来向栗姬提亲。

谁承想，匪夷所思的事情发生了！

栗姬不仅一口回绝，话说得还不好听，好像是人家的灰姑娘非要高攀你家的小王子。

为何如此任性呢？因为刘嫖数次为弟弟景帝进献美女，栗姬对此早就不忿，如今终于有了一个反击的机会。

侮辱！天大的侮辱！

"长公主怒"，何止是怒，颜面扫地的刘嫖估计杀了栗姬的心都有。

公主当机立断，决定寻找别的皇子做女婿。

公主毕竟还是公主，谁能笑到最后犹未可知，舍得一身剐，也要把栗姬、刘荣拉下马。

当时还是"美人"的王娡和她的儿子刘彻进入了她的视线。

王娡想都没想,满口答应,这样的好事能找到自己,简直就像做梦一般。

后来的武帝刘彻当时还是一个五岁的小屁孩,他的回答是:"若得阿娇为妇,当以金屋贮之。"

这就是著名的"金屋藏娇"的故事。

这也太早熟了吧,到底是真还是假呢,还真不好说,反正正史里没有这段,就当作一个美好的童话吧,尽管后来陈阿娇的命运不够美好。

馆陶长主公从此火力全开,靶子只有一个——栗姬。只要逮着机会就与皇帝弟弟说栗姬的坏话,同时猛夸刘彻。

栗姬坏到什么地步呢?"祝唾其背,挟邪媚道"。

就是说栗姬和各位贵夫人及宠姬聚会,常常让侍从在她们背后吐口水诅咒,施用巫蛊之术。

"背后吐口水诅咒",现在看觉得挺逗,但当时人们还真把这个当回事。"媚道"是女性争宠施用的邪术,"祝唾其背"是其中最没技术含量的。

嘴长在刘嫖脸上,她想怎么说就怎么说,反正都没有实锤证据,"景帝以故望之",没有完全信也没有完全不信。

真正让景帝失望的是栗姬办下的第二件蠢事。

景帝有段时间身体欠佳,心里有些抑郁,找来栗姬说了一句"百岁后,善视之",就是说我百年之后,希望你能善待其他妃子和她们的子女。

这是要托孤的意思,和栗姬讲这话,大概率是想打算册立她为皇后。

脑子如果没进水,只要满口答应,顺带抹几滴眼泪,基本就搞定了。

看看栗姬的表现,"栗姬怒,不肯应,言不逊"。

完全是抓狂级别的,不答应就算了,还大发雷霆,居然还对景帝出言不逊。

到底说了什么呢?有人说是"老东西",有的还说是"老狗"。

栗姬受了什么刺激,为何情绪大爆发呢?史书中没有说原因,应该还是嫉妒心作怪。

众多妃子和皇子争夺景帝对自己和刘荣的宠爱,到头来,还要自己去保护她们,这实在难以接受。

被骂成狗的景帝什么反应呢?"景帝恚,心嗛之而未发也。"心里非常生气,但最终还是忍了下来,没有当场发作。

有胸怀!有气度!不过,景帝对栗姬彻底失望了。

栗姬这一番"神操作",相当于给自己挖了一个大坑,终其一生,无法再填平。

景帝收拾栗姬只差临门一脚,王娡上场来了一个"神助攻"。

薄皇后被废黜,王娡背地里唆使大臣请立栗姬为后,上奏里称:"子以母贵,母以子贵。今太子母无号,宜立为皇后。"

这一下子把景帝彻底惹急了!

他哪里知道是王娡使坏,以为是栗姬在背后运作,刚骂完自己"老狗",又阴谋串联想当皇后,天下哪里有这等好事。

一怒之下,下令处死上奏大臣,废掉太子刘荣,改封临江王。

长公主刘嫖和王娡终于笑到了最后。

王娡如愿当上了皇后,刘彻成为皇太子,陈阿娇变成了太子妃。

这样说来,没有栗姬一系列瞎胡闹,也就没有后来的汉武大帝。

栗姬最后的命运如何呢?"不得见,以忧死",景帝再不愿见到他,在忧愤中死去。

能怪得了谁呢?完全是自作自受,太操之过急了,隐忍一下等成为皇太后,再收拾看不顺眼的"狐狸精"也不迟啊。

心急吃不了热豆腐,忍不住,只能是这样一个下场。

蔡东藩的评价一针见血:"欲海茫茫总不平,一波才退一波生;从知谗妒终无益,色未衰时命已倾。"

二

刘荣被废,最失望的莫过于窦婴。

作为刘荣的老师,他倾尽全力想保住太子之位,但无奈栗姬做得太绝,"魏其侯数争不能得"。

窦婴开始闹情绪了。

他隐居在蓝田南山下数月,谁请都不回去,直到有一天来了一个叫梁遂的人。

魏其侯您这是什么意思,托病引退却抱着歌姬美女,如果激怒了陛下,您和妻儿老小还能活吗?

然!然!然!赶紧回去。

窦太后态度一百八十度大转弯,多次推荐侄子出任丞相,窦家子弟里就属这位最靠谱,要想使家族势力不衰,还就得让窦婴上位。

景帝没同意，理由是"魏其者，沾沾自喜耳，多易。难以为相，持重"。窦婴这个人自我感觉太良好，做事轻率漂浮，难以出任丞相，担当重任。

算是一棒子给打死了。

不过，后来窦婴还是当上了丞相，那是景帝死了以后。

只是，当年他看不上的田蚡此时已经与他平起平坐，一个丞相，一个太尉。

田蚡火箭般的升迁速度，是因为他的姐姐太后王娡。

姐弟俩为啥不同姓呢？因为同母异父，她们的老妈叫作臧儿，两人的老爸一个姓王，一个姓田。

田蚡没读过几天书，但伶牙俐齿，能说会道，王娡觉得这个弟弟挺有才干，可堪大用。

刘彻一上台，田蚡获封武安侯，不用问，这是他老妈的主意。

不过，此时在朝中说话最算数的不是武帝，也不是王太后，而是窦太皇太后。

历经三朝，屹立不倒，把老公文帝熬死了，把儿子景帝也熬死了，轮也该轮到她掌权了。

刘彻太年轻了，新皇上来三把火，接连推出一系列改革。

核心有两条：其一不再搞黄老之术，转而独尊儒术；其二清除旧的权贵，重用自己人。

无论哪一条都搞得窦太后相当不爽，特别是第一条。

黄老之术，无为而治，是窦太后老公文帝的治国法宝，也是她的心头之爱，怎能说废就废，说改就改。

眼见改革举措推不下去，御史大夫赵绾提出一个建议："请无奏事乐宫"，以后武帝说了算，别再请示窦太后了。

这是几个意思，敢情是想架空太皇太后，这还了得。

窦太后大怒，武帝认怂了，胳膊哪能扭过大腿，对着干恐怕自己这个皇位都保不住了。

处理的结果是，提出建议的赵绾等被迫自杀，支持改革的窦婴、田蚡就地免职。

谁承想，窦婴仕途上两次受挫都在本家窦太后手上，也都是因为站错了队。

窦婴、田蚡从此都"以侯家居"，不过，对于两人意味完全不同。

窦婴是彻底凉了，他毕竟是窦家的人，靠山是窦太后，如今靠山都不用他，武帝更不会用他。

田蚡则不同，他是王太后的弟弟，武帝的舅舅，赋闲在家只是避避风头,东山再起只是时间问题。

所以,窦婴是真歇了,而田蚡却很忙,"亲幸,数言事多效",武帝多次找他议事,提出不少建议也被采纳。

大家都不傻,"天下吏士趋势利者,皆去魏其归武安"。

多年的媳妇熬成婆,窦太后死后,武帝终于可以说了算了,田蚡毫无悬念地出任丞相。

彻底靠边站的窦婴的门客几乎跑光了,只有一个人留了下来——灌夫。

听这个名字就不像搞文科的,没错,这是一个打仗不要命的主。

勇敢到什么程度?当年他与老爸一道从军,参与平定吴楚之乱,老爸不幸战死,按照军法,他可以离开战场,护送老爸的灵柩回家。

老子英雄儿好汉,灌夫不干,"愿取吴王若将军头以报父之仇",带着十多个人杀入敌营,其余人都光荣牺牲,他身负重伤。

伤还没好,又要请缨出战,被前线统帅周亚夫出面阻止。

"灌夫以此名闻天下",作为"一级战斗英雄",受到了众人敬仰,"长安中诸公莫弗称之"。

灌夫就此获得了生平第一个官职——中郎将,但仅仅几个月,就因为犯事被撤职。

武帝上台后,任命他为太仆,替皇帝掌管车马。

别看是搞后勤工作,级别不低,算是九卿之一,但很快又出事了,他喝高后把长乐卫尉窦甫暴揍一顿。

窦甫可不是一般人,他是窦太后的堂兄弟,担任太后警卫队长,级别和灌夫一样。

这还了得,武帝赶紧把他安排到地方工作,以免太后报复,结果几年后,他又因犯法把地方官丢了。

事实证明,这位战斗英雄根本就不是当官的料,四处捅娄子,动不动便违法违规。

这样的表现,自然没人再敢起用他,只能在长安赋闲在家。

"灌夫家居虽富,然失势,卿相侍中宾客益衰。"虽然不差钱,但没有一官半职,没有人愿意再搭理他。

"同是天涯沦落人",两个失意者迅速擦出了火花。

各取所需,灌夫靠着窦婴结交达官贵人,窦婴用灌夫收拾那些不跟自己混的人。

"两人相为引重",关系好得不得了,"其游如父子然",

竟然像父子一样,相见恨晚,相得甚欢。

田蚡能来拜访窦婴,中间也是灌夫牵线搭桥。

灌夫有次拜访田蚡,田蚡表示想和他一起去窦婴家,但无奈灌夫在服丧期不便前往。

听话听音,田蚡知道两人的关系,只是客气一下,心里压根儿就不想去,所以拿灌夫尚在服丧来说事。

没想到,灌夫来劲儿了,表示只要田蚡肯去,他也顾不得什么服丧不服丧了。

话说到这个份上,田蚡不好拒绝,谁让自己假客套呢,于是答应第二天去窦婴府上。

窦婴全家忙乎了大半天,日头已到中午,根本就没有看到田蚡的影子。

灌夫脸上挂不住了,毕竟拍胸脯的是他,赶紧跑到田蚡府上,发现这位仁兄还在睡大觉,把这事忘得一干二净。

灌夫自然很生气,人家魏其侯一家从早晨忙到中午,没敢吃一点东西,田蚡你倒好,在这里呼呼睡大觉。

田蚡被惊了觉,一脸不高兴,不过确实是答应好的事情,只好硬着头皮驾车前往,但一路上走得很慢,一副不情愿的样子。

灌夫心里的火直往上蹿，但没当场发作，酒宴中喝高后，彻底发泄不满，先是自己狂舞一通，然后让田蚡起来一起跳。

田蚡当然不干，你灌夫是什么东西，我田蚡是什么身份，焉能与你共舞。

灌夫也不干了，"夫从坐上语侵之"，说了一些不干不净的话。

场面眼看就要失控，窦婴出来打圆场，"扶灌夫去，谢丞相"。

一波还未散去，一波又来侵袭。

田蚡看中了窦婴在城南的一块地，派手下籍福来找窦婴商量，说是"商量"，实则"索取"。

窦婴被激怒了，"老仆虽弃，将军虽贵，宁可以势夺乎？"老子我虽然被皇帝弃而不用，你小子如今显贵，怎么可以仗势硬夺我的地呢？

不给！打死也不给！

灌夫比窦婴还生气，大骂籍福，估计也捎带上了田蚡。

田蚡更生气，想当初窦婴的儿子杀了人，是自己出面帮着摆平，如今要块地都不给。更可气的是灌夫，简直是多管闲事。

田蚡暗下决心，说什么都要办了这两人，特别是灌夫。

三

要办灌夫太容易，因为"小辫子"太多，一抓一大把。

灌夫家族在老家颍川横行霸道，为非作歹，当地编出这样一首童谣："颍水清清，灌氏安宁；颍水浑浊，灌氏灭族。"

该到了让颍水浑浊的时候了！

田蚡向武帝检举揭发灌夫家在颍川欺男霸女，民愤极大。

武帝的态度是："此丞相事，何请？"这是你丞相就能处理的事情，何必请示我呢。

谁都知道灌夫背后站的是窦婴，一贯擅作主张的田蚡跑来请示武帝，为的是拿到尚方宝剑。

武帝的答复表示自己不站队，你们斗你们的，别把我当枪使。

武帝没表态，田蚡心里含糊，又听说灌夫手里也有自己的"黑材料"，决定暂时收手。

一个针尖，一个麦芒，很快双方又杠上了。

只是地点不是在朝堂，而是在田蚡府上。

这一年夏天,田蚡娶了燕王的女儿做夫人,王太后下令皇族和列侯都要到场祝贺。

按照这个范围,魏其侯窦婴必须去,灌夫不在受邀之列。

窦婴不知是出于什么考虑,非要拉着灌夫一同前往。

倒是灌夫有自知之明,表示自己喝多了,容易搞事情,已经有几次让田蚡下不来台,还是不去为好。

窦婴还是执意让他去,灌夫只好恭敬不如从命,这一去不要紧,要了两人的命。

起初气氛还好,酒过三巡,就出状况了。

田蚡起来敬酒,所有人都离开座位,伏在地上,表示不敢当。窦婴敬酒时,却很少有人离开座位。

其实很容易理解,田蚡是当朝红人,而且是今天的主角,窦婴只是一个过气"明星"。

只有灌夫一个人不理解,心里又开始憋气。

他向田蚡敬酒,说什么田蚡都不肯干杯,只是意思了一下,灌夫心里的"气"转化成了"火",不过在田蚡主场,不太好发作。

终于找到一个软柿子——临汝侯灌贤。

这个倒霉蛋是灌夫的本家后辈,灌夫敬酒转圈轮到灌贤时,灌贤正在和旁边的长乐宫卫尉程不识窃窃私语。

灌夫破口大骂:"生平毁程不识不值一钱,今日长者为寿,乃效女儿呫嗫耳语!"你小子一向把程不识贬得一钱不值,今天长辈给你敬酒,你和他却闺蜜似的说悄悄话。

田蚡不干了,这是我的大婚之日,敢情灌夫你是来砸场子的?

"程、李俱东西宫卫尉,今众辱程将军,仲孺独不为李将军地乎?"程将军和李将军是东西宫卫尉,今天你当众羞辱程将军,也就是不给李将军面子。

这位"李将军"就是"飞将军"李广,当时是一位红人,担任负责护卫皇上的官职。

灌夫彻底爆发了,"今天杀我的头,穿我的胸,我都不在乎,还顾什么程将军、李将军"。

如果您是在场宾客,会做如何反应?别看热闹了,赶紧溜吧。于是宾客纷纷四散而去。

灌夫是窦婴拉来的,此时他赶紧拉着灌夫走。

把场子砸了,想拍屁股走人,哪里有这样的好事,田蚡下令将灌夫绑了,然后召来长史,撂下一句话:"今日召宗室,有诏。"

召长史,说明这已经不是个人恩怨而是要公事公办。说此话,意思是说人不是我请的,是奉太后旨意来的。

灌夫你来搅局,不是针对我,而是攻击太后,这样一来,罪过大了去了。

"劾灌夫骂坐不敬,系居室",居室,就是宫廷看守所,以大不敬之罪将灌夫关进了局子。

窦婴坐不住了,人家灌夫本来不想来,自己强拉来的,如今出了事,说什么也要救出来。

"侯自我得之,自我捐之,无所恨。且终不令仲孺独死,婴独生!"窦婴说得很悲壮,只要放了灌夫,自己的侯爵之位可以不要,反正灌夫死了,我也不想活了。

谈何容易,窦婴夫人出来劝他:"灌将军得罪丞相,与太后家忤,宁可救邪!"

只要有百分之一的希望,就要付出百分之百的努力,唯一的救星是武帝。

说来也怪,武帝好像早等着窦婴来求自己,先是"立召入",然后"慰之",最后还留他吃了一顿饭。

客气归客气,武帝并没有说放或不放,最后拍板——东朝廷辩之,到东宫公开举行辩论赛。

武帝的表现多少有些反常，自他上台，基本就没搭理过窦婴，这次表现得却相当热情。

这样做，当然有原因，便是想利用这件事敲打一下自己的舅舅田蚡。

为啥呢？因为田蚡太嘚瑟了，飞扬跋扈，为所欲为，搞得武帝相当不爽。

田蚡提拔安插了大量官员，有的直接从平民变成二千石级，想必中间有不少权钱交易。这件事惹毛了武帝，"君除吏已未尽？吾亦欲除吏"。你有完没完，给朕留几个名额行不行！

田蚡还要求把考工官署的地划归给他扩建住宅，这让武帝再一次发飙："直接把军火库给你，成吗？"

生气归生气，因为顾及老妈的面子，无法把舅舅怎么样，一直想找个机会杀杀田蚡的威风，好让他以后收敛一些。

于是，就想出了"东朝廷辩"这一招。

武帝很有信心，因为田蚡平日里作威作福，得罪不少官员，到时想必会群起攻之，自己坐收渔翁之利就好。

率先发难的必须是窦婴，此事因他而起，他表示灌夫是有功之人，只是酒后失言，田蚡却上纲上线。

有功之人？上纲上线？有没有搞错，灌夫家在颍川的事，谁人不知，谁人不晓，"所为横恣，罪逆不道"。

既然如此，那就相互伤害吧。

窦婴开始揭发田蚡的问题——骄奢淫逸，放浪无度，作为丞相，带头搞奢靡之风。

臭棋！绝对的臭棋！

哪位皇帝会过多在乎大臣的生活作风和经济问题，他们主要看重的是忠诚度。

田蚡选对了攻击方向，现在是太平盛世，我享受一下生活怎么了，倒是窦婴你和灌夫招募天下豪杰壮士，日夜讨论商议，你们到底想干什么？

一句话，我是生活家，你是野心家。

窦婴败下阵来，武帝颇感失望，看来单打独斗不行，只能发动群殴。

"两人孰是？"各位爱卿你们说说，两人谁说得对。

御史大夫韩安国站出来，说了一大段话，绕来绕去相当于没说，魏其侯没错，丞相也对，到底谁对，陛下您说了算。

一贯喜欢"放炮"的内史郑当时先说窦婴对，但说着说着却不敢说下去了，其他大臣更是不敢吱声。

武帝怒了,但又不好明说,把气撒到郑当时身上:"公平生数言魏其、武安长短。今日廷论,局趣如效辕下驹。吾并斩若属矣。"

你这家伙平日里经常说魏其侯、武安侯的长短,今天给你机会,畏首畏尾地像驾在车辕下的马驹,我将一并杀掉你们这些人。

说完气话,"即罢起",掉头就走,进入宫内服侍王太后进餐。

老妈不干了,拒绝就餐,现在我还活着,别人竟敢作践我的弟弟,假若我死了以后,会像宰割鱼肉那样宰割他了。

"且帝宁能为石人邪!"皇帝怎么能像石头人一样自己不做主张呢!这话分明是冲着武帝来的。

母亲大人要绝食,没办法,武帝只能赶紧道歉,表示两人都是外戚,所以在朝廷上辩论他们的事。不然的话,只要一个狱吏就可以解决了。

"东朝廷辩",对武帝来讲有些尴尬,但对窦婴而言,却是灾难级的。

不搞廷议,灌夫获罪,但是他没事,这一搞,不仅坐实了灌夫的违法行为,而他的辩护词涉嫌了欺君。

"劾系都司空",都司空,是专门审问宗室外戚的地方,窦婴也被关进了局子。

窦婴暂时顾不上灌夫,首先要自救,救出了自己才能救灌夫。

怎么个救法呢?只有面呈武帝,请求看在窦太后的面子上予以宽恕。

身陷囹圄,如何能见到武帝呢?是时候拿出先帝爷的遗诏了。

窦婴说景帝临终前给了他一份诏令,内容是"事有不便,以便宜论上",有紧急情况,随时可以见皇上。

谁承想,本来是救命的神器,到头来却变成了压死窦婴的最后一根稻草。

当时的诏书要一式两份,一份放在尚书处存档,一份给相关的人或部门,而在尚书处保管的文件柜里没有找到这份诏书。

为什么找不到,这不好说,有可能被人为毁了,也有可能压根儿就没有。

窦婴摊上大事了,这叫"矫先帝诏",妥妥的死罪。

窦婴自保失败,首先倒霉的是灌夫,他和他的家族很快被诛杀。

这个坏消息很久以后才传到窦婴耳中,他的反应是"即恚,病痱,不食",先暴怒,然后中风,接着绝食,一副生无可恋的样子。

折腾了半天,没有任何效果,又"复食",积极治病,想着重获新生。

刚燃起点希望之火却被武帝给掐灭了,他听到一些关于窦婴的流言蜚语,一怒之下,下诏将窦婴斩首示众。

什么流言蜚语?从哪里来的?史书中都没说,大概率是田蚡派人放出来的。

这似乎解释了为什么窦婴被杀后,田蚡陷入了癫狂状态。

田蚡像见了鬼一样,每天大喊大叫,好像是向谁谢罪。请来巫师诊断,给出的结论是被灌夫和窦婴的鬼魂所缠绕。

"春三月乙卯,丞相蚡薨",没过多久,惊恐之中的田蚡挂掉了。

田蚡这一辈干了不少坏事,没见他愧疚过,独独非常看重这件事,还搭上了性命。

为何会这样?没有人知道答案。

反正不少人为他的早亡拍手称快,司马迁老先生就是其中一位。

窦婴、田蚡虽然都是外戚，但在他眼里，完全是天壤之别。

"魏其之举以吴楚"，人家窦婴是平定吴楚之乱而成名，"武安之贵在日月之际"，田蚡你完全凭着姐姐的关系上位。

当然，窦婴有自己的毛病，最大的问题是不懂得"与时俱进"，用司马迁和班固的话说是"不知时变"。

本来该退出历史舞台，却不甘心，偏偏遇到了"无术而不逊"的灌夫，"两人相翼，乃成祸乱"。

另一个人应该更高兴，便是武帝刘彻。

没想到，窦家和王家两大外戚家族骨干分子就这样玩完了，外戚专权的警报解除，他可以按照自己的想法做事了。

能有这样理想的结果，武帝最应该感谢一个人——灌夫，没有他从中搅和，窦婴和田蚡根本掐不起来。

蔡东藩先生这样评价灌夫："无端而亲田蚡，无端而忤田蚡，又无端而仇田蚡，卒至招尤取辱，同归于尽。"亲田蚡的是你，忤田蚡、仇田蚡还是你。

"三个无端"不仅让自己送了命，还连累了老东家。

读史明智，一场外戚咬外戚的闹剧，除了看热闹外，还是能悟出一些东西的。

仔细想来，有两点值得总结：其一喝酒适可而止；其二别和小人较劲儿。

"小喝怡情，大喝伤身"，不过，喝大了有时不是伤身那么简单，古往今来，因为喝多惹上祸端，最后掉了脑袋的，数都数不过来。

"李白斗酒诗百篇"，对李白讲，酒是灵感的"催化剂"，没人家那两把刷子，酒往往就会变成一道"催命符"。

所以还是少喝为宜，能喝一斤别超八两，能喝半斤三两收杯。

别学灌夫，"意气杯酒"，到头来害人害己。

至于第二点，聪明的人都懂得。

田蚡是典型的小人，"贵而好权，杯酒责望"，大搞"顺我者昌逆我者亡"。

这种人只有歪理，没有道理，只谈利益，不讲感情。

"我就是我，不一样的烟火"的灌夫奉行"不服就干"的信念，结果呢？

遇到小人，最好绕道而行，否则，你光明正大怼他，他暗地里使坏，而且无所不用其极，到最后他毫发无损，你却遍体鳞伤。

有句话说得好——"余生很贵,别和小人纠缠",你只要一动念,就已经输了。

复盘这场闹剧,唯一的闪光点是窦婴和灌夫的情谊。

"且终不令仲孺独死,婴独生!"如今听上去,还会有些许感动。

卫青和霍去病

牛掰舅甥两人组——

一

公元前 123 年，长安未央宫，汉武帝刘彻兴奋得一夜未眠。这倒不是哪位嫔妃为他生下了龙子，而是早些时间从前线传来了捷报。

什么样惊人的战果？能让武帝如此激动。说出来您或许不相信，仅仅斩获了 2028 个匈奴人。

这是什么情况？雄才大略的汉武帝怎么显得如此没见过世面。

武帝看上的不是数量，而是率军取得战果的人，这个人叫霍去病，这一年还不到十八岁。

本来这次出征，霍去病是"打酱油"的角色，武帝给他个"剽姚校尉"的头衔，让他跟着舅舅大将军卫青在阵前练练手。

没想到，霍去病真不把自己当"实习生"，带了八百人脱离大军，深入敌境，砍瓜切菜般带回两千多匈奴人的首级，顺带手还俘虏了单于的叔父。

天意！真是天意！武帝强烈预感到，这或许就是上天派来帮助自己荡灭匈奴之人。

还愣着干什么，赶紧封赏啊。于是，大军还未班师，"冠军侯"就落到了霍去病头上，没有季军、亚军，直接冠军起步。

卫青、霍去病，西汉帝国抗击匈奴的"双子星"正式诞生了。

这一对舅舅外甥，除了能打外，还有一个共同特征相当劲爆——两人都是私生子。

先说舅舅卫青。

这位后来叱咤风云的大将军根本不姓卫，而姓郑！

原因很简单，他的老爸姓郑，叫作郑季，卫是母姓，他的老妈叫作卫媪。"媪"是当时妇女的通称，换句话说，他的老妈有姓无名。

至于卫媪的身份，说法不一，《史记》里说她是平阳侯曹寿的妾，《汉书》中说根本就不是什么"妾"，只是一个卑微的奴仆。

司马迁和班固这两位老兄不知谁更靠谱，但有一点是公认的,她长期生活在平阳侯府里。

就在这里,卫媪遇到了郑季,这哥们原本是侯府里一个低级官吏,两人一来二去,竟然好上了,暗通款曲,生下了卫青。

这样来看,班固的说法更接近于真相,如果她是平阳侯的妾,不单给侯爷送了一顶绿帽子,还把私生子养在府中,这胆子也太肥了。

卫媪不只有卫青一个儿子,除此之外,她还有一子三女,长子就叫卫长子,长女卫君孺,次女卫少儿,三女卫子夫。

这四个孩子和曹寿、郑季都没有关系,据说是她和一个不知名的卫姓男子所生。

卫媪的个人生活够丰富够乱乎。

卫青小时候便离开了平阳侯府,也难怪,你不姓曹,凭什么让你待在府中。

没办法,他只好投奔生父郑季。郑季只想着一时贪欢,没想着儿子找上门来,虽然自己有老婆有孩子,但卫青毕竟是亲生骨肉,总不能让他饿死街头。

比死更难受的是生不如死。

郑家一家人不把卫青当人看,像畜生一样虐待,干的最多,吃的最少,每天面对的不是怒目就是白眼。

谁能想到,日后威风凛凛的卫青大将军,少年时代竟如此不堪。

再说外甥霍去病。

他的老妈是卫少儿,是卫青同母异父的二姐。

有其母必有其女,同样在平阳侯府为奴,同样和小吏对上了眼,同样生下一个私生子。

只是,卫媪换成了卫少儿,郑季换成了霍仲孺,卫青换成了霍去病。

唯一不同的是,卫青一辈子都随母姓,霍去病一生下来就跟着老爸姓。

说起霍去病的老爸,也是渣男一个,没等卫少儿生下霍去病,他就拍屁股走人,回到家乡又娶妻又生子,还删除了卫少儿全部联系方式,整得像个没事儿人似的。

归纳总结一下两人的身世——母亲够浪,父亲够渣。

大将军?冠军侯?之前打死都不敢想这些,唯一想的是如何活下来。

他们能有今天,要感谢一个人,并且怎么感谢都不为过,此人就是卫青另外一个姐姐,霍去病的姨妈卫子夫。

卫子夫比她老妈和二姐厉害的地方是看男人的眼光，居然找了一个金龟婿——汉武帝刘彻。

要说也该卫家发迹，刘彻和卫子夫相遇颇具偶然性，充满了巧合。

巧合一：刘彻去霸上祭祖，回宫时顺路去拜访嫁给平阳侯的大姐平阳公主，请注意是"顺路"，如果不顺路呢？

巧合二：刘彻与陈皇后结婚多年，一直没有子嗣。平阳公主想效仿姑姑馆陶公主，选良家女子进献武帝，好让江山社稷有后。如果刘彻有子嗣，平阳公主还会如此积极吗？

巧合三：平阳公主选来十几位女子跳舞助兴，武帝相中了其中的卫子夫。卫子夫强项在于唱歌跳舞，从小接受正规练习，属于"超女"级别。但如果仅看容貌，不跳舞唱歌呢？

一堆巧合凑在一起，猴急的刘彻在更衣的轩车中临幸了卫子夫。

事实证明，这完全是武帝酒精上头后荷尔蒙爆棚的冲动。因为卫子夫入宫一年多，压根儿再没见过这个男人，刘彻早已将她忘到了九霄云外。

武帝想放一批年迈体弱的宫女出宫，卫子夫提出申请，与其宫中守活寡，不如出宫嫁给好人家。

但是问题来了,她既不年迈,更不体弱,要死要活要出去,武帝召来想问问究竟。

改变命运的机会不经意到来!

哭!可劲儿地哭!卫子夫哭得梨花带雨,哭得楚楚动人,哭出了新境界、新水平,居然让武帝再一次动心,时隔一年多,得到了第二次宠幸。

这一次宠幸不得了,卫子夫怀孕了!

仅仅是个开始,十年不到,卫子夫为武帝生下三女一子,特别是公元前 128 年,迎来了第一个皇子——刘据。

大汉王朝终于有后了!

二十九岁的武帝激动不已,要知道,当时十几岁就可结婚生子,因此这对刘彻来说,不是"晚婚晚育",几乎是"老来得子"。

庆祝,疯狂地庆祝!

卫子夫取代陈阿娇坐上了皇后的宝座,卫家人可以扬眉吐气了。

大哥卫长子加封侍中,大姐卫君孺嫁给太仆公孙贺,二姐卫少儿与开国元勋陈平的曾孙陈掌私通,武帝知道后准许他们结婚,并召见陈掌,给足了他面子。

翻身的奴仆终于把歌唱!

二

卫青跟着沾了光,从一个家奴走上了朝堂。

不过,他心里明镜儿似的。"一人得道鸡犬升天",但如果这个人失宠呢,爬得越高摔得越重。

总之裙带关系靠不住,要靠还靠真本事。

公元前129年,匈奴入侵上谷郡,卫青终于等来了机会。

先说说匈奴,这个少数民族始终是西汉的心头大患。

想当年,在皇位上屁股还没坐热的刘邦,在白登山被围七天七夜,靠收买单于夫人阏氏才狼狈逃生。

再往后,大权在握的吕后收到了单于的"调情信",倍感屈辱的她选择忍气吞声,说自己年老色衰,牙齿松动,配不上英武的单于。

没办法,只能和亲,又送女人又送财宝,换来了几十年边境的安宁。

武帝不准备忍了,他爷爷和老爸联手奉献了"文景之治",已经有足够实力和匈奴掰掰手腕。

马邑设伏，匈奴人没上当，如今主动送上门来，求之不得。

武帝不动手则已，一出手就是四路大军，李广、公孙贺、公孙敖、卫青各率一万骑兵，从四个方向发起攻击。

卫青？有没有搞错，他种过地，放过羊，端过茶，送过水，但从来没有领过兵打过仗。

武帝的心思大家都懂的，但又不便明说，暗地里等着看笑话。

令吃瓜的群臣们失望了，公布一下战况：李广，兵败被俘，侥幸逃脱；公孙贺，损兵七千，惨败而归；公孙敖，一无所得，白跑一趟；卫青，攻入龙城，杀敌七百。

消灭七百敌军，虽然人数不多，但意义重大，打破了匈奴不可战胜的神话。

更关键的是攻克了龙城。

龙城是什么地方？是匈奴部落举行祭天仪式的地方，这一战，相当于端了匈奴人的老巢。

堵心不？憋屈不？要问匈奴人，那是必须的。

从此，拉响了大汉狠揍匈奴的警报。

公元前128年，卫青领五万骑兵，首虏"数千人"；公元前127年，卫青再度出击，斩杀两千三百人，活捉三千多人，牛羊七百万，收复河套地区；公元前124年，卫青率三万骑兵，击溃右贤王部，俘虏小王十余人，男女一万五千余人，牲畜千万头。

卫青终于靠自己的实力扬名立万，现在可以忘记他是皇帝的小舅子了。

武帝索性将军中事务都交给他，拜为大将军，还让他娶了自己的姐姐平阳公主。

您没看错，当年的奴仆娶了自己的女主人。

这位平阳公主似乎有"克夫"的命，最早嫁给了平阳侯曹寿，没过几年，曹寿得重病而亡。接着又被汝阴侯夏侯颇花言巧语所骗，嫁给了他，夏侯颇婚内出轨，和侍女通奸，后来畏罪自杀。

卫青倒不担心被"克"，只是原来的主仆如何能够在一起？关键时刻，武帝发话了："我娶了他姐姐，他怎么就不能娶我姐姐？"

敢情是"换姐姐"啊，不管怎么着，刘彻说什么就是什么，谁让他是皇帝呢。

关系彻底乱了，不知刘彻今后该叫卫青是"姐夫"还是

"小舅子"?

三

匈奴人本来以为卫青是个终极苦主,没想到,更大的苦主还在后面。现在来看看霍去病的画风。

公元前121年,河西之战,俘虏匈奴五王、五王母、单于阏氏、王子及大臣将军一百二十余人,重新打通河西走廊,恢复与西域各国联系,使得匈奴人悲歌道:"失我祁连山,使我六畜不蕃息。失我焉支山,使我嫁妇无颜色。"

公元前119年,漠北之战,霍去病率军纵横两千里,越过离侯山,渡过弓闾河,歼敌七万余人,俘虏匈奴屯头王、韩王等三人及将军、相国、当户、都尉等八十三人,在狼居胥山举行了祭天封礼,一口气追到今天的贝加尔湖。

从此,"匈奴远遁,而漠南无王庭"。

这该武帝犯难了,一个舅舅,一个外甥,都立了大功,该怎么摆平呢,总不能设两个大将军吧。

武帝想来思去,下令设置大司马,大将军卫青、骠骑将军霍去病皆为大司马,同时令骠骑将军的官阶和俸禄、大将军相同。

简单地说，就是外甥与舅舅平起平坐，这一年，霍去病只有二十一岁。

虽然待遇相同，但吃瓜群众长期以来都在争论一个问题：卫青和霍去病谁更能打？

不少人把票投给霍去病，打通西域，封狼居胥，七年征战，从无败绩。

只是，如果想比较两个人，要放在同等条件下才算公平。

武帝创造了这样的机会，公元前119年，卫青、霍去病各率同等兵力分别出击，寻找匈奴主力决战。

霍去病正是在这一战封狼居胥，大将军卫青则遭遇匈奴主力，虽然战胜了敌人，但自身损失不小，关键还让单于跑了。

霍去病拉风露脸，卫青则暗淡许多。就此能下结论，外甥比舅舅厉害吗？不能，当然不能！应该说，两位都是大牛人，各有所长，各有侧重。

概括而言，霍去病是"快"，卫青是"稳"。

"天下武功，唯快不破"，霍去病深得此精髓，匈奴骑兵快，他比匈奴人还快。

因此,看霍去病打仗,感受只有两个字——过瘾。

他经常自带"导航系统",千里奔袭,快到匈奴来不及反应,来不及抵抗,来不及逃跑。

后来,军事专家给这种战法起了一个名字——闪电战。

卫青则多了一个"稳"字,他不打无把握之仗,不战则已,战必胜之。

战场"稳",为人更"稳",体恤下属、爱兵如子、谦恭仁让、气度宽广,人人对他皆竖大拇指。

霍去病更狂一些,不过,也能理解,毕竟年龄摆在那里。不过武帝很喜欢他身上的那份狂劲儿,譬如:"匈奴未灭,何以家为?"

令人唏嘘的是,一语中的,公元前117年,霍去病英年早逝,活了仅仅二十三岁。

为啥如此年轻就死了呢?史书没有详细记载,大概率是因心血管疾病而猝死。否则,一个生龙活虎的年轻人,怎么能说没就没呢。

霍去病生前了却了一个心愿,见到了生父霍仲孺。为这个渣男老爸置办田宅奴婢,并将异母弟霍光带到长安。

后来,霍光开启了西汉另一个时代。

霍去病像一颗流星,在最璀璨的时刻划过时代的星空。最痛苦的莫过于武帝,人死不能复生,能做的只是给他天大的哀荣:

陪葬茂陵,谥号为"景桓"。取义"武与广地",彰显其克敌服远,扩充疆土之意;调遣河西五郡的铁甲军,列成阵沿长安一直排到茂陵东的霍去病墓;将霍去病的坟墓修成祁连山的模样,彰显他力克匈奴的奇功。

十一年后,大将军卫青病逝,双子星安眠于茂陵旁边,仅一墙之隔,两人又可以讨论阵势和战法了。

两个私生子,用铁血书写了八个大字——"犯大汉者,虽远必诛"。

尘埃散尽,无须再争论谁比谁强,如果非要追根溯源,还是要感谢卫子夫,没有她,卫青是个奴,霍去病照样也是个奴。

正确的是,年轻时应学学霍去病,再不疯狂就老了。年龄大些,学学卫青,沉稳收敛没坏处。

另外,提醒各位,以后到旅游景区,不要再摸霍去病的塑像,还真以为"能去病",估计霍去病在地下笑了,我这个活了二十三岁的人,居然能够包治百病。

汉武帝和刘据

——来世不生帝王家

一

公元前89年的一个夏日,汉武帝刘彻不见了。

甭问,肯定是去了思子宫,自从这所宫殿落成后,这位皇帝经常光临,而且基本不带随从。

顾名思义,这个建筑是为了怀念儿子而修建的,这个儿子是原太子刘据。

两年前的这个时候,白发人送黑发人。

逼死刘据的不是别人,正是他的皇帝老爸刘彻。

武帝至今不能原谅自己,所以,经常以泪洗面。

刘彻时常会想起刘据来到这个世界的情景,那是他一生中最难以忘怀的时刻之一。

因为,这个儿子来得太不容易了。

刘彻即位后十余年里一直无子,这成为他自己乃至整个王朝忧心忡忡的事情。

"不孝有三,无后为大",普通人尚且如此,何况皇帝呢？

皇帝没有接班人，难免就有人会觊觎那把龙椅，许多乱子都由此而生。

太尉田蚡就对淮南王刘安表示武帝无子，一旦驾崩，他就是皇位的最合适人选。

惦记这个位置的何止淮南王一人。

道理都懂，但这种事情涉及遗传基因，不以人的意志为转移，有时也急不得。

每当有嫔妃怀孕，刘彻都满怀期待，但到头来都是空欢喜一场。

包括他最宠幸的卫子夫，一连给他生下三个公主，就是不见一个"带把"的。

难道自己真没有生儿子的命！

正当刘彻对自己充满怀疑的时候，卫子夫的第四个孩子诞生了。

苍天不负有心人，终于是个皇子，这一年武帝已经二十九岁了。

没错，这个千呼万唤始出来的男孩就是刘据。

武帝兴奋得都不知道该如何庆祝好了，下令让宫中笔杆子最厉害的枚皋和东方朔分别作《皇太子生赋》及《立皇子禖祝》之赋。

刘彻认为这是天意,所以必须感谢老天爷,修建了婚育之神高禖神之祠进行祭拜。

母以子贵,"英雄母亲"卫子夫被立为皇后,这样一来,刘据由庶长子变成了嫡长子。

刘据成为皇太子毫无悬念,只是时间问题。

公元前122年,武帝将刘据立为太子,这一年刘据仅仅七岁。

整个册立活动动静搞得很大,又是大赦天下,又是派使者慰问赏赐天下老人及劳动模范。

所有人都相信刘据会顺利接班,成为大汉王朝的第八位皇帝。

因为武帝对太子太重视了!

首先给他精心挑选了老师,武帝选中的人叫石庆。

这位石老师的老爸叫石奋,是家风建设模范代表人物,将每个儿子培养得极为优秀,一家父子五人皆为二千石之官,景帝尊称其为"万石君"。

选聘老师时,石奋已去世,武帝令他的小儿子石庆做了太子太傅。

武帝对太子完全是按照"学霸"的目标培养，各门功课都安排当时最牛的老师，想不好好学都不行。

刘据成年后，武帝在长安城南修筑起一座园子送给他，亲自取名"博望苑"，取"广博观望"之意。

主要用途是什么呢？"为立博望苑，使之通宾客从其所好"，就是让刘据选拔心仪人才进入园中。换句话说，打造将来辅佐太子的核心团队。

这完全不是武帝的性格，他本来非常痛恶手下结交宾客，当年外戚窦婴、田蚡养了不少宾客，"天子常切齿"，独独对太子开绿灯，不仅允许，还主动帮他去找宾客。

谁让他是自己的儿子，将来要接班，没有点人才储备怎么行。

刘据也不客气，博望苑里很热闹，来的人很杂，既有平民百姓，也有游侠豪杰，"故多以异端进者"，还来了不少异议人士。

不过，人一长大事儿就来了，武帝发现刘据个性越来越不像自己，"性仁恕温谨，上嫌其材能少，不类己"，性格太温和了，一点也没有帝王的气魄。

种什么树结什么果，这要怪就得怪武帝自己，谁让你给太子找的都是儒学大师，教的都是儒家那套，天天在这样的氛围中熏陶，必然会养成这样的脾性。

或许武帝多少流露出一些异样的情绪，这使得卫皇后和刘据生平第一次感到了不安。

今非昔比，一来卫子夫年老色衰，武帝身边簇拥了许多年轻美女，二来刘据也不再是独苗，王夫人生了刘闳，李姬生了刘旦、刘胥，李夫人生了刘髆。

是时候给太子吃颗定心丸了，武帝找来刘据的舅舅大将军卫青，让他传话，表示自己无论是变更制度还是出师征伐，都是为了安定天下，但不会一直折腾下去，否则会重蹈秦的覆辙，将来还是要以文治国，没有比太子更合适的人选。

意思很明确，我这样折腾，是为了将来刘据不折腾，所以，不用乱猜一通，将来的天下还是太子的。

武帝说到做到，他外出巡游天下，国事交给刘据，宫中之事交给卫皇后，回来后简单听一下汇报，从来没有否定过太子的意见。

一副"你办事，我放心"的样子。

当然，父子俩个性上的冲突并没有消失，武帝征伐四方时，刘据还会站出来劝阻，皇帝老爸见怪不怪，笑曰："吾当其劳，以逸遗汝，不亦可乎！"

什么意思呢？由老爸我来做这些难事苦事，而将安逸的事情留给你，不也挺好吗？

用现在流行的话说，我辛苦一些，将来即使你"躺平"，天下也不会乱。

听上去父慈子孝，很是和谐。

但哪里有如此简单，政治的水太深了，特别是皇帝和太子的关系，历朝历代，都非常敏感。

老皇帝为了让小太子顺利接班，往往有意会帮助太子培养他的势力，但"东宫"势力很容易形成第二权力中心，反过来又成了老皇帝的心头之患。

千年以来无解的一个悖论！

特别是遇到像汉武帝这些能力超强的老爹，太子实在不好当。

你表现得精明强干，会被认为居心叵测，你表现得羸弱不堪，又会被认为不堪大任。总之，不能太招摇，也不能太低调，尺寸一定要拿捏得刚刚好。

除了做好自己，更重要的还要有自己的"亲友团"，平日里罩着你,关键时刻站出来保护你。

刘据的"亲友团"相当豪华,老妈是当朝皇后卫子夫,舅舅是大将军卫青,表哥大司马霍去病,姨夫丞相公孙贺。

霍去病死得太早,不过依靠卫青一个人就足够,有他在,基本上就没有人敢动刘据。

知道武帝为啥通过卫青传话了吧。

但遗憾的是,没等到刘据登基,公元前106年,卫青也死了。

二

卫青的离世,让太子集团失去了定海神针。

权力这东西,从来不会出现真空,卫青等老人走了,空出的位置很快就会被填充。

不过,后来武帝用的这些人真不怎么样,大多是些小人和酷吏。

用什么样的人,取决于要推行什么样的政治理念。武帝表面上"独尊儒术",但骨子里满满的法家思想,认为用严刑峻法才能解决问题。

于是，酷吏们如雨后春笋般出现，多到什么程度？《汉书·酷吏传》记载了十三位，和武帝有关系的多达十一位，比例之高，令人咋舌。

酷吏有三个特点：一则执行力超强。只要皇上发令，无论做什么，无论对付谁，哪怕是王亲权贵，一律拿下，个个都是"打黑能手"。二则下手超级重。有些酷吏原本就是盗匪出身，处理起案件毫不留情，刑讯逼供是常有的事。最后一个算是优点，酷吏们大多比较清廉，正所谓"打铁还需自身硬"，你无情打击别人，首先要保证自己没有什么把柄。

酷吏中的杰出代表张汤，官至御史大夫，蒙冤自杀身亡后，"家产直不过五百金，皆所得奉赐，无它赢"。另外一个酷吏尹齐，遗产更少，还不到五十金。

所以，"酷吏"不等于"恶吏"，有些人比较能干，而且也不总是干坏事，司马迁老先生有句评价还算中肯——"虽惨酷，斯称其位矣"。

一朝天子一朝臣，这些酷吏吃香，是因为武帝自身杀伐决断，雷厉风行。仁慈宽厚的刘据接了班，他们都会被扫进垃圾堆，搞不好还会被秋后算账。

所以无论如何，不能让刘据顺利上位。

一个反太子的势力集团渐渐形成,除了酷吏外,还有同盟军——武帝身边宦官。

卫青在,他们不敢造次,卫青死了,可以放手一搏了。

用的手段很简单:造谣诋毁。

刘据有次在宫中待的时间有点长,小黄门苏文秘报:"太子调戏宫女。"武帝身体感到不适,另一个小黄门常融说:"太子面露喜色。"

虽然后来武帝查明真相,将常融处死,但无济于事,一场针对刘据的惊天骇浪行将来临。

这场大戏的序幕是"公孙贺事件"。

公孙贺是刘据的姨夫,具体说来,就是他的夫人卫君孺是皇后卫子夫的姐姐。

公孙贺不完全靠着裙带关系,自身表现相当不错,多次领兵出击匈奴,军功章挂满了墙,一直做到了丞相。

不过,不幸的是家里有个"败家子"——公孙敬声,这位"官二代"获封太仆,屁股还没坐稳,就开始大肆捞钱,捞的还是军费。

胆子实在太大,后来被人举报,武帝震怒,将其逮捕下狱。

公孙贺就这么一个宝贝儿子,不能不救,但他儿子犯下的事，证据确凿，自认不讳，实在无法向武帝直接张口。

怎么办呢？将功补过。

武帝正在下诏通缉一个叫朱安世的游侠，派了好几拨人，就是抓不到，公孙贺主动请缨，以此为儿子赎罪。

还真抓住了，但没想到，不仅罪没有赎掉，还把自己给牵扯了进去。

朱安世反咬一口，说公孙敬声和阳石公主通奸，还让巫师在皇上专用的驰道边埋了木偶。

这叫什么？巫蛊之术。

简单地说，就是比照不喜欢或有威胁的人做成木偶进行诅咒，方法不一，常见的有火烧、针刺或掩埋。

这种迷信当时非常盛行，这和武帝脱不了干系。

晚年的刘彻志得意满，觉得该干的都干了，不该干的也干了，只求修仙升天，长生不老。

于是，方士和女巫就迎来了大量就业机会，他们不仅为武帝所用，也会为宫里的女眷和宫外的大臣提供服务。

武帝最怕的就是别人用这样的方法诅咒自己。当年他发誓要"金屋藏娇"的皇后陈阿娇被废掉，就和这个有关系。

朱安世如此说，肯定是掌握了御道旁有木偶的内幕，但是否是公孙敬声所为，就不好说了。

反正公孙父子要让我死，你们也休想活着。

公孙贺父子死在狱中，还被灭了族。阳石公主、诸邑公主、卫青的长子卫伉受到株连被杀。

要知道，这位诸邑公主的老妈不是别人，而是当朝皇后卫子夫，换句话说，她是刘据的亲姐姐。

刘据有些惊了，这个绝情的老爸既然可以杀女儿，当然也可以杀儿子。

更关键的是，经此一难，刘据的后援团队几乎全军覆灭，除了已经不得宠的老妈，找不到可以依靠的资源了。

三

该来的还是来了。

一个即将掀起血雨腥风的小人隆重登场，此人便是江充。

这位最擅长的就是搞掉太子，第一个被他收拾的是赵国的太子刘丹。

刘丹本是江充的妹夫，凭此关系，江充成了赵王的座上客，后来刘丹怀疑江充在赵王面前说自己坏话，找了个由头派人抓捕他。

江充逃到长安，向朝廷告发刘丹与同胞姐姐及父王嫔妃有奸情，为所欲为，鱼肉百姓。

武帝大怒，收捕刘丹，判其死罪，后来虽然赦免，但丢了太子之位。

江充因为这事，进入了武帝的视野。

武帝事后召见他，江充深知这是千载难逢的机会，一旦失去，永远不会再来，最为关键的是要引起武帝的注意。

如何实现目的呢？必须另辟蹊径，别出心裁，走别人不敢走的路。

"充衣纱縠禅衣，曲裾后垂交输，冠禅纚步摇冠，飞翮之缨。"江充整了一套奇装异服，帽上插了一堆鸟羽，走路时摇头晃脑，鸟毛乱颤。

俨然一个"鸟人"的形象。

别说，武帝还就吃这套，看着眼前的这个怪人，对左右说："燕、赵固多奇士。"

既然感觉不错，就聊聊吧，不知江充说了什么，把武帝哄得很开心，赏了他一个官做。

要想飞黄腾达，关键是找好定位，江充的自我定位是

"酷吏",因为武帝喜欢这个。

从此,他在通往顶级酷吏的道路上一路狂奔。

江充的眼里只有武帝,这是做酷吏的基本要求,于是经常弹劾贵戚重臣,逼他们出钱赎罪,一下给武帝创收数千万钱。

武帝太满意了,这位不仅忠诚可靠,敢情还是一个搂钱耙子。

江充迅速成为武帝身边的大红人。

走红太容易,就不知道自己姓什么了,到后来连太子刘据也不放在眼里。

江充前往甘泉宫,正巧遇到刘据家臣的马车违规在驰道上行驶,被他逮了个正着。刘据请求他别向武帝报告,担心影响父子关系。

按说太子的话说得很诚恳,也不是什么大事,顺势给刘据一个面子,这事也就过去了。

江充表现得大义凛然,坚持将此事上奏武帝,又一次得到了表扬:"作为人臣,应当如此。"

人总要为自己留条后路,你也不想想,太子是什么,是储君,是未来的皇帝。

嗨过以后，江充有点后怕，武帝年迈多病，刘据登基指日可待，自己的悲惨下场依稀可见。

怎么办呢？只能想办法把太子拉下马。

谈何容易，刘据谨小慎微，没有小辫子可抓，况且，武帝根本没有换太子的意思。

有条件要上，没有条件创造条件也要上，这事关系身家性命非做不可。

江充思来想去，觉得有两点可以利用。一是武帝长期住在距离长安二百里的甘泉宫，父子二人见面很少，存在信息不对称。二则从公孙贺事件中看得出武帝最痛恨有人用巫蛊之术诅咒他。

机会很快就来了！

武帝表示最近睡眠不好，总是做噩梦，江充立马表示是因为有人在背后使用巫蛊作怪。

谁这么胆肥呢？武帝下令成立"专案组"，由江充任组长，全权负责彻查此案。

想都不用想，江充一定会将火引到刘据身上，但凡事讲个策略，不能一上来就牵扯到太子，好戏不怕晚。

江充搞了三步曲。

第一步制造氛围，派人到处掘地找木偶，鼓励群众相互揭发，一下子整死了数万人。

第二步步步紧逼，从民间引入皇宫，从后宫不受宠的夫人查起，一直查到皇后卫子夫。

第三步锁定太子，如愿从太子宫挖出了木偶，完成致命一击。

至于谁埋的，大家都懂的，这已不再重要，重要的是发现的地点在太子宫。

江充就等着整理好材料，上奏武帝，等候处置。

刘据慌了，打死也不会想到，这种事会发生在自己身上，不知该如何是好，找来老师石德商议对策。

石老师说了两个观点，其一后果很严重，这个不用多讲，看看公孙贺事件就知道。其二抓住江充，都是这小子使的坏，逮捕彻查。

这两点没有问题，关键是下一点出现了重大误判："疾在甘泉，皇后及家吏请问皆不报，上存亡未可知，而奸臣如此，太子将不念秦扶苏事耶？"

就是说皇上在甘泉宫养病，皇后和太子派人求见被拒绝，武帝的生死情况不明，现在奸臣干出这等事，太子您难道不记得秦朝太子扶苏被杀的事吗？

这个判断完全是推理出来的，主要意思有三点：其一武帝大概率死了，其二朝廷出现了像赵高那样的奸臣，其三千万不能像扶苏一样坐以待毙。

这个致命性的误判，直接将刘据推到了火坑里。

刘据本来就慌了神，听老师这么一说，索性豁出去了。

江充是武帝身边的红人，又是"专案组组长"，刘据虽是太子，但现在是犯罪嫌疑人，没有武帝的授权，根本没权动江充。

刀都架在脖子上了，哪里还顾得了那么多。刘据派人冒充皇帝使者，逮捕了江充。

如果就到这里收手，审问江充，搞清原委，面见武帝，想必是另外一个结局。

刘据却选择了万劫不复的一条路——起兵。

至于为什么这样做，史书没有写得太清楚，大概是受石老师的影响，真的以为老爸挂了，不能重蹈扶苏的覆辙。

江充成为祭品！

刘据亲自监斩，对他痛恨至极："你这个赵国的奴才，扰乱你的国王父子还不够，又来扰乱我们父子！"

嘚瑟够了的江充死不足惜，但却将长安城搞得血海滔天。

既然开了杀戒，便很难收住，刘据下令在上林苑烧死了所有的胡人巫师。

接下来刘据做了一件事——通知老妈卫子夫。

卫子夫此时的态度成为关键，史书没说她具体说了什么，但从后来事态发展看，她显然站到了宝贝儿子一边。

这同时把卫子夫绑上了刘据的战车，没有回旋余地，只能一损俱损。

有了老妈的支持，刘据得以调动御马运送射手，打开武器库拿出武器，长乐宫的卫卒也归他调遣。

长安城彻底乱了！

第一时间给武帝报告消息的是小黄门苏文，他参与过对太子陷害的事，从长安城逃出见到武帝，说了四个字——太子反了！

武帝啥态度呢？"太子必惧，又念充等"，太子肯定是害怕，又愤恨江充等人，才发生这样的变故。

脑子很清楚，明白人一个。

遗憾的是，明白人接下来办了糊涂事，派使臣去城里召刘据觐见。

这招为啥不明智？事已至此，如武帝您亲自现身，事态很快就会平息，再调查清楚原委，事情就过去了。

更重要的是，武帝您倒是派一个靠谱点的人啊。

这个史书连名字都没有的小人物，改变了整个历史进程。

这哥们压根儿就没敢进长安城传达圣旨，在城边溜达一圈跑回来复命，故作惊恐状报告武帝："太子真反了，还想杀了我，我拼了命才逃回来。"

本来对形势比较乐观的武帝，态度大反转，看来这个儿子是来真格的了。

信息严重不对称，使得事态迅速恶化。

刘据不知道甘泉宫的情况，以为武帝死了或被奸臣控制；武帝搞不清楚长安城内的情况，以为刘据真的要抢班夺权。

左丞相刘屈氂素来与刘据不和，起兵后刘据率先收拾他，刘屈氂仓皇逃出城，派手下长史去见武帝。

"丞相何为？"答曰：""丞相秘之，未敢发兵。"丞相有顾虑，不敢发兵。武帝撂下一句狠话："丞相无周公之风矣。周公不诛管、蔡乎？"

都什么时候，还真能沉得住气，要向周公学习，不管是谁，胆敢反叛，一律杀之。

刘屈氂还是有顾虑，毕竟造反的不是别人，而是当朝的太子。

武帝知道他心中的小九九，给他下达一份印有玺印的诏书："捕杀反叛者，我自然有赏赐。远远围住叛军，以牛车为盾牌，不要和叛军短兵相接，以致多杀伤士兵。坚闭城门，不要让反叛者逃出城去。"

现在可以动手了！

刘据听说了这份诏书，更加重自己的怀疑，当年扶苏不就死在赵高伪造的诏书上。

于是，他没有收手，反而决定殊死一搏，给出的理由是："帝在甘泉病困，疑有变，奸臣欲作乱。"

这个理由看上去很正当，却彻底让刘据陷入死地，因为只要武帝现身，这种说法便不攻自破，没有人再会站在他一边。

武帝终于现身了！

他从甘泉宫返回长安城西的建章宫，下诏征调周边军队归刘屈氂指挥，攻击长安城里的叛军。

刘据再次假传圣旨将长安城里官狱的囚徒赦免放出，发放武器，混战五天，杀得血流成河。

此时一个消息不胫而走——武帝还活着。敢情太子不是救驾，是谋反，人一下子跑光了。

政变第九天，刘据兵败，逃出长安城。

武帝回到长安，迅速肃清太子一党，首当其冲是卫皇后，下诏收回皇后玺绶。

卫子夫万念俱灰，什么夫妻情，父子情，到头来不过是一场空，这样的世界不值得留恋，死亡是最好的解脱。

卫皇后的自杀只是开始。太子门客，一律处死，参加叛乱的，统统灭族，被胁迫参加的，流放敦煌郡。

总之，只要掺和太子政变的，一个都不放过。

作为主角的刘据更不能放过！

刘据跑到湖县隐藏，收留他的这家人虽然热心但穷得叮当响，靠织卖草鞋来供养他。

这样下去总不是个事儿，刘据认识一个富人也在湖县，派人去联络，结果身份暴露，遭到围捕。

"太子自度不得脱，即入室距户自经。"刘据不愿受辱，闭门自缢而亡。

这场巫蛊之祸宣告落幕。

四

太子刘据一门几乎连根拔起，老妈卫子夫自杀，太子妃史良娣和三个儿子、一个女儿全部被杀。

武帝做得够绝，够铁血，不近人情，甚至没有人性。他被愤怒搞得几近疯狂，已经完全忘记了什么是亲情。

本来有次纠偏的机会曾经摆在他面前，但是他没有珍惜。

刘据刚逃出长安时，壶关三老令狐茂上书，讲了一大段话，核心意思有两条。

其一，你们父子有今天，完全是江充搞的，太子起兵不是针对您，完全是为了自保；

其二，应该立即下达诏令，停止追捕，不要逼太子太甚，以免追悔莫及。

武帝对此什么态度呢？"天子感寤"，似乎有所感悟，但乱子搞得太大，这个决心很难下。

犹豫之间，太子的死讯传到了长安。

刘彻后来终于冷静下来，总觉得其中有蹊跷，调查了半天，发现涉及的案件大部分是冤假错案。

最大的蒙冤者莫过于太子刘据。

咋办呢？很简单啊，平反就是了。

知易行难，刚刚清洗完太子一党，赏赐了平叛有功人员，这样"拉抽屉"，无疑于自己抽自己耳光。

现在需要有人站出来铺个台阶。

不得不服，有的人嗅觉就是灵敏，此人叫作田千秋，先前只是一个守卫汉高祖祭庙的郎官。

他上书为刘据鸣不平："子弄父兵，罪当笞；天子之子过误杀人，当何罪哉！臣尝梦一白头翁教臣言。"

做儿子的擅自动用父亲的军队，其罪应受鞭笞。天子的儿子误杀了人，又有什么罪呢！我梦见一位白发老翁，教我上此奏章。

田千秋官职不高，水平不低，假托天意，给武帝准备了一个舒舒服服的台阶。

此等人物，必须赶紧召见！

既然你假托天意，朕也顺着来，武帝表示："我们父子之间的事，别人难以插言，只有你知道其间的不实之处。这是因为高祖皇帝的神灵派您来指教于我。"

这个锅实在有些大，要想翻过来，靠人力不行，只能假借神灵。

机会总是留给有准备的人,田千秋一飞冲天,从看庙的郎官变成了九卿之一的大鸿胪。

有人发达,自然就有人倒霉。

罪魁祸首江充虽然死了,但他家人还活着啊,一律杀掉灭族。

但凡参与过迫害太子的一律处死,小黄门苏文被烧死在横桥之上。

翻手为云覆手为雨,参与攻击、抓捕太子的人,如侍中仆射马何罗、御史大夫商丘成、山阳男子张富昌、新安县令史李寿等人,或自杀或者被杀,全都没落得好下场。

"平叛前敌总指挥"刘屈氂后来也以"大逆不道"的罪名被腰斩。

不执行武帝命令被杀,执行武帝命令还是被杀,皇权社会哪里有地方说理去。

太子一党被杀光了,反对太子的也被杀光了,整个巫蛊之乱,牵连达四十万之众。

有赢家吗?没有,全是输家。

武帝修建了"思子宫",又在刘据逃亡的湖县修筑了高台,取名为"归来望思之台"。

心情可以理解，但都是马后炮了，折腾半天，一地鸡毛。

要说这场动乱唯一有价值的地方，就是促使武帝开始彻底反省。

巫蛊之乱两年后，大臣桑弘羊上奏，建议派士卒到轮台戍边屯田，加强对西域的控制。

武帝之前最喜欢这样增加军费开支的提案，但这次出人意料地拒绝了。这是五十多年来他第一次对这样的提案行使否决权。

武帝为此下了《轮台诏》，多少有些罪己诏的意思，他也成为历史上第一个公开自我批评的皇帝。

这实在难得，在万民心中，皇帝就是"伟大光荣正确"的代表，能批评自己，需要很大的勇气。

"禁苛暴，止擅赋，力本农"，折腾了大半辈子的武帝准备收手了。

正是因为悬崖勒马，晚年昏招频出的武帝，"有亡秦之失而无亡秦之祸"，留下了较为体面的形象。

不过，在李世民看来，"秦皇汉武"这两位都不怎么样，"始皇暴虐，至子而亡。汉武骄奢，国祚几绝"。

细细想来，这两位有一点很像，便是最中意的儿子都死于非命,巧的是刘据正是因为不想成为扶苏而走上绝路。

"近代平一天下,拓定边方者,惟秦皇、汉武。"两位雄才大略之主,作为父亲,实在是太失败了。

归根到底,都是权力惹的祸。

权力简直就是毒品。一旦上瘾,哪里还有什么儿女亲情。有时候你想活,别人就必须死,没得商量,更不能犹豫。

如果让卫子夫选择,她可能更愿意当个平阳府中的歌女,至少不会眼睁睁看着儿女惨死,作为母亲的她却无能为力。

如果让刘据复生,恐怕会感叹:"愿来世不复生于帝王之家",三十八年的太子又怎么样,到头来不过是黄粱一梦。

对于权力的无尽欲望有时就像黑洞一样,一旦陷进去,价值会扭曲,道德会崩塌,人伦会丧尽。

说来说去还是远离的好,没事还真别往前凑。

汉宣帝和霍光

— 论管好配偶的重要性

一

开讲历史前,先玩个造词游戏。

如果你考试分数相当差劲,拿着卷子被父母目光注视,请用一个成语形容此时的感受。

应该坐立不安,不错,但程度似乎有些轻。"芒刺在背"最为恰当。

两千多年前,有一位皇帝有相同的感受,他便是刚刚上台的汉宣帝刘病已。

不过,带给他紧张的不是父母,而是同乘一辆马车的大将军霍光。

史书的原话是:"宣帝始立,谒见高庙,大将军光从骖乘,上内严惮之,若有芒刺在背。"

为啥如此怕他呢?因为刘病已虽是皇帝,人家霍光却是大汉王朝的大当家。

在他手上,帮了一个皇帝,废了一个皇帝,立了一个皇帝。

权臣的极致,也不过如此。

霍光能有今天,真心不容易,一路走来好曲折、好惊险、好难忘。

说来有意思,他首先要感谢老爸曾经的"风流"。

此话怎讲?说来有些复杂,先从他老爸霍仲孺讲起。

这位平阳府小吏,自己默默无闻,却干了一件伟大的事情,生了两个赫赫有名的儿子。

霍光是一个,另外一个更出名,叫霍去病。

更为奇葩的是,在霍去病找上门以前,他并不知道还有这样一个大儿子。

想要弄清事情原委,要将镜头拉回平阳侯府。

霍仲孺当时在平阳侯府做临时工,看上了一位女同事——侍女卫少儿。两人还挺对眼,一来二去好上了,很快卫少儿有了身孕。

在这里,不得不佩服霍仲孺效率之高。

不过,工作期限很快到了,霍仲孺要离开侯府回平阳县,不知是卫少儿不愿跟着他,还是他不愿带着卫少儿。总之,两人就此别过,物我两忘,好像什么事都没发生过。

卫少儿肚子里的孩子就是霍去病,古代历史中最伟大的私生子之一。

霍仲孺跟没事儿人似的，娶妻生子，生下的这个儿子就是霍光。

说清楚了吧，霍去病和霍光两人是同父异母的兄弟。

同是一个爹，但境遇却是天壤之别，哥哥封狼居胥，大杀四方，打得匈奴人找不到北，年纪轻轻封官进爵。弟弟在茅草屋里玩尿泥，根本看不到任何希望。

命运转折出现在公元前121年的一天，因为这一天他同父异母的这位哥哥来了。

这位偶像级的大人物自打出生就不知道谁是自己的父亲，只知道姓"霍"。

其实能理解，这事他老妈不好深说，再说了，二十年不来往，是死是活都是未知数。

不知是好奇心作怪，还是一心想认祖归宗，霍去病暗下决心一定要找到亲爹。

功夫不负有心人，他派人四处打听，终于知道了霍仲孺的下落。

这一年，霍去病被任命为骠骑将军，再次率军出击匈奴，出征途中路经平阳县。

父子终于相见了!

老乡见老乡,两眼泪汪汪,老爸见儿子,羞愧实难当。

霍仲孺心里当然有愧,当年一走了之,缺乏责任心,没有担当。

谁曾想,霍去病不仅没有埋怨,反而跪下表示早些不知道是您的儿子,没有尽孝,还请原谅。

霍仲孺就差找个地缝钻进去了。

不知为何,从小背负"野孩子"名声的霍去病,对未曾养育过自己一天的亲爹一家有种莫名的好感。

"去病大为中孺买田宅、奴婢而去。"又是置田宅,又是买奴婢,把老爸一家安顿好了,才出发去打匈奴。

霍光做梦也没想到这个心目中的男神竟然是自己的哥哥。

这件事怎么从来没有听老爸说过?这不奇怪,借他老爸一个胆子,也不敢在老婆孩子面前提呀。

本来想当作一生的秘密,没想到人家主动找上门来。

霍光再次见到哥哥是几个月后,横扫匈奴的霍去病得胜回朝,又一次路过平阳县。

这次重逢对霍光太重要了,因为霍去病决定将这个弟弟带到都城长安。

霍光的人生从此翻开了全新的一页。

"时年十余岁,任光为郎,稍迁诸曹、侍中",只有十几岁的霍光,先是出任郎官,随后接连升迁。

不用问,这一切都是霍去病在背后使劲儿。

对于霍光而言,有个好哥哥足够了。

只是天妒英才,霍光来到长安的第三年,年仅二十三岁的霍去病挂了。

天大的噩耗!

哥哥把他扶上马,无法再送一程,以后的路完全要靠自己走了。

霍光此时已升任奉车都尉,"出则奉车,入侍左右",成为了武帝的贴身保镖和随行秘书。

官衔不高,但前途无限,领导的秘书最容易升迁,何况是皇帝的。

风险永远和收益成正比。

常说"伴君如伴虎",特别是喜欢折腾的武帝,简直就是一只"大老虎",稍有不慎,丢官事小,脑袋保不齐就没了。

霍光自然懂得,他给自己立下了座右铭——小心小心再小心,谨慎谨慎再谨慎。

不该看的不看，不该听的不听，不该说的不说，武帝没想到的要想到，武帝想到的要提前想到。

这实在太难了，但霍光完美地做到了。

"出入禁闼二十余年，小心谨慎，未尝有过，甚见亲信。"二十多年，一次错误都没犯过，实在够厉害。

这样的下属，领导能不信任能不喜欢吗？

巫蛊之祸，卫家倒了，霍光没有受到任何牵连，武帝反而对他更信任了。

到了什么程度？他令宫中画师画了一幅《周公辅成王朝诸侯图》赐给霍光，这幅图画的是周公代替年幼的成王执政，成王长大后，周公还政成王。

这是什么意思呢？意思大了。

武帝病入膏肓，觉得大限将至，决定让六岁的儿子刘弗陵接班。

这幅画看上去有些隐晦，但意思很明确，刘弗陵是成王，霍光你要做周公。

霍光当然清楚，但这种大事武帝不明确说出来，他只能先揣着明白装糊涂。

于是，武帝眼看快要挂了，他还追着问："如有不测，谁可继立？"

武帝生平最后一次急了："你是真不明白还是假不明白，立少子，你行周公之事。"

这就对了，如此重要的政治遗嘱，陛下您必须要亲口说出来，送幅画是几个意思。

按照常规操作，霍光应该领旨谢恩，然后做一个表态发言。

出乎所有人意料，他居然推辞了——"臣不如金日磾"。

金日磾是哪位？朝中的二把手，说来可别不信，他竟然是个匈奴人。

武帝打了一辈子匈奴，怎么能让一个匈奴人得到如此高位？

事情是这样的，金日磾是匈奴休屠王的儿子，他老爸和另一位王爷浑邪王被霍去病揍得怀疑起人生，决定投降汉朝，后来休屠王反悔，被浑邪王所杀，就这样金日磾被带到长安，作为奴隶安置在黄门署养马。

从王子到奴隶，反差足够大，换做别人早崩溃了，金日磾有颗大心脏，一心扑在了工作上。

武帝是出了名地爱马，经常来马圈逛逛，发现有些马精神饱满，与众不同，让人找来养马之人。

没想到是个匈奴人，长得超帅，再一打听，原来是休屠王的王子，怪不得气度不凡，当场封为御马监，后来步步高升。

他和霍光有个共同特点——低调谨慎。

低调到了什么样的程度？金日磾几十年来从来不用目光直视武帝。这还不算，武帝赏赐他宫女，他从来不碰；想把他的女儿纳入后宫，他也不肯。

"其笃慎如此，上尤奇异之"，小心谨慎到如此地步，连武帝都觉得惊奇。

惊奇归惊奇，对他自然越发信任，这难免引来一些议论："陛下妄得一胡儿，反贵重之"，皇上不知道在哪得到一个匈奴小儿，反倒十分看重他。

武帝只能呵呵，不以为意，反而更加重用金日磾。

霍光关键时刻将球踢到金日磾这里，意欲何为呢？大概是想再次确认一下自己首席顾命大臣的地位。

都是高手，不用点破。

"臣外国人，不如光"，金日磾一句话使得座次问题尘埃落定。

首席大司马大将军霍光,次席车骑将军金日磾,其余两位是左将军上官桀和御史大夫桑弘羊。

二

公元前87年3月29日,武帝驾崩,第二天,刘弗陵登基,是为汉昭帝。

一年后,金日磾也死了,这样,"四大臣"变成了"三大臣"。

按说人少了应该更团结,恰恰相反,三人很快便掐了起来。

御史大夫桑弘羊一辈子的主要工作是为武帝捞钱。

武帝连年征伐匈奴,大搞形象工程,搞得国库空虚,财政濒临崩溃,理财高手桑弘羊横空出世。

算缗、告缗、盐铁官营、均输、平准、币制改革、酒榷,一连串眼花缭乱的组合拳,仅一年间,"天下用饶"。

他觉得自己资历老功劳大,"欲为子弟得官",想让子弟们跟着自己沾光,请求霍光多给几个入职名额。

霍光坚持原则,无功不受禄,搞得桑弘羊极度不爽,"亦怨恨光"。

两人有矛盾也算正常,毕竟无亲无故,也没有太多交集。但上官桀成为霍光的仇敌,就有些让人看不懂了,因为二人是儿女亲家。

具体说,就是上官桀的儿子上官安娶了霍光的长女,还生了一个女儿。

本来两人的关系很不错,霍光外出的时候,会将朝中政务全部交给上官桀处理。

或许是大权独揽的感觉实在太好了,上官桀还想更进一步,计划将六岁不到的孙女送进宫中给昭帝当媳妇,他这样就成了皇后的爷爷。

上官桀信心满满,以为霍光一定同意,因为这个女孩同样是霍光的外孙女,妥妥的"双赢",没有理由拒绝啊。

但是霍光摇头不同意,理由是年龄太小。

这只是个由头,真正原因恐怕是不想让自己亲家公的权力进一步扩大,外孙女怎么比得上孙女,毕竟人家姓"上官"不姓"霍"。

上官桀不甘心,此路不通,另辟新路。

他找到了丁外人,此人是昭帝亲姐姐鄂邑长公主的相好,他决定改走"公主路线"。

这条路找得太正确了！

鄂邑长公主和昭帝的关系不只是姐弟，自从昭帝的老妈钩弋夫人被武帝赐死后，照料弟弟的重任就落到了长公主身上。

丁外人是鄂邑长公主最宠爱的情夫，在公主面前说话很好使，说什么是什么。于是，上官桀如愿以偿，小孙女顺利入宫，先做了婕妤，一个月后立为皇后。

这位六岁小孩连创纪录，成为古代历史最年幼的皇后，后来又成为最年轻的皇太后。

这忙可不是白帮的，丁外人如此卖力，条件是让上官桀替自己去霍光那里讨个侯爵。

按照当时的规矩，列侯才能与公主成婚，不解决身份问题，他和公主之间永远只能是地下情。

只是，丁外人既非皇亲，又没有军功，加封列侯没有任何理由哇！

孙女已经成为皇后，人家公主和丁外人答应的事都办成了，现在必须要履行对公主的承诺，没办法，上官桀只能硬着头皮上奏要求封丁外人为列侯，给出的理由是伺候公主有功。

从来没有听说过这样的规矩，伺候公主的人多了，都封吗？霍光坚决不同意，这事也就黄了。

上官桀怒了，当初求你送孙女进宫，你不答应。我自己找了关系，如今求你封个列侯，你还不答应，这亲家不做也罢。

于是，一个反霍集团逐渐形成了。

这个联盟除了被霍光得罪的鄂邑长公主、上官桀和桑弘羊外，还有一个重量级的人物——燕王刘旦。

他是武帝第三子，前面有太子刘据和二哥齐王刘闳，对皇位心里本来没有太多想法。没想到，刘据因巫蛊之祸，兵败自杀，二哥刘闳因病也挂了。

刘旦成为武帝在世儿子中的老大，按照年龄排序，接班人位置怎么也该轮到他了。

可是，等到花儿也谢了，武帝一直没有再立太子的想法。

刘旦有些急了，老爸不发话，自己要主动争取，于是上书请求宿卫长安，以备不虞。

历朝历代，"藩王宿卫宫廷"都是大忌，刘旦你想干什么，想要抢班夺权吗？

武帝大怒，不仅斩了刘旦的使者，还以"藏匿亡命之徒"

为由，削掉封国三个县邑。

这个儿子太不成器，武帝感叹："生子应置于齐鲁之地，以感化其礼义；放在燕赵之地，果生争权之心。"

刘旦的皇帝梦彻底破灭了！

刘旦当然不甘心，昭帝上台后，他总是找事情。

先是以朝廷颁发文件上的玺印比以往小为由，派心腹到长安打探朝中消息，后又上书请求在各郡国设立武帝宗庙。

前一个是无事生非，后一个是违规操作。

霍光没搭理他，反而赐钱三千万，增加封邑一万三千户。言外之意，别瞎闹了，好好做你的燕王吧。

刘旦非但不感恩，大怒道："我本来应该称帝，还需要别人什么赏赐！"

不仅嘴上说说，他秘密联系刘长、刘泽等宗亲，密谋造反夺权。

按说这种见不得光的事只能秘密进行，刘旦倒好，经常举行阅兵仪式，出入都用天子仪仗，左右近臣都称侍中。

这哥们蠢得可以，深怕天下人不知道他要谋反。

结果可想而知，除了刘旦，其他参与的人都丢了脑袋。

"昭帝缘恩宽忍，抑案不扬"，昭帝念及骨肉亲情，放了他一马。

刘旦天生没有感恩之心,并没有就此收手,不见棺材不掉泪,又与鄂邑长公主、上官桀等搞到了一起。

这个集团由于刘旦加入,性质就变了,过去只想搞掉霍光,现在连昭帝也捎带上了。

最终目标:诛杀霍光,废黜昭帝,刘旦接班。

怎么实现呢?四个字——先软后硬。

上官桀等整了霍光的黑材料,让刘旦上书昭帝进行检举揭发,罪状是"检阅京师部队,擅自调动所属兵力,意欲谋反"。

内容不值推敲,但上书时间是精心选择的,正好是霍光休息,上官桀当差。

想着浑水摸鱼,只要昭帝批了,快刀斩乱麻做掉霍光。

左等右等,等不到昭帝的批文,原来刘弗陵将这道上奏扣下了。

这帮人犯的最致命的错误,是严重低估了这位只有十四岁的少年皇帝。

霍光第二天来上班,昭帝才说这事,表示是有人诬陷大将军,因为调兵这事才发生不过十天,几百里外的燕王怎么会知道。

再说了,大将军你真想谋反,也用不着这样多费手续嘛。

软的不行,只能来硬的了。

商定的计划是长公主出面,设宴邀请霍光,其间将其杀掉,废掉昭帝,迎立刘旦。

传统套路,没什么新鲜的。

干这种事儿,最主要的就是保密,而问题恰恰出现在保密上面。

这个计划被长公主府中的属下得知,先是向大司农杨敞告发,杨敞胆小怕事,不仅没有上报,而且还请了病假,这个属下转而告诉了霍光的铁哥们——谏大夫杜延年。

这个阴谋到这里为止了。

上官桀、上官安、桑弘羊、丁外人灭族,长公主、刘旦自杀。唯一留下的是霍光的外孙女上官皇后。

这几位实在自不量力,以为抖个机灵就能搞掉霍光。

霍光是何等人物,在武帝身边三十年不犯任何错误,早已成了人精。

朝中的宫禁要害都是霍光的人,更何况,京城满是他的耳目和线人。

细细想来,这些人实际跟霍光并没有什么刻骨仇恨。

上官桀,你不搞事情,做个皇后的祖父不也很好嘛。

长公主,不就是个名分吗?不结婚也能和情人长相厮守哇!

桑弘羊,为了子弟的官位命都不要了,做个高官难道不香吗?

刘旦,你老爸都没有立你,不知道自己几斤几两吗?

说到底,人心不足蛇吞象,自己把自己送上了断头台。

霍光不费吹灰之力,扫清了一切反对力量,当年的四位顾命大臣只剩下他一个人。

三

霍光终于可以全力以赴地收拾武帝留下的"烂摊子"。

武帝最大的问题是瞎折腾,霍光反其道行之——不折腾,对内休养生息,对外恢复和亲,没过几年,"百姓充实,四夷宾服"。

正当一切步入正轨时,昭帝却挂了,只活了二十一岁。

如何死的呢?正史上没有具体说,野史上说是蹲厕所太久，猛一起身，突发脑溢血。当然，还有一种说法是霍光搞死的。

没道理，太没道理了。

一来君臣合作得很愉快，没听说过双方有过节；二来昭帝没有子嗣，把他搞死了，没办法扶立幼小的皇子继位。

既没有作案动机，更没有实际利益，霍光怎么会干这种傻事？

无论怎么死的，已经不再重要，当务之急是找一个新皇帝。

论资排辈，应该是广陵王刘胥，因为他是武帝唯一在世的儿子。

不过，这位仁兄实在不靠谱，爱好太多，而且都是些不太正经的爱好。

"好倡乐逸游，力扛鼎，空手搏熊彘猛兽。"喜好吃喝玩乐，而且力大无穷，据说能扛鼎，还能徒手与野猪狗熊对打。

用史书的话讲——"动作无法度"。

刘胥信心满满，觉得十拿九稳，霍光你不立我能立谁呢？

霍光还真没有立他，理由是"王本以行失道，先帝所不用"，你老爸武帝都看不上你，你让我怎么立你？

霍光表面上是拿武帝说事，其实他心里压根儿就没有考虑过刘胥。

原因有二：一则年龄实在太大了，已经四十好几，自己很难控制；二则他是刘旦的同母兄弟，说不好会为他哥哥复仇。

武帝儿子辈没有合适的，只能从孙子辈里找，霍光最后选择了昌邑王刘贺。

霍光为何选择他？现在还是一个谜。

是因为年龄小吗？非也，刘贺当时也不是小孩子，而是一个十八岁的成年人了。

是因为能力强吗？更谈不上，事实上刘贺是一个玩主，在他的封国怎么好玩怎么来。

刘贺做梦也没想到，如此大馅饼会砸到自己，接到继位诏书，生怕夜长梦多，立即启程赴京，一路狂奔，直到把马累死了才算歇口气。

这一路上不消停，又是找长鸣鸡，又是抢民女。好不容易来到京城，按照规矩，他应该在昭帝灵柩前哭几声，以示哀悼。

有没有泪不要紧，装装样子就可以。这哥们倒好，来了一句:"我咽喉疼,哭不了。"

连装装样子都不会,这怎么干得了皇帝这差事。

果然,只干了二十七天就下岗了,当然,不是主动请辞,而是被逼下台的。

霍光这次真看走了眼,没办法,只能及时止损,给出的理由是,刘贺违反礼制,荒淫无度。

具体罪状多了去了,竟然有一千一百二十七条,平均一天就有四十条。

太夸张了,即使刘贺不吃不喝不睡觉,也不可能一天干下如此多坏事。

再说了,仔细看看这些罪状,大多都是一些生活作风问题,远远到不了被赶下皇位的地步。

所有一切都是幌子,核心问题是什么呢？刘贺想让霍光和老臣们靠边站。

刘贺不是一个人来的,他几乎把昌邑国的领导班子全部搬到了长安,一下子带来了二百多位家臣。

既来之则安之,这些人必须要有位置,但职位是有限的,所以旧臣必须要把位置让出来。

再这样下去,连霍光自己的位置都没有了。

不过，废掉刘贺并非易事，人是你选的，也没有什么十恶不赦的大罪，如今废黜，这不是自己抽自己耳光吗？

这还不是最重要的，关键是以前没有大臣废掉皇帝的先例。一旦开了先河，恐怕会在历史上留下骂名。

霍光没敢轻易动手，而是先找几位重臣商议，形成统一战线。

找到的第一个人是老部下大司农田延年。

老部下就是老部下，二话没说，明确表示这种皇帝就应该废。

但是没有先例，该如何操作呢？田延年提供了理论支撑，当年商朝伊尹曾经废掉了商王太甲，后世人没有说他不好，反而成了忠臣，您这么做就是汉朝的伊尹啊。

说到底，只要出发点不是为了私利，而是为了江山社稷，没啥大问题。

找到的第二个人是丞相杨敞。

这位仁兄以胆小怕事著称，这一次也不例外，还没等田延年说完，就汗流浃背，只顾着"嗯嗯"。

杨敞的老婆比他强多了，大骂自己老公没有政治眼光，直接对田延年表态，丞相一定会率领百官支持大将军。

这也不奇怪，因为这位女子大有来头，她是司马迁老先生的女儿。

找到的第三个人是张安世，因为他掌管着皇宫和城门的守卫。这位更没问题，因为他是霍光一手提拔上来的。

好了，可以动手了！

霍光将满朝文武召到未央宫，召开领导干部大会，宣布调整皇帝的决定。

一上来，开门见山说："昌邑王行昏乱，恐及社稷，如何？"

群臣都听傻了，怎么皇帝都不叫了，直接称呼昌邑王。

沉默，长时间的沉默。

关键时刻，还是田延年站出来，手握剑柄，对着霍光大声嚷嚷。

为啥要对着霍光吼叫呢？演双簧呗。

吼了些什么呢？先帝把孤儿和天下托付给将军，是因为您忠诚而贤能，能够安定江山社稷，如今国家将倾覆，您再不有所动作，将来死后，有何面目见先帝？

田延年批评完领导，撂下一句狠话："今天的会议必须要有一个结论，不表态或者表态晚的，休怪我剑下无情。"

霍光表示田延年批评得太对了,自己全盘接纳。

两人一唱一和,其他人还能说什么,没有人和自己的脑袋过不去,全票通过,支持霍光。

下一步该外孙女皇后登场了。

上官皇太后召见刘贺,并且指明只见他一人,刘贺前脚刚走,张安世带人将二百多位昌邑家臣全部控制起来。

刘贺还没搞清怎么回事,但已不重要,他进去时是皇帝,出来时已经什么都不是了。

这位短命皇帝后来被封为"海昏侯",不经意间创造了一个纪录,他是同时具备列侯、诸侯国王和皇帝履历的唯一一人。

老问题又来了,该拥立谁为新皇帝呢?

刘胥铁定没戏。武帝孙子辈里好像也没有合适的,那就接着往下一辈找。

武帝的曾孙刘病已浮出水面。

这位曾孙实在命大,他爷爷是当年的太子刘据,因为巫蛊之祸被全家干掉,因为当时他在襁褓中才幸免于难,被扔进了监狱。

在这里,他遇到了生命中最重要的贵人——监狱长邴吉。

邴监狱长不仅没有落井下石，反倒给这位落难皇孙找了单间，还找了两个哺乳期的女犯喂养他。

等到他爷爷平反后，武帝立下遗诏，将他录入皇家宗谱，收养于掖庭。

掖庭，简单地说，就是皇宫里的劳改场，虽然没有完全获得自由，但这一步对刘病已太重要了。

因为解决了身份问题，入了皇家宗谱，意味着你就是皇家子孙，也意味着具备了成为皇帝的最基本条件。

刘病已在这里又遇到了另外一个贵人——掖庭令张贺。

张贺是他爷爷刘据的老部下，对他照顾得细致入微，自掏腰包邀请名师来教育刘病已。

为接班人问题挠头的霍光，找来了熟悉情况的邴吉，询问刘病已如何。邴吉只说了一句话："通经术，有美才，行安节和"。

够了，足够了！

公元前74年，刘病已即皇帝位，是为汉宣帝。

如此说来，这个皇位是霍光赏给刘病已的，既然能立，当然也可以废，刘贺就是活生生的例子。

所以，终于明白为什么刘病已对霍光的感觉是"芒刺在背"了吧。

四

宣帝是个明白人，霍光您说啥就是啥。

不过，只有一件事，宣帝要按照自己的意思办，那便是选立皇后。

因为宣帝在落难时已经娶一个女子为妻，并生下一子，这个女子叫作许平君。

两人是患难夫妻，感情很深，既然刘病已成为皇帝，许平君自然是皇后的第一人选。

但是，有一个强有力的竞争对手，就是霍光的女儿霍成君，许多见风使舵的人强烈建议册立霍成君为皇后。

什么都可以让，但这个不能让。当年许平君不嫌弃自己，吃了不少苦，这个位置必须是她的。

要说，这位新皇帝也是够仗义的。不过碍着霍光的面子，这话也没法明说，于是便有了故剑情深的故事。

说的是在册立皇后的节骨眼上，宣帝下了一份奇怪的诏书，要找寻自己贫贱时用的一把宝剑。

这哪里是寻旧剑，分明是想立旧人。

懂了，懂了！

群臣恳请立许平君为皇后，宣帝要的就是这个效果，立即准奏，兑现对发妻的承诺。

霍光有些不高兴。按照当时的规矩，皇后的父亲或兄弟应封侯，霍光以皇后老爸许广汉受过宫刑为由予以拒绝，拖了一年多才勉强同意。

最接受不了这个现实的是霍光的老婆霍显。没想到什么事情都让霍光拿主意的宣帝，独独在这件事上坚持己见。

丢人丢大发了，不少人已经提前恭贺霍家小姐荣升皇后，如今这样，如何收场。

不行，说什么也要把皇后之位夺回来。

接下来，霍显捅了一个天大的娄子。

公元前71年，宫中传来一个惊人的消息——许皇后死了。

没听说过有什么大病啊，据说快要临产的她有些小病，一直由女御医淳于衍负责治疗调理。

问题就出在淳于衍身上，她正是杀害许皇后的凶手。

一个小小的御医为何敢做这种灭族的事呢？因为她身后有一个主使，没错，就是霍显。

这两位是怎么合谋的呢？起初淳于衍有事求霍显，请求提拔自己的老公。正愁没路子让女儿当上皇后的霍显，顿时眼前一亮，觉得机会终于来了。

两人最终达成交易，淳于衍负责投毒，出了事霍显负责摆平。

一切都如预期，霍显就等着做皇帝的岳母大人了。

没高兴几天，一个消息让霍显完全乱了方寸。

据说有大臣上书，指控御医们救治不力，应该逮捕入狱，审讯定罪。

淳于衍如果被审查，大概率会讲出真相，想到这里，霍显直冒冷汗。

所以，无论如何不能让淳于衍入狱，保住她，就保住了自己，保住了霍家。

怎么能实现这个目的呢？这已经完全超越了她的能力范围，只有一个人能做到——老公霍光。

霍光一直被蒙在鼓里，听霍显一说，脑子一片空白，打死不会相信，自己的老婆会做出这样的事情。

见过愚蠢的，没见过如此愚蠢的，见过不要命的，没见过如此不要命的。

霍显有多少脑袋都不够砍的,更何况,这是灭族的大罪,整个霍家都要跟着遭殃。

怎么办好呢?总不能把老婆绑了去请罪,那相当于政治自杀。

只有一条路——大事化小,小事化了。

霍光奏请宣帝表示许皇后体质弱,不关御医的事,不应搞扩大化,否则会殃及无辜。

就这样有惊无险躲过一劫,霍显如愿以偿,自己的女儿被册立为皇后。

问题来了,宣帝对此没有怀疑吗?史书上没有交代,不过怀疑也没有什么用,因为朝中要害部门都是霍家的人。军队掌握在霍光的儿子霍禹手里,皇宫卫队则由他的两个女婿掌控。

宣帝就算起了疑心,又能怎么着呢?

小不忍则乱大谋,既然已经隐忍了许久,也就不在乎这次了。

宣帝的"忍者"生活两年后到头了,因为霍光终于死了。

病重期间,宣帝亲自探望,大哭了一场,是假装还是真情流露,不好说,反正看上去挺伤心。

霍光的葬礼隆重极了！

宣帝和太皇太后亲自祭悼，规格比照皇帝，一个臣子有如此殊荣，也是前无古人。

霍光死了，但霍家的事还没完呢。

宣帝没有马上动手，因为他知道时机远未成熟。他对霍家一如既往地好，又是免赋税，又是给侯爵。

"温水煮青蛙"，两千年前的这位皇帝就懂得这个道理。

没有了霍光的管束，霍家各位更加张狂，为所欲为，奢靡之极，还真以为天下姓霍不姓刘。

宣帝的春天终于要到了！

等羽林军头领、未央、长乐卫尉都换上了自己人，他决定动手拔掉这根"芒刺"。

山雨欲来风满楼，霍显坐不住了，她召来儿子、女婿等预谋造反。

但好运气只有一次。

霍家满门被灭，唯有霍成君保住了命，但从此不再是皇后。

一个旧时代结束，一个新时代开始了！

按说霍光作为掌门人，难脱干系，即使死了，也应该追究责任。

所有人都在看着宣帝如何处置这位权臣。

让吃瓜群众失望了,霍光没有受到任何影响,依旧陪葬茂陵,配享太庙。

更想不到的是,宣帝后来令人画"麒麟阁十一功臣像"时,把霍光排到了头把交椅。

为什么宣帝不动霍光?其实很简单,自己是霍光拥立的,动霍光,就是动自己的根本。

更重要的是霍光是武帝任命的顾命大臣,自己想要根正苗红,霍光这个招牌就不能倒。

当然,还有一点非常重要,霍光的忠诚度没有任何问题。

权力是大了些,但从始到终,霍光没有任何谋逆的念头,兢兢业业,全心事主。

他不仅接住了武帝留下的烂摊子,还使得国力有了显著提升,没有霍光,哪来的"昭宣中兴"。

再说了,宣帝刚登基,霍光就提出要还政,宣帝死活不同意,要说他专政,这个权力也是宣帝给的。

作为一个争议人物,毛病肯定是有的,而且还不小,最大的问题是没有管好配偶和身边人。

就霍光而言，他这一辈子足够小心谨慎。到什么程度？"每出入下殿门，止进有常处，郎仆射窃识视之，不失尺寸"，每出入宫门，上下台阶，该在哪里起步，每步有多远，每步该停在哪里，他都要精心计算。

遗憾的是，他太"严于律己，宽以待人"了，当然，这个"人"指的就是他的家人。

司马迁老先生评论得还算到位，"霍光之辅汉室，可谓忠矣；然卒不能庇其宗"，人要一分为二，"忠"确实是"忠"，但管不住家人也是事实。

"久专大柄，不知避去，多置私党，充塞朝廷，使人主蓄愤于上，吏民积怨于下"，霍光的儿子、女婿、随从霸占了所有的要害部位。一人得道，鸡犬升天，这能理解，但关键是大家都要守规矩。

遗憾的是，只有霍光守了规矩，这远远不够。

"昔有霍家奴，姓冯名子都，依仗将军势，调笑酒家胡"，连家奴都狗仗人势，为所欲为，更何况其他直系亲属呢？

霍显敢杀皇后，不是一时兴起，是膨胀了太久，还真以为天下没有自己办不了的事情。

霍光考虑再三，放过自己的老婆，那刻起灭门不可逆转。

道理很简单,霍显杀了皇后都可以摆平,那她就会做更可怕的事。果不其然,阴谋叛乱,霍氏灭族。

霍显无疑是一个恶女人,这份"恶"的形成和发展,霍光起到了推波助澜的作用。

为啥会这样呢?是因为工作太忙顾不上家,还是另有原因?

班固给出的解释是——不学无术,霍光读的书太少,根本就不知道过去的历史经验。

这没有冤枉霍光,他出身的家庭根本就没有读书氛围,进宫以后先是忙于伺候武帝,后来所有的精力都在应对宫廷的争斗,根本没有时间也没有精力去好好读书。

"眼见他起高楼,眼见他宴宾客,眼见他楼塌了",至于为什么塌,对不起,没时间看也没时间想。

于是,自己家的高楼最后也塌了。

"用好手中权,管好身边人",还真不是一句空话。老话说得好,"修身齐家"才能"治国平天下"。

家风不正,权力越大,下场往往也就越悲惨。

霍光就是一个活脱脱的反面典型,盖因他没读过《周易》中的一句话——积善之家,必有余庆,积不善之家,必有余殃!

"忠厚传家久,诗书继世长",没事的时候还是多读些书吧。

王政君和王莽

——苍天到底饶过谁?

一

公元 13 年，历史上最长寿的皇太后王政君即将走到生命尽头，这一年她已经 84 岁了。

放到今天，也算高龄，何况是在缺医少药的两千多年前。

按说寿终正寝，能够安心上路了，但恰恰相反，王政君死不瞑目。

因为在她手上，大汉王朝终结了。

如今的王朝叫"新"，皇帝由姓"刘"变为了姓"王"，具体说就是她的侄子王莽。

她不知道该如何去地下面对自己的老公汉元帝刘奭和儿子汉成帝刘骜。

王政君怎么也不会想到汉朝会亡到自己手上，就像当年她想不到自己会成为刘家的媳妇。

说起来，没人会相信，和汉元帝刘奭的婚姻，是王政君的"三婚"。

十多岁的王政君最早嫁给了一个人家，眼看要办事，未婚夫却挂了。

东平王看上她，想要讨她做小老婆。还没进门儿，东平王也挂了。

吓人不吓人，妥妥的克夫神器。

这样的女子，谁还敢要，除非有不要命的。王家的二丫头就这样成为了一个"剩女"。

老爸王禁急了，过去争相拿聘礼来娶亲，如今倒贴着钱却嫁不出去。

怎么办好呢？王禁也没好办法，总不能硬塞给别人吧。

天无绝人之路，正巧赶上宫里面向社会公开招聘服务员。正式的名称叫"家人子"。

"家人子"就"家人子"吧，总算有一份正经工作，总比留在家里啃老强多了。

作为宫廷里的一个普通的服务人员，大概率是自生自灭。

但是奇迹发生了！

太子妃司马良娣突然暴亡，按说这也算不上什么大事儿，作为当朝太子，身边肯定美女如云，但太子刘奭与众不同，他是个超级痴情种。

司马良娣临死告诉他,自己年纪轻轻去见阎王,是因为其她妃子在暗地里使了法术。

刘奭从此不再碰其他妃子一个指头。

这可急坏了刘奭的老爸宣帝刘询,儿子天天郁郁寡欢,不见女人,大汉的江山社稷会后继无人。

好吧,现有的嫔妃你不稀罕,那就给你找个新的。

宣帝委托皇后带了五个宫女让刘奭挑,挑中哪个算哪个。

刘奭根本没心思,但又不好拒绝,赶紧选完了事,眼睛看都没看,随手指了离自己最近的那位。

这个宫女,就是王政君。

都说知识改变命运,谁能想到,位置也能改变命运。

就这样,克死两个未婚夫、成为"剩女"的王政君居然一下子成了太子妃。

太魔幻了,写科幻小说的作家都不敢这么写。

谁承想,王政君的好运气才刚刚开始。

刘奭对这位女子根本没兴趣,但新婚之夜总要象征性地表示一下,这一表示不要紧,人家王政君怀上了。

虽然刘奭从此以后不怎么搭理王政君,但这已经不再重要了。

十个月后，王政君生下一个大胖小子，孩子他爹反应一般，倒是把他爷爷宣帝高兴坏了，亲自起名刘骜。

"骜"就是千里马的意思，期盼之意溢于言表，这还不算，赐字"太孙"，基本确定为隔代接班人。

母凭子贵，本来什么都不是的王政君，在东宫里有了自己的话语权。

公元前48年，宣帝挂了，由刘奭即位，是为汉元帝。生子有功的王政君跟着升了一级，由太子妃变成了当朝皇后。

太子之位没有任何悬念，自然是嫡长子刘骜。

这位太子小时候挺懂事，成年后像换了个人，花天酒地，沉迷玩乐。

终于有件事把自己老爸元帝惹毛了，从小和他一起游学的小叔叔中山哀王刘竟去世，前去吊唁的刘骜居然没有一点哀伤的意思。

"安有人不慈仁而可奉宗庙为民父母者乎！"哪里会有一个人不慈不仁爱却可以奉祀宗庙，作百姓父母的呢！

言外之意，这个儿子根本就不适合当皇帝。

老妈不受待见，自己又惹急了老爸，刘骜的太子之位岌岌可危。

更何况，元帝如今最宠幸傅昭仪，爱屋及乌，非常喜欢这位宠妃所生的山阳王刘康。

刘骜和刘康差得太远了，一个不学无术，一个多才多艺。

元帝自己就是一个全才，除了做皇帝，其他都擅长，算得上是第一流的书法家、音乐家、史学家、作曲家……

元帝一直想废长立幼，无奈群臣反对，特别是宠臣史丹力挺刘骜，所以一直下不了决心。

42岁那年，元帝挂了，如果多活几年，王政君母子地位很难保得住。

二

提心吊胆的日子一去不复返了！

刘骜即位，是为汉成帝。多年的媳妇熬成婆，王政君再升一格，成为皇太后。

回想走过的路，太不容易了。总结历史经验，王政君认为自己被元帝冷落，是因为家族的底子不够厚，实力不够强。

她的老爸王禁官职不高，老婆却不少，所以子女也多，居然有四女八子。

如今要掌控住权力，必须要重用娘家人。

王政君给了刘骜一份提拔名单，先封了大哥王凤为大司马大将军，同母弟王崇为安成侯。

这仅仅是开始，后来一天内封王谭为平阿侯、王商为成都侯、王立为红阳侯、王根为曲阳侯、王逢时为高平侯，史称"一日五侯"。

如果对数字敏感就会发现，王政君有八个兄弟，为啥只封了七个？原因很简单，有一个已经挂了。

这位没有福分的兄弟叫作王曼，他虽然死得早，却留下了一个著名的儿子——王莽。

这位王莽和其他王家子弟简直是两类人。

王家子弟本来无德无行，如今身居高位，飞扬跋扈，声色犬马，已经忘记自己姓什么了。

狂到了什么程度？王商病了，向皇帝借用宫殿休养，被拒绝后，居然派人凿穿长安城，引渭水到自家花园。

另一位侯爷王根，直接在府邸里原样复制了未央宫的白虎殿，过起了皇帝般的生活。

成帝刘骜忍了，不忍又能怎样，总不能直接和老妈叫板吧。

王莽完全是另外一种人，概括而言，是一个清高的人，一个没有低级趣味的人。

他身上的优点太多了，生活简朴，为人谦恭，勤奋好学，行为检点，说一天都说不完。

"外交英俊，内事诸父，曲有礼意"，对外结交才智杰出的朋友，在家侍奉各位伯父叔父，都考虑周全，彬彬有礼。

付出总有回报，王莽发迹就是因为精心侍奉叔父。

他侍奉的是几个叔父中位置最高的一位——大将军大司马王商。

王莽实在太用心了，搞得被侍奉对象感动不已。

他是怎么做的呢？"亲尝药，乱首垢面，不解衣带数月。"亲自尝药，不梳头，不洗脸，搞得蓬头垢面，接连几个月不脱衣服睡觉。

太夸张了，几个月不洗漱，早就臭大街了，想必是王商将死嗅觉已经失灵了。

总之，完全有资格获得"感动大汉"人物。

王商临死前一直嘱托王政君，这样的好孩子实在少见，一定要予以重用。

于是，王莽轻松实现三级跳，官升至射声校尉。

好名声的效能持续发酵，先是叔父王商上书表示愿把其封地的一部分让给王莽，朝中的许多知名人士都为王莽说好话。

人才难得，继续提拔。封为新都侯，骑都尉，光禄大夫、侍中，终于成为皇帝的近臣。

"热胀冷缩"是自然原理，人也一样，官做大了容易膨胀。但王莽属于"冷缩型"的，职位越高，越严于律己。

在新岗位上干了两件非常得人心的事：其一拿出自己的工资施舍救济贫民，搞得家里没有了"余粮"；其二接济供养知名人士，结交了许多达官贵人。

一边走下层路线，一边走上层路线，两边都照顾到了。

"故在位更推荐之，游者为之谈说，虚誉隆洽，倾其诸父矣。"身居要职的推荐他，知名人士也推荐他，名声传遍了朝野，超过了他的伯父叔父们。

人际关系固然重要，但更重要的还是自己的修为。

接下来发生了一件事，又让不少人献上了膝盖。

王莽的长兄死得早，留下了一个儿子叫王元，由王莽来抚养，按说不是亲生的，差不多就行了。

不是亲生胜似亲生，王莽不仅选择了儒家博士做他老师，每天在拜访老师前都要专程沐浴、穿戴整齐，赢得了教育战线的一致好评。

为了显示亲疏不分，他把王元的婚礼和自己长子王宇的婚礼安排在一天。

大婚之日，宾客满堂，王莽却显得有些失礼，在敬酒的间隙经常离席返回内室。这对于一向将礼数看得重于天的王莽，确实有些反常。

后来搞清楚了，他这样做是因为老妈身体不舒服，所以经常离席前去探望并服侍用药。

百善孝为先，王莽对死去的大哥可以，对活着的母亲更可以。

人非圣贤，难道王莽就没有什么毛病吗？

英雄难过美人关，王莽的弱点很可能是无法抵御美色。有件事似乎还真印证了这样的判断，听说王莽暗地里买了一个女子。

说什么来着，王莽不可能没弱项，他终究是个人而不是神。

不过，很快就被打脸了，王莽买女子根本不是为了自己，而是为了兄弟。

他的好友朱子元的老婆生不出儿子来,听说这个婢女会生儿子,因此买来送到了朱子元府上。

王莽对老妈好,对老哥好,对老友好,标准的"三好先生"。

这样的人打灯笼也找不着啊!

于是,不管上层还是地方的官员,纷纷上书盛赞王莽"才可大用",读书人更兴奋了,吹捧王莽是"世之楷模"。

关键是成帝和王政君也满意,王家上辈子烧了什么高香,竟然出来这样一位杰出子弟。

"根因乞骸骨,荐莽自代,上遂擢为大司马",王莽感动了所有叔伯,王凤推荐,王商让地,时任大司马王根退休时,也请王莽做接班人。

就这样,三十八岁的王莽成为朝臣第一人。

三

按说压抑了三十多年,如今终于熬成了一人之下万人之上,应该放松一下了。

这才哪到哪!王莽工作更拼命了,他每天起早贪黑。

"感动大汉"的故事继续,王莽的老妈病了,王公大臣和列侯都派夫人来探望,王莽夫人出门迎接,众位夫人还以为她是王家的一个奴仆。

为什么呢?"衣不曳地,布蔽膝",穿的是布裙,而且只到膝盖,堂堂的大司马夫人连件像样的衣服都没有。

经介绍才知这是王莽夫人,大伙的反应是"皆惊"。

王莽太厉害了,不仅能管住自己,还能管好配偶和身边人。

不过,令人意想不到的是,王莽仅仅风光了不到半年,成帝刘骜挂了。

当年宣帝寄希望于成为千里马的这位皇孙,不仅没有活成千里马,反而活得像孙子一样憋屈。

王家太强大,老妈太强势!

刘骜想开了,不让我管理朝政,朕回后宫专注风流,总行了吧。

他先是宠幸一个男的叫作张放。

影响实在太坏,王政君看不下去,找了个莫须有的罪名将张放流放。

男的不行,女的总可以吧。

刘骜宠幸的美女像走马灯一样轮着换，先是许皇后，接着是班婕妤、卫婕妤，最后是一对姐妹花——赵合德、赵飞燕。

要说赵氏姐妹挺不争气，被专宠了十多年，两人竟然没生下一男半女。

自己生不了，还不让别人生，联手迫害后宫里怀孕的嫔妃。

最终，刘骜成了"绝户头"。

没办法，按照血缘亲近顺序，只得让定陶王刘欣即位，是为汉哀帝。

王政君又升一格，从太后变成了太皇太后，身份尊贵了，可权力没有了。

刘欣一当上皇帝，便大封他祖母傅家，后来又大封她老妈丁家。

一朝天子一朝臣，总之，以后没王家什么事儿了。

王莽见状，别赖着了，主动走吧，离开京城，回到了南阳新野的封地去了。

所幸，这位"哀帝"够衰的，二十五岁就挂了。

听说过"断袖之癖"的典故吧，说的就是他和男宠董贤。

两人同床共枕，刘欣醒得早，发现董贤睡得正香，不忍惊醒他，于是挥刀断袖。

说来也怪，不少西汉的皇帝都有这个特殊癖好，文帝有邓通，武帝有韩嫣，成帝有张放。

不过，宠归宠，赏赐可以随便给，但不会让他们掌权。

刘欣则不然，不仅封董贤为大司马，位列三公，一度还想将皇位禅让给他。

幸亏死得早，否则刘家的天下很可能改姓董了。

刘欣后继无人，朝廷又陷入了"皇帝荒"。

王政君果断出手，掌控传国玉玺，委任王莽全权处置朝政，将大权重新收回己有。

王莽放出两招：其一拥立九岁的刘衎为帝，是为汉平帝；其二指使朝中大臣弹劾董贤，逼令他自杀。

招招到位，干净利落。

虽然权力失而复得，但王政君有些累了。

自打十几岁被老爸送进宫，就没过几天安生日子，扳倒了一个个"情敌"和"政敌"，一晃自己都七十多岁了。

王政君想休息，王莽自然求之不得，这样一来，权力都会落到自己手上。

于是,他想方设法搞了许多活动,让王政君外出散心。

世界很大,应该多出去看看,毕竟生活不只眼前的苟且,还有诗和远方。

王莽很贴心,姑妈很满意。

贴心到什么程度?"太后旁弄儿病在外舍,莽自亲侯之。"就连王政君侍女的孩子病了,王莽也前去亲自服侍。

有这样一个放心的大侄子,王政君准备放权了。

王莽你放手干吧,你办事,我放心。

按说已经做到了天下第二把手,应该膨胀了吧。不,继续"冷缩"。

王莽看清楚了,他越是这样,人气就越高。

大臣们不干了。王莽"策安宗庙",功劳堪比霍光,但待遇比霍光差多了。

王政君顺应民意,下诏封王莽为"安汉公",顾名思义,说他有安定大汉之功。

王莽说死说活不接受,这个好理解,按照他一贯表现,如果轻易接受就不是王莽了。

先是说功劳不是我一个人的,应该先封赏其他有功之臣,王政君照办了。这下应该接受了吧,没想到不仅坚辞不受,甚至称病不上朝,以表明决心。

"安汉公"成了一个烫手山芋,想送都送不出去。

没办法,王政君只得下诏,猛夸王莽一顿,任命他为太傅,主管四辅事务,称"安汉公"。

戏演得差不多,该收场了。王莽接受了称号,但赏赐就算了,等老百姓都丰衣足食之后再说。

好一个"先天下之忧而忧,后天下之乐而乐"。

接着又是一场"选后"闹剧。

王莽提议为平帝早日选立皇后,以免重蹈以往"皇帝荒"的覆辙。理由冠冕堂皇,实际上心里想着送自己女儿上位。

候选名单公布,王家的女子大有人在,如果充分竞争,王莽的女儿还真不一定能选得上。

怎么办呢?还是老一套——以退为进。

王莽表示自己德性不高,女儿资质下等,不适合参与选后竞争。

王政君以为这是王莽的真实意思表示,于是,下诏王家的女子都是自己娘家人,索性都不要参加了。

这哪成啊,"退"是为了"进",这样一来,连"进"的资格都没有了。

这对王莽不算难事，只需悄悄地放出些风声。

于是，广大臣民又不干了，"安汉公"功劳盖世，凭什么他的女儿就不能成为皇后。

王莽觉得声势还不大。故意派出官员去"劝阻"人们请愿，结果越劝请愿的人越多，很快就上了"热搜"。

好吧，既然民意如此，王政君同意立王莽之女为皇后。

一有水旱灾害，王莽就开始吃蔬菜，最后搞得王政君只得下诏，让他为国家大计要多吃些肉食。

王莽还经常做慈善，视金钱如粪土，为救济贫民，又是捐钱，又是捐地。

声望爆棚的的王莽很快获得了新的称号——宰衡。

这个新名词实际上说的是两个人，"宰"是指周公，"衡"是指伊尹，都是强臣辅助幼主的成功典范，史册上留下了美名。

接下来该加"九锡"了。

"九锡"原本是古代朝廷赏赐给大臣的九种物品，是国家对个人的最高奖赏。只不过后来被玩坏了，变成了权臣阴谋篡位的前奏。

历史上其他权臣加"九锡"大都是"霸王硬上弓"，王莽则是完全顺从民意,四十多万人上书强烈要求,几乎没有反对票。

王莽碰到了职场的"天花板",再往前只有皇位了。

说来也巧,此时宫中发生了大变故——平帝挂了。

怎么死的呢？史书上说得不清楚,有人说是王莽害死的,也有人说不是。

无论真相如何,十四岁的平帝没有子嗣,朝廷又一次面临老问题——该立谁为新皇帝？

王莽选中了宣帝的玄孙刘婴,讲了一大堆道理,真实原因只有一个,这个玄孙只有两岁。

新皇帝还未登基,一块符命到了长安。

所谓符命,简单地说,就是一些神秘物体,上面刻着上天的旨意。这玩意儿成本低廉,威力巨大,每逢乱世便蜂拥而出。

这次是一块白石头,武功县人挖水井时"意外"所得,上面是圆形,下部是四方形,上刻有九个朱红大字——"告安汉公王莽为皇帝"。

意外加了引号,想必大家都懂的。

王政君这才明白过来,敢情这个大侄子全力讨好自己,真正的用意是为了当皇帝。

打死也不能同意，再怎么也不能让大汉亡在自己手上。

不过，如今朝堂上都是王莽的人，王政君已经被完全架空，哪里还有她老太太说话的份儿？

不能硬干，只能妥协，王莽你别做真皇帝，做个代理的吧，真正的名号是"摄皇帝"。

刘氏宗亲不干了，有几个皇族之后起兵反抗。

王政君很开心，知道王莽那小子成不了什么大气候，他的好日子快到头了。只是她高兴得太早了，一帮乌合之众很快被朝廷军队击败，消失得无影无踪。

是时候把"摄"字取掉了。

王莽向王政君表示内外有别，向你汇报工作时，仍自称"假皇帝"，别人给他汇报或对外发号就不用"代理"了。

谋逆之心，昭然若揭。

于是，各种各样的祥瑞又来了，形式不一样，但核心意思都是说上天要求太皇太后把皇位授予王莽。

其中最让王莽欣赏的是一个叫哀章的投机分子制作的符命。

这哥们伪造了一个铜柜，里面放了一份金书简。书简的正面是"天帝行玺金匮图",后面是"赤帝行玺某传予皇帝金策书",金策书中有一句话——"高祖遗命王莽为真天子"。

这也太假了,刘邦哪会知道王莽是何许人,又怎么会将刘家的天下拱手相让。

都知道是怎么回事儿,差不多就行了,没必要这么较真。

既然老天爷要求改朝换代,王莽就没必要藏着掖着了。

王政君无力回天,唯一能做的是保护好传国玉玺,没有这个东西,王莽就不可能成为真皇帝。

这位太皇太后不知是老糊涂了还是被气糊涂了,事到如今,怎么可能保得住这个玩意儿。

果不其然,王莽派堂弟安阳侯王舜进宫向王政君索要玉玺。

王政君终于有了发泄对象,指着王舜的鼻子痛骂一番,表达了三个意思。

其一,你们一家得到富贵,不仅没报答,反而要篡位,无情无义,简直猪狗不如。

其二,既然自立为新皇帝,就应该制作新的玉玺,何必用此不祥之物。

其三,我是一个汉家的老寡妇,要拿这个玉玺陪葬,你们休想得到。

王舜表示您老发脾气能理解,但王莽一定要拿到传国玉玺,您到死都不会拿出来吗?

言外之意,王莽想要的东西必须得到。王政君现在不给,将来两腿一伸死了,王莽照样会拿去。

既然如此,主动一点总比被动好,敬酒不吃就会吃罚酒。

接下来上演经典一幕,王政君怒掷玉玺于地上,愤愤地说:"我老已死,如今兄弟,今灭族也!"

我已经老死了,有你们这样的兄弟,我们王家迟早要被灭族。

如愿得到传国玉玺,王莽可以举办登基大典了。

公元9年1月15日,王莽即天子位,改国号为"新",开创了历史上通过禅让做皇帝的先河。

四

王政君成为彻底的摆设!

不知是念及旧情,还是觉得有剩余价值,王莽给了她一个新的封号——"新室文母太皇太后"。

这摆明了是想让王政君与刘家划清界限。

王政君不吃这一套,坚持佩戴汉朝太皇太后的玺绶,宫中依旧使用汉家服饰,照样按照汉朝的历法来过新年。

不管怎样,王政君我永远是刘家的媳妇,汉朝的太后,和"新"朝没有半毛钱关系。

王莽为了讨好王政君,让她服软,拆了汉元帝的庙,给她修了庙,名曰"长寿宫"。

不知王莽是否是故意的,王政君是元帝的皇后,拆了老公的庙给老婆修庙,这是几个意思。

修就修吧,王莽还请王政君来长寿宫吃饭。

王政君一见就惊了,大怒道:"汉家的家庙都有神灵存在,为何要毁掉。再说了,我原本是人家的妃妾,怎能辱没先帝的庙来做我用食的地方。"

这场宴会自然无法进行下去,搞得不欢而散。

四年后,自称"汉朝老寡妇"的王政君在绝望中死去,活了八十四岁。

十年后,"托古改制"失败的王莽被杀了。

王政君的神预言果然实现了,王家被灭族,江山又重新回到刘家手里。

故事讲完了,现在到了该追究责任的时候,西汉到底亡于谁之手?

这还用说,铁定是王莽啊,改"汉"为"新"的是他,坐上皇位的还是他。

不过,王夫之不这样看,"亡西汉者,元后之罪通于天矣。"罪魁祸首不是别人,正是王政君。

为啥把这口锅扣在她头上,班彪做了一个到位的解释:"王莽之兴,由孝元后历汉四世为天下母,飨国六十余载,群弟世权,更持国柄,五将十侯,卒成新都。位号已移于天下,而元后卷卷犹握一玺,不欲以授莽,妇人之仁,悲夫!"

王政君作为四任皇太后,任由兄弟们轮流专权,最后大权落入王莽之手,自己被完全架空,大势已去却死抱着玉玺不放。

这样的表现哪里像个女政治家,不过是一个普通的妇道人家。

有道理吗?当然有道理。

祸根在于"王氏子弟皆卿大夫侍中诸曹,分据势官满朝廷",出来一个王莽是迟早的事情。

她以为王莽能成为另一个霍光,但完全打错了算盘,眼睁睁地看着他吸干了西汉的最后一点水分。

王政君一生守护的刘家江山，竟然被娘家人篡了位，到最后娘家人也被灭族清算。

好似食尽鸟投林，落了片白茫茫大地真干净！

再说说王莽，一提到这位，就是"伪君子＋野心家"。

白居易那首诗太出名了："周公恐惧流言日，王莽谦恭未篡时，向使当年身便死，一生真伪复谁知。"

说的好像是王莽装了一辈子，就是为了阴谋篡位。

真是这么回事吗？先别着急下结论，因为这个人太复杂了！

应该说，他开始并不是奔着皇位去的，起初只是想"谋权"而非"篡位"。

野心总是和权力成正比的，权力越大，野心也就越膨胀，直至吞噬一切。

话说回来，王政君想让王莽成为霍光，还要看他辅佐的皇帝是什么成色。

霍光扶助的是昭帝、宣帝这样的英主，终成"昭宣中兴"。

再看看王莽身边的皇帝，没有一个靠谱的。

汉成帝专宠赵氏姐妹,汉哀帝迷恋男宠董贤,汉平帝和刘婴不过是乳臭未干的小儿。

刘家不行了,为什么不能让我王莽试试呢?

姓刘的能当皇帝,姓王的当然也可以,陈胜早都说了,王侯将相宁有种乎!

至于伪善,细琢磨王莽开始时也不一定是想着故意要"装"。

别忘了,在王家子弟声色犬马、相互攀比的时候,只有王莽一个人在苦读圣贤书。

至少在前期,他认为做人就应该这样。后来看到了名声的重要性,演戏的成分就多了。

不过,即使是装,没有伤害别人,而使人得到实惠,也没有什么不好。

捐款捐地给贫民,为学者建筑馆舍,给流民修筑宿舍,为有功之人请赏,这哪一件不是好事。

换个角度,如果每个官员都用这么大的代价,花费这么多心思,耗费这么长时间来"装",那将是一个什么样的社会呢?

王莽败就败在后来的改制上,如果成功了呢?

再说说他的改革，除了改名、改货币、搞华夷之分有些瞎胡闹外，主要的改革举措出发点还是好的。

只是步子迈得太大，最终被扯着了。

抛开政治评价，单说个人命运，这姑侄俩都是悲剧人物。

王政君是老子不疼，老公不爱，儿子不孝，最终还被侄子坑死，留了个千古骂名。

王莽的代价更大了！

他有四个儿子，两个被他逼得自杀，一个吓疯，老婆因此哭瞎了眼睛。唯一的女儿被他送进宫，年纪轻轻就成了寡妇。

他牺牲了整个家庭，到头来还赔上了自己。

还是那句话："不信抬头看，苍天饶过谁。"

来吧，干了这碗鸡汤——
刘秀和阴丽华

一

公元 18 年某天，长安城，通往南门的道路正在实施临时"交通管控"措施。

不过，正在出行的不是皇上，而是执金吾。

这是一个什么样的官职呢？居然有如此大的排场。

简单地说，就是首都卫戍区的最高将领。

按照当时规矩，执金吾每月巡查帝都三次，每次出行派头都很大。

到底有多大呢？随从有二百名骑兵，还有五百二十名持戟卫士。"舆服导从，光满道路，群僚之中，斯最壮矣。"众多官员中，就属执金吾最拉风。

如此阵势，自然有不少围观群众，东汉的开国皇帝刘秀就在其中。

他当时的身份是太学生，看过以后被惊着了，写下了励志警句——"仕官当作执金吾"。

当官就要做这样的官,官职大小先不说,重要的是要有如此的排场。

当然,读过历史的都知道,这只是前半句,说的是对事业的理想。后半句说的是对爱情和婚姻的梦想——"娶妻当得阴丽华"。

这就是刘秀全部的人生目标,能像执金吾一样拉风,再把阴丽华讨为老婆。

完美,这样的人生太完美了!

梦中情人阴丽华到底长什么样,让年轻的刘秀甘心拜倒在她的石榴裙下?

很遗憾,这份好奇心无法满足,因为史书里没有具体的描述。

"光武适新野,闻后美,心悦之。"只说了阴丽华美得让刘秀心动。到底有多美,压根儿就没说。

不过,有一点是可以肯定的,阴丽华是个大家闺秀。

因为阴家可不是一般的家族,是春秋时大牛人管仲之后。

为啥不姓"管"姓"阴"呢?这是因为到了七代孙管修的时候,从齐国迁到楚国,被封为阴大夫,以后就改姓"阴"了。

阴氏是南阳新野地区当仁不让的头号豪门大户。豪到什么程度？"田有七百余顷，舆车仆隶，比于邦君。"土地有七百多顷，车子和奴仆的规模一点都不亚于诸侯王。

相比之下，刘家太寒碜了。

"性勤于稼穑"，意思是说刘秀干农活是一把好手，敢情这位开国之君最早是个农民。

不过这个农民长得不赖，史书记载，个子高，身材好，浓眉大眼，高鼻梁，大帅哥一枚。

但是，帅不能当饭吃啊，更何况，人家阴丽华长得也不错。

差距实在有点大，穷小子刘秀怎么会认识阴家大小姐呢？

牵线人是刘秀的姐夫邓晨，他和阴家沾亲带故，通过这个关系，刘秀见到了阴丽华。

那一刻起，刘秀知道了，世上有一种爱情叫作"一见钟情"。

阴丽华什么态度呢？史书上没说，刘秀大概率是在暗恋。

"娶妻当得阴丽华"，他天天用这句话为自己打气。能否实现不好说，但梦想还是要有的，毕竟没有目标的人生不值得一过。

如果生活一直平淡如水，估计这两个目标，刘秀一个都实现不了。

原因很简单，刘秀没有任何背景，他老爸只是一个小县令，而且在他九岁时就死了，成为孤儿的刘秀兄妹只好投奔叔父刘良。

这位叔父没啥太大本事，当过最大的官也是一个小县令。

当时社会阶层已经固化，连"内卷"的机会都没有，无权无势无背景的刘秀能有多大出息？阴家又怎么能看得上他？

乱世出英雄，英雄才能配美人。很快，这场"乱世"便来临了。

王莽篡位改朝换代，搞了一场没有受益方的改革，加上连年天灾，各地纷纷揭竿而起。

刘秀的大哥刘縯按捺不住心中的冲动，想凑个热闹，干他一票，准备在宛城起兵。

刘家兄弟虽然是一个娘胎生的，但性情迥异，差别极大，完全是两路人。

刘縯是个江湖人士，"性刚毅，慷慨有大节，不事家人居业,倾身破产,交结天下雄俊"。

他的偶像是汉高祖刘邦,你别说,还真有点像。在刘縯看来,文绉绉并喜欢种地的刘秀,像是刘邦那个没出息的二哥刘仲。

刘縯最终死于锋芒太露,刘秀能成功因为处事谨慎。性格决定命运,没有办法的事情。

刘氏兄弟的这支部队,由于是在南阳郡舂陵起兵,被称作"舂陵军"。名字听上去不错,装备却相当差劲,差到什么程度,"光武初骑牛",刘秀最初只能骑着牛作战,后来"杀新野尉乃得马",好不容易才得到一匹马。

头一次听说骑牛打仗,很难想象,这头牛得跑多快呀!

刘秀尚且如此,其他人就可想而知了,吃败仗是自然的事,小长安一战,叔父刘良的老婆和两个女儿,二姐刘元和三个女儿都在乱战中被杀。

打仗不是过家家,是要死人的,而且要死很多人。

单干不成,必须要入伙,刘氏兄弟带着人马投奔了绿林军。

是金子总要发光的,刘縯、刘秀很快脱颖而出,两人联手消灭了甄阜、梁丘赐率领的王莽军队,在绿林军中站稳了脚跟。

这只是小试牛刀。

刘縯率军攻克宛城,刘秀更是厉害,带着不到两万人的军队在昆阳城下大破四十余万敌军。

太不可思议,就算以少胜多,双方实力相差也太悬殊了吧。

于是各种说法都来了,有的说天降陨石使得王莽军队损失惨重,有的说数字有水分,王莽军队实际只有五六万人。

不管真相如何,经此一战,王莽主力尽损,被早早宣判了死刑。

前途形势大好,内部却起了纷争。

绿林军打算选个刘姓子弟做皇帝,刘縯本来是第一人选,资格没问题,更关键他很能打。

坏就坏在能打上面,其他将领担心无力控制刘縯,因此他落选了。软弱无能的刘玄摘了桃子,这就是更始帝。

刘氏兄弟屡立战功,威名远扬,这样下去,皇位迟早会被他们夺去。

当断不断,反受其乱,刘玄等人找了个由头,杀掉了刘縯。

刀已经悬在了刘秀的头上,他该何去何从呢?

三十六计走为上,可是能走到哪里呢,总不能又回去种地吧。哪里有压迫哪里就有反抗,可拿什么反抗呢,胳膊怎能扭过大腿?

如今只有一条路——忍!

刘秀主动向刘玄请罪,批评完大哥后开展自我批评,绝口不提昆阳之功,对刘縯过去的手下敬而远之。

"又不敢为縯服丧,饮食言笑如平常",大哥死了,没有服丧,谈笑吃饭一如平常。

看上去有些假,不过还挺好使。

更始帝刘玄自己都觉得有些不好意思,难道真的是"以小人之心度君子之腹"?不但没有要刘秀的命,还给他封了武信侯。

一切都是在演戏。

"每独居,辄不御酒肉,枕席有涕泣处",一个人独处时完全是另一种状态。

刘秀紧接着做出一个令人诧异的决定——迎娶阴丽华。因为在外人看来,这多少有些没心没肺,大哥刚死,你就做新郎官,实在说不过去。

这正是刘秀的目的所在,想要完全消除刘玄的戒心,也只能如此。

况且阴丽华是多年的梦中情人,两人年龄都不小了,阴丽华十九岁,刘秀已经二十九岁,在当时算是大龄青年了。

儿女情长,英雄气短,新婚燕尔,卿卿我我,刘秀像是掉进了温柔乡。

刘玄彻底放心了。

二

刘秀很快获得新差事,到洛阳去监工,整修被战火焚毁的宫殿,为刘玄搬家打前站。

如胶似漆仅三个月,这对新婚夫妇不得不分开,更未承想到,再见面已是两年多后。

这件差事办得不错,接着刘秀又获得一个新差事——招抚河北地方势力。

这对刘秀太重要了,远离了龙潭虎穴,获得了独立发展空间。

机会可以给,但其他的都要靠自己想办法。"光杆司令"刘秀只身来到河北,险些把命给搭上。

要取他人头的叫王郎,这哥们儿是个超级大忽悠,本来是个算命的,不知从哪里打听到成帝有个叫刘子舆的儿子流落到民间,逢人就说自己就是刘子舆。

宗亲之后刘林不知是被他忽悠,还是想趁乱捞一把,拥立王郎做了皇帝,一时间"赵国以北,辽东以西,皆从风而靡"。

他们听说刘秀跑到自己地盘捣乱,必须除之而后快。发布了悬赏广告,谁能拿下刘秀的首级,赏邑十万户。

有钱能使鬼推磨,何况不是小钱。

刘秀开始了流亡生活,大路不敢走,城门不敢进,饥寒交迫,险些饿死,只能冒充王朗的手下到驿站里骗吃骗喝,因为吃相太难看,最后露了馅儿。

狼狈,实在太狼狈了,刘秀开始打退堂鼓,想着回去得了。

关键时刻,来了两个帮大忙的——上谷郡和渔阳郡。

刘秀总算是站稳了脚跟,但想消灭王郎、刘林,好像还差点意思。

当地还有一个实力派,这人就是真定王刘杨,手下有十几万人。

不过,这位王爷是个地头蛇,蛇鼠两端,先依附王郎,后提出可以帮刘秀，但有个条件就是要他迎娶自己的外甥女郭圣通。

答不答应呢？家里有个老婆，成亲不到一年，如今又要讨个老婆。

但有的选吗？这嫁妆太诱人了，居然是十万大军。

就这样刘秀又当了一次新郎，接下来王郎被灭，再接下来成了"铜马帝"，最后变成了"汉光武帝"。

阴丽华哪里知道自己老公做了皇帝，两年多没任何音信，只知道去了河北，不知是死是活，直到有一天刘秀派兵来接她。

高兴归高兴，但却五味杂陈，老公身边多了一个陌生女子，而且挺着大肚子，已经有了与刘秀的骨血。

阴丽华的心境无人可知，不过，又能如何呢，时光不能倒转，更何况生米煮成了熟饭。

接下来就出现了一个重大悬念——谁为皇后？

这个有点不好猜，因为阴丽华和郭圣通同时被封为贵人，属于同一起跑线。

阴丽华似乎略为领先半个身位，因为他的哥哥阴识获封阴乡侯，爵位高于郭圣通的娘家。

结果有些令人意外,立郭圣通为皇后,她生的儿子刘疆为太子。

为什么会这样?大概有三个原因。

其一,局势所迫,刘杨因预谋造反被刘秀所杀,人心不稳,必须将影响控制到最小,立郭圣通为皇后,让河北势力吃下了定心丸。

其二,早生子嗣,有无子嗣对皇帝而言太重要了,此时郭圣通已经生下刘疆,自然会受到群臣的拥戴。

第三个因素也很重要,阴丽华坚决推辞,说死说活不愿意当这个皇后。

阴丽华为何这样做呢?史书上给出的理由是"以郭氏有子,终不答应",因为自己没有子嗣,所以让位,这又回到了第二个理由。

这当然是重要原因,但背后可能还有一层意思,就是自己做的贡献太少了。

郭圣通跟着刘秀转战南北,刘秀手下的将士都知道郭圣通,根本就不知道还有一个阴丽华。

总体来讲,阴丽华表现得高风亮节,气度非凡,虽然没能成为皇后,却为她加分不少。

两年后,阴丽华为刘秀生下了第一个儿子——刘阳。令人奇怪的是,这个儿子不是生在宫中,而是生在行军路上。

为何会这样,还真说不清楚,因为没有记载,只是说刘秀下令将行军速度压到最低,这无疑是为了照顾挺着大肚子的阴丽华。

既然如此,何必要带着呢?万一有个三长两短,该如何是好?

有意思的是,阴丽华和郭圣通从此开始了生子大赛。

比赛基本保持着你生一个我生一个的节奏,一直到年龄大了,大家都生不动了为止。

现在宣布比赛结果:两人各生了五个儿子。

看来很难分出胜负,别急,还有女儿呢。

刘秀有五个女儿,阴丽华生了三个,郭圣通生了一个,还有一个生母不详。

最终的比赛成绩是,阴丽华以8∶6险胜郭圣通。

双方真够拼的,特别是阴丽华,她比郭圣通后生下皇子,最后居然实现逆袭。

这能说明什么呢?至少两点。一是刘秀对阴丽华确实宠幸;二是刘秀和郭圣通的结合并非是完全意义上的政治婚姻。

很难想象，刘秀和一个一点都不喜欢的女人会生下五子一女。

只是，有些心疼刘秀，比赛过于激烈，想必这位帝王实在是有些累。

如这场比赛过程一样，郭圣通开始还能相持，到后来天平逐渐倒向了阴丽华。

建元九年发生了一件事，阴丽华的老妈和弟弟被盗贼劫持，在准备采取营救行动时，却不幸被撕票了。

刘秀下了一道诏书安慰阴丽华。按说皇妃家眷遇害，皇帝下诏安抚，也在情理之中，但奇怪的是，这份诏书却大谈皇后选立问题。

刘秀先说在自己最困难的时候，阴丽华嫁给了他，但"因将兵征伐，遂各别离。幸得安全，俱脱虎口"。

接着抛出了重点，"以贵人有母仪之美，宜立为后，而固辞弗敢当，列于媵妾"。

说得太直白了，"母仪之美"的阴丽华才是皇后的最佳人选。之所以选择郭圣通，是因为阴丽华"固辞"的结果。

刘秀本意或许是想说，给阴家的一切待遇都是理所应当的。

但他太不讲究说话方式了，如此直言不讳，你让郭圣通怎么想，让天下人怎么想。

刘秀如今用不着太在意别人的想法，因为他已经彻底平定天下，可以完全按照自己的主意行事了。

南宋的洪迈认为，刘秀下了这道诏令后，郭圣通就无法安于皇后之位了。

有道理！很有道理！

三

刘秀还是迈出了这一步，八年后下诏废郭圣通，改立阴丽华为皇后。

这本没有太出乎意料，明眼人看出这是早晚的事，不过，废后是大事，还是要给出一些理由。

刘秀给出的由头主要有两点，一是"怀执怨怼"，二是"吕霍之风"。

第一点是说郭圣通小心眼、爱嫉妒。这不算大事，就算一个普通妇女被老公冷落一旁，有些情绪很正常，何况是堂堂皇后。不过，就算是郭圣通有些抱怨，无论如何也够不上废黜的程度。

第二点可大了去了,说她以后会效仿吕后,废立天子,纵容外戚专权。这比第一个问题严重多了,不仅够得上废后的标准,杀头也不为过。

当年武帝仅仅为了预防太后专权就赐死了钩弋夫人,现在已经看出郭圣通有了吕霍之风,后果会有多严重。

结果是啥事没有,郭圣通不仅毫发无损,还获封了中山王太后。

郭家不仅没受影响,反而更受恩宠,兄弟们都封了侯,刘秀没事还跑过去找他们一块喝酒。

说好的幽禁呢?鸩酒呢?三尺白绫呢?别太当真了,一切都不过是托词,说给天下人听的。

刘秀只希望大事化小,小事化了,赶紧完成皇后之位的平稳过渡。所以,废后诏令最后一句写道:"异常之事,非国休福,不得上寿称庆。"

按说册立新后,应该普天同庆,刘秀却踩了急刹车,说到底是想低调处理,大伙赶紧忘了这事,该干吗干吗去。

刘秀做出这个决定并非看上去那么简单,需要一份勇气,因为这会给他的形象带来伤害值。

在此之前，刘秀太完美了！

乱世之中，他挺身而出，凭借出众的政治智慧和手腕，平定天下，四海升平。登基称帝后，"进文吏退功臣"，成功解决开国君主和功臣集团的矛盾，通过一系列举措，使得国家蒸蒸日上，百废俱兴。

如果不犯大的错误，他会将一个无比高大的形象留在史册之上。

"废郭立阴，圣德之玷"，无故废掉郭圣通，对爱惜羽毛的刘秀来讲无疑是一个瑕疵。

蔡东藩评价说："光武帝能容功臣，独不能容一妻子，废后之举，全出私意，史家多讥其不情。"

"情"与"不情"对刘秀不再重要，他愿意为一个人舍弃名声，这个人就是阴丽华。

如果没有阴丽华的话，刘秀打死也不会废掉郭圣通，也许会宠幸其他女人，但宠一宠也就罢了。

阴丽华和其他女人不一样，对刘秀意味着太多了：

是"娶妻当得阴丽华"的爱情誓言；

是"微贱之时，娶于阴氏"的难得慰藉；

是"幸得安全，但脱虎口"的劫后重逢；

是"乡里良家,归自微贱"的低调仁爱;

是"宜立为后,而固辞弗敢当"的顾全大局。

总之,这个原配夫人做了十几年的侧室,刘秀觉得亏欠她实在太多了。

刘秀能想到的最好补偿方式,就是让阴丽华获得她应该获得的位置,郭圣通的重大过失,只是他编出来的理由。

所以,郭家依然安享富贵,郭母去世,刘秀亲临送葬,郭圣通去世,被允许陪葬原陵。

郭圣通完全可以含笑九泉,因为这和历史上那些废后的命运简直天壤之别。

皇后废了,但太子还是刘疆。

刘秀没说废也没说不废,一切都扑朔迷离。

太子老师郅恽做了个试探,话说得很巧妙,表示夫妻间的事谁都不好管,儿子不能干涉父母,臣子不能干涉皇上,但还是请陛下您考虑周全,以免被天下人议论。

刘秀啥态度呢?你放宽心,我不会因为有失偏颇而影响国家大事。

话虽这样说,但几乎所有人都能看出来,太子替换只是时间问题。郭圣通被废,刘疆很难自保,更何况阴丽华生下的刘阳相当出众。

有一件事儿值得一说,当年刘秀搞清查田亩运动,看到地方官上报的书牍上写有:"颖川、弘农可问,河南、南阳不可问。"

刘秀搞不懂啥意思,问谁谁都不吱声。

只有十二岁的刘阳有了露脸机会,这太简单了,南阳是父皇的老家,河南是帝乡,谁还敢查呀!

原来如此,原来如此!刘秀对这个儿子刮目相看。

刘疆不是傻子,看到老妈被废,"常戚戚不自安",但这种事儿自己又不好出面跟老爸讲。

怎么办呢?只好请求其他王爷出来替自己说话,表示愿意不要太子之位去做藩王。原本想只要开口,刘秀就会点头,没想到,说了几次都没有同意。

正当刘疆不知如何是好的时候,老师郅恽告诉他这是皇上玩客套,毕竟皇后无过被废,一上奏就批准,显得刘秀太不地道了。

怎么办呢?接着上啊,直到批准那一天。刘秀父子开始了表演秀,一人请辞,一人拒绝,居然折腾两年多的时间。

刘秀觉得该收场了,大笔一挥,批准了刘疆的"辞职信"。刘阳成为新太子,改名为刘庄。他原来的头衔东海王给了刘疆。

刘疆当了十七年太子被废固然有些可惜,但比起其他废太子,他的待遇实在太好了。

刘秀觉得这个儿子很懂事儿,给他增加了封地,提高了礼仪规格。后来的汉明帝刘庄也觉得太子哥哥识大体顾大局,对他相当不错,死后以近乎帝王的礼仪将其安葬。

从废后开始,到太子让位,这场宫廷大戏终于落下帷幕。

阴丽华和刘阳看上去是赢家,但郭圣通和刘疆似乎也没有输,没有鸡飞狗跳,没有鱼死网破,更没有血腥杀戮。

在这里必须为光武帝刘秀点赞。

走上皇后岗位的阴丽华表现如何呢?同样相当的赞。

"后在位恭俭,少嗜玩,不喜笑谑。性仁孝,多矜慈。"这是《后汉书》作者范晔对她的评价,说她恭谨俭约。不嗜好赏赐珍品,不喜欢嬉笑戏谑,生性仁爱孝顺,怜悯慈爱。

南怀瑾将她与朱元璋的马皇后并称为历史上难得的好皇后,唐太宗的长孙皇后都要排在后面。

不得不佩服刘秀的眼光,这样的好皇后哪里找去?

阴丽华是如何做到的呢?天性使然。

用老臣第五伦的话说,她是"友爱天至",就是说她天性善良,不愿去伤害别人。

还真不是恭维阴丽华,她这一辈子好像真的没有伤害过谁。

四

除了个性,还有一个非常重要的因素——家教。

阴家毕竟是管仲之后,对家庭教育抓得很严、很细、很实,成效不仅体现在阴丽华身上,她的兄弟也毫不逊色。

大哥阴识因征战有功,刘秀拟破格封赏,被阴识谢绝,给出的理由是"天下刚刚平定,许多人都立下功劳,臣依托阴贵人的亲戚关系,现在又被增加封邑,就无法为天下做表率了"。

弟弟阴兴一直是刘秀的贴身侍卫,想升迁他为侍中,赐关内侯。阴兴坚决辞让:"臣未有先登陷阵之功,而一家数人并蒙爵土,富贵已极,不可复加,至诚不愿。"

说自己没有真正去前线打过仗,况且您对我们一家已经够可以了,这个赏赐说什么也不能要。

瞧瞧人阴家的家风!

难能可贵的是,阴丽华不仅自己有"母仪之美",还给儿子刘庄选立了一个好皇后。

这位儿媳是马革裹尸的马援将军的小女儿,她德才突出,深得刘庄宠爱,但有个致命的问题是没能生下一儿半女。

到了选立皇后的时候,竞争者还有阴贵人、贾贵人等嫔妃,而阴贵人出于阴氏家门。

按照一般操作,阴丽华完全可以利用马氏不能生育这一点推本家上位。

只是,阴丽华不是一般人,已经升为太后的她说了一句话:"马贵人德冠后宫,即其人也。"

一语定乾坤,历史又多了一位被誉为"千古贤后"的明德马皇后。

如果搞个皇帝皇后的神仙眷侣排行榜,这两位恐怕能高居榜首。阴丽华在皇后中能入三甲,刘秀在皇帝中很有可能夺冠,这样的组合想想都可怕。

笔者不是"秀粉",给刘秀如此高评价的,都是一些大名人,且听听他们怎么说:

李世民:"朕观古先拨乱反正之主,皆年逾四十,惟光武年三十三。"

司马光:"自三代既亡,风化之美,未有若东汉之盛者也。"

苏辙:"东汉光武,才备文武,破寻邑,取赵、魏,鞭笞群盗,算无遗策,计其武功若优于高帝。"

朱元璋:"惟汉光武皇帝延揽英雄,励精图治,载兴炎运,四海咸安。有君天下之德而安万世之功者也。"

王夫之:"自三代而下,唯光武允冠百王矣。"

毛泽东:"最有学问、最会打仗、最会用人的皇帝。"

南怀瑾:"在中国两千年左右的历史上,比较值得称道,能够做到齐家治国的榜样,大概算来,只有东汉中兴之主的光武帝刘秀一人。"

够了!够了!刘秀如果地下有知,估计要傲娇了。

不过说心里话,他当之无愧。不说别的,同时具备以下几点的能有几个帝王?

一是天下是自己打下来的,而且身先士卒;二是开国功臣全部得到善终,没有杀戮;三是生活作风优秀,跟初恋情人从一而终;四是培养教育了一个杰出的接班人;五是治国有方,既是开国皇帝又是中兴之君。

有吗?实在想不出来。

唐太宗李世民能打,但是他杀兄灭弟,还逼着老爸退位。

汉高祖刘邦和明高祖朱元璋,从平民到皇帝,确实厉害,但杀戮功臣,血流成河。

秦始皇嬴政一统天下,相当牛掰,不过暴虐成性。

汉武帝刘彻雄才大略,但到最后逼死了太子和皇后。

这几位都不行,更别提其他皇帝了。由此看来,刘秀绝非浪得虚名。

这对神仙眷侣后来过得如何呢?史书没细说,想必很幸福。

何以见得?大概有两条,首先刘秀没有闹过绯闻。史书记载,他后妃只有三人,除郭圣通和阴丽华以外,还有一位许美人。

这位许美人生下了楚王刘英,但始终没有得到刘秀的宠爱,史载:"母许氏无宠,故英国最贫小。"

照此说来,郭圣通被废后,刘秀只宠阴丽华一个人。那首歌怎么唱的来着,"一生只为一段情,一生只爱一个人"。

还有一个角度更说明问题。家庭是否幸福,夫妻是否和谐,孩子最有发言权。

来看看刘庄的表现,阴丽华去世十年后,刘庄梦到了父母生前快乐幸福的样子，从梦中高兴地醒了过来，发现原来是一场梦，以致"悲不能寐"。

这多么让人感动。

公元57年，刘秀驾崩，七年后阴丽华病逝，谥号"光烈"，她是古代第一个获得谥号的皇后。

刘秀和阴丽华合葬于原陵，相爱相伴一辈子的他们，在另一个世界继续着他们的爱和幸福。

故事讲完了，看上去像一部古装言情剧，不过不是虚构的。

所以，别动不动就不相信爱情，这个世界上还是有真爱的。

关键是要在正确的时间遇到正确的人，更关键的是能够彼此珍惜和包容。

来吧，干了这一碗鸡汤，没有找到的继续找寻吧。

祝你或你们好运！

刘宏和张角

财迷帝和假半仙

一

公元178年,东汉都城洛阳,一种商品价格出现了重大波动,一路飙升,最后到了有价无市的地步。

说来别不信,这个商品居然是毛驴。

原因是当朝皇上汉灵帝刘宏引导了时尚,喜欢上了驴车,而且还是自驾,经常在皇宫里四处兜风。

他为啥喜欢驴车呢?起初应该是好奇心作怪,没想到驾驶的感觉相当不错。

上有所好,下必甚之!

驴车很快风靡京城,受到了王公贵族的追捧。

谁能想到毛驴会如此吃香,于是出现了严重供给不足,驴价水涨船高,到最后拿着钱都买不到了。

更难以想象的是,甚至出现拦路抢驴事件,说来可笑,不劫财不劫色只劫驴。

各位权贵为毛驴争得不亦乐乎时,刘宏的新鲜劲儿过去了，看着郁郁寡欢的皇上，宦官们挖空心思想着新玩法。

这次他们换了一种动物——狗。

宦官们给狗戴上进贤冠，穿上朝服，配上绶带，牵着摇摇摆摆来上朝。

刘宏终于又乐了，看着狗穿着朝服的滑稽样，不禁拍掌大笑道："好一个狗官。"

还说人家是狗官，刘宏不照照镜子，自己更像一个狗皇帝。

如此一位荒主怎么能成了大汉的天子呢？说到底还是他命好，因为皇位原本对刘宏遥不可及。

刘宏是汉章帝刘炟的玄孙，他老爸死后，世袭了解渎亭侯的爵位，要知道亭侯是最低一级的列侯。

上一任皇帝桓帝刘志挂了，没有留下子嗣，桓帝的皇后窦妙和她老爸窦武在皇族中选来选去，最后选中了刘宏。

为什么会选择他？不太清楚，或许是因为年龄小，当时刘宏只有十二岁，也或许是因为他地位不高，容易控制。

总之，刘宏就这样稀里糊涂地当上了皇帝。

桓帝留下的烂摊子这个十二岁少年哪里能接得住，况且窦家也不会让他接，所以别看刘宏坐在皇位上，充其量不过是个看客。

朝中真正说了算的是大将军窦武和他所倚重的太傅陈蕃。

陈蕃不是等闲人物,历经三起三落,到了今天的位置,此时他已经年近八十。

早在十五岁时,他便有了平天下之志,老爸的朋友到他家拜访,看到陈蕃的屋子脏乱差,责备他应该打扫干净迎接客人。

陈蕃表示严重不服:"大丈夫处世,当扫除天下,安事一室乎!"脏点乱点怎么了,大丈夫志在天下,哪里有工夫顾得上自己的屋子干净不干净?

听上去有些强词夺理,不过人家陈蕃没吹牛,后来确实做到了。

陈蕃和窦武联手最想做的一件事是——铲除宦官集团。

这个集团是东汉中后期的两大毒瘤之一,另一颗毒瘤是外戚。

说起宦官,科普一点知识,通常把太监、宦官、阉人都认为是一类,实际他们是有区别的。

宦官早就有了,春秋战国甚至更早,不过宦官不是太监,有点像管家的角色,身上也不缺零件,赵高据说就是宦官出身。

东汉以后,只有阉人才能做宦官,原因很好理解,后宫本来只有皇帝一个男人,但女人却数不胜数,不这样做,万一擦枪走火,给皇帝戴了绿帽子,会被天下人耻笑。

至于太监,是辽代才出现的名号。到了明代,只有地位较高的内监才被称为"太监"。清代人们把所有宦官都称为"太监",太监也就成为宦官的代名词了。

光武帝刘秀下令,男人做了手术才能够进宫做宦官,貌似很好解决了"绿帽子"的忧患,没想到带来了更大的问题。

不能怪刘秀,他不可能学过生理学和心理学。

宫刑之后的阉人身体上的残疾导致了人格上的缺陷,迫切需要通过获取某种东西来补偿。

这个东西就是——"权力"。

东汉王朝给了宦官们足够的机会,因为小皇帝太多,除了个别几位外,大部分都是未成年的,有四个皇帝死时甚至未满十岁。

不难想象,大权基本为太后掌控,太后又是妇道人家,只能找娘家人商量,于是外戚专权就来了。

小皇帝终有长大的时候,突然发现自己只是一个摆设,想拿回权力，外戚不愿意放，只能借助身边的宦官夺权。

接着又一个小皇帝上台，外戚卷土重来，为了巩固权力，又开始收拾宦官。

这样的恶性循环，让东汉帝国在无休止的内耗中走向末路。

除了宦官和外戚外，还有一个非常重要的群体，便是由读书人组成的士大夫集团。

读书人自然清高，两边都看不上，特别是对宦官，一群连根都没有的阉人居然敢耀武扬威。

一场针尖对麦芒的对抗不可避免！

陈蕃作为读书人的代表，觉得如今是扳倒宦官集团的最好机会。

宫里窦妙说了算，宫外他和窦武说了算，千载难逢，机不可失，时不再来。

不过总是需要一些理由，师出有名，才能使天下人心服口服。

很快，机会就来了——天上出现了日食。

当时没有天文望远镜，搞不懂日食、月食是咋回事，反正觉得是一种灾象，是上天给出的警示，说明国家治理出现了问题。

历朝历代，只要出现这样的天象，皇帝和大臣们都要开展批评和自我批评。

陈藩动员窦武进宫找女儿，建议窦太后杀掉宦官以平息上天的怒气。

窦武见到太后女儿便大呼要出大事儿，老爸一惊一乍的，还真把窦妙吓着了。

会出什么大事儿呢？如今宦官们的亲信遍布朝廷，搞得到处乌烟瘴气，再不管管，必出大乱。

该怎么办呢？好办，诛杀所有宦官，还天下清静。

窦武满以为女儿会站在他这边，他哪里知道曹节、王甫等大宦官暗地里大献殷勤，让窦妙觉得这些宦官并不可恶，反而感觉挺不错的。

窦太后不同意一网打尽，给出的理由是"自汉朝以来，一直都有宦官，只听说谁犯罪惩罚谁，没听说过一窝端掉"。

说得也有道理，把宦官都杀了，谁来服侍皇帝和后宫成千上万的女人。

既然谁犯法可以惩罚谁，那就枪打出头鸟。

窦武下令逮捕中常侍管霸、苏康，请示窦太后将两个人正法。

这次,他的女儿没拦着。

倒不是因为窦妙的思想觉悟短时间内有了提高,而是这两位和她本来就有过节。

窦武、陈藩还以为窦妙终于想通了,想着趁热打铁,上疏要求收拾曹节、王甫等人。

窦太后当然不同意。

"秀才造反,十年不成",陈藩虽然宦海沉浮,但身上的书生气还是太重,这种你死我活的政治斗争,非要搞得一板一眼,好像一个程序都不能少。

这还不算,为了展示自己的浩然正气,居然恳请将诛杀宦官的上疏公开给百官看。

百官看到了,宦官也就看到了。

他们能坐以待毙吗?当然不能,你来明的,他们来阴的,所谓"明枪易躲、暗箭难防",这样拖下去,笑到最后的大概率是宦官。

果不其然,厄运很快就来了。

窦武和陈藩都觉得无法再拖下去,于是找了个由头,抓捕了宦官集团骨干分子郑飒。

这哥们是个尿包,还没怎么上刑,就全部招供,把曹节、王甫等人都牵扯了进来。

窦武如获至宝,再次上疏太后,要求还是一样的:杀光宫里所有的宦官。

按说这种生死攸关的事不能过夜,应该快刀斩乱麻,窦武倒好,写完折子,离开皇宫回家休息了。

或许他觉得,这次人赃俱获,板上钉钉,未曾想,这份奏章被当值的宦官朱瑀偷偷看到了。

这样一个不起眼的小人物,决定了历史的走向。

朱瑀又惊又怕,觉得窦武等人下手太狠。心中怒骂道:"在宫中为官的,如有不法之徒,大将军自可杀之,我等何罪之有,为什么都要杀掉。"

说的也没错,你们把那些作威作福的大宦官杀掉就可以了,我们这些活得不如狗的奴才,你们居然也要杀。

既然你们不仁,休怪我不义。

朱瑀一边到处嚷嚷说窦武、陈藩要谋反,一边赶紧通知曹节、王甫。

这事儿已经整了好几个月,曹节、王甫早有预案,先是让刘宏移驾,后又劫持了窦太后,控制了这两位,就可以皇上和太后的名义发号施令,完全占据了主动。

结果很好猜,陈蕃和窦武先后被杀。

令人唏嘘的是,两人将一把好牌打得稀烂:一是太高估了自己,低估了敌人;二是打击面太大了,使得本来不是铁板一块的宦官,最后抱成了团。

宦官们笑到了最后,不用问,接下来就是血腥的报复。

首当其冲的是窦家,窦太后被软禁,其他族人不是被杀,就是流放荒蛮之地。

要说这个窦妙也是自作自受,当初要是听了老爸的话,哪里会有今天。

这才是开始,好不容易逮着机会,宦官们要把反对他们的读书人统统打到,让他们永世不得翻身。

各地掀起了抓捕党人的高潮,不管参与没参与,先抓了再说,六七百人受到牵连,领头的都被下狱处死。

二

刘宏自由了!

在此之前,他完全是个旁观者,窦家灭了,他终于可以走到前台。

不过，他还真有些不适应，身边没有了窦太后，殿下的好多人都不见了，只是宦官越来越多。

宦官们天天劝他劳逸结合，别累坏了身体。刘宏觉得也对，越来越觉得当皇帝没啥意思，索性放开了玩吧。

一玩就收不住了！

驴车玩腻了，就开始玩"集市"，他在宫中办了一个集贸市场，还挺像样子，米店、布店、鲜鱼店、古玩店应有尽有，感觉像在横店一样。

群众演员是必须有的，宫女和宦官有的扮成客商，有的扮成小贩，还有卖唱的、耍猴的，为了增加逼真效果，还安排人扮成了市井无赖打架斗殴。

刘宏自己是什么角色呢？装扮成有钱人混迹其中，玩得不亦乐乎。

这货更以好色著称，而且不是一般的好色。

《礼记》中说厉害的帝王，要在半个月内临幸一百二十一个女子，不过一般君王很难做到，但刘宏始终如一地贯彻执行，甚至有时候自我加压，超额完成任务。

他还有个首创，修建了历史上第一个裸泳馆，据记载，馆中的水里种植有荷花，花大如盖，宫女们裸身在中间嬉戏追逐，刘宏高兴了也下水，和她们打成一片。

好色爱玩瞎折腾的君王不止刘宏，但有一点他与众不同，便是太爱钱了。

按说天下都是你的，没必要在这方面操心，刘宏却不这么想，只有钱落进了自己的小金库才算是自己的。

为什么会这样？有人说是因为年轻时穷怕了，心里有了创伤，哪怕是当了皇帝，也改变不了攒私房钱的冲动和欲望。

只是，虽然刘宏年少时家境一般，但大小是个列侯，总不会穷到揭不开锅吧。

他先是打贡品的主意，按照当时规定，进贡的物品要收入国库，但刘宏总要从中抽成。

接着炒房地产，在原先的封地买地买房，想着将来即使不当皇帝，仍有一份固定资产。

然后又打着修宫殿的名义多征田税，号称"修宫钱"，这个主意是宦官张让、赵忠出的，刘宏相当感激，竟然称其为再生父母。

最后一招是让宦官判定州郡运来的原材料不合格，强迫州郡贱卖，买了以后再以十倍价格倒卖出去。

为了捞钱无所不用其极，钱袋子很快就鼓了，但是他还是觉得来钱太慢了。

怎么能一夜暴富呢？宦官们给他出了一个主意——卖官。

陛下您想啊，朝廷里这么多官位、爵位，标一标价，卖了出去，不就有钱了吗？

牛！牛！牛！我怎么就没有想到呢？

卖官这事早有人干过，但是，刘宏自有他的"不俗之处"。

一是公开卖官。向天下人宣布只要有钱就能买到关内侯以下的职位，为了方便交易，成立了卖官的专门机构——西邸。

二是明码标价。定价标准是官职的年度俸禄，年俸两千石的官职标价两千万钱，四百石的官职标价四百万钱，如果有特殊贡献，可以享受不同的折扣。

三是信贷支持。原则上是要付清全款再上任，手头比较紧的也没关系，可以采用按揭，先当官后交钱，当然价格要翻一倍。

四是母子联手。卖官原本是刘宏的独家买卖，他老妈董太后看着眼馋，也想从中分杯羹，于是做起中介，穿针引线，赚取差价。

即便如此，还是觉得不过瘾，索性把官职的限制放开了，只要出钱，三公九卿也可以卖，唯一的区别是需要单独议价。

生意实在太好了！

原因很简单，完全是垄断经营，卖方市场，天下独此一家，别无分店。

不少人靠正常途径升迁无望，如今有了这个渠道，犹如过江之鲫，争先恐后要付款。一些热门职位转眼就没，必须找熟人托门路，要不想花钱都买不到。

卖官的钱到了哪里呢？不用问，都进了刘宏的腰包。

国本就这样动摇了，这些人肯出钱买官，肯定不会做冤大头，上任后会变本加厉地剥削百姓，获取更大的回报。

实际上就是一种转移支付，最终买单的是广大人民群众。

这谁受得了？平常年份，还能勉强，赶上灾年，除了等死，就只能乞讨流浪成为流民。

整个王朝就像一个漏了气的燃气罐，只需要一点火星就可以炸翻天。

三

该来的终于来了！

搞出火星的人叫张角。

这位仁兄比较神秘，什么时候出生的？家庭背景是什么？统统都不知道。

只知道他自学成才，学习的内容是《太平经》。

好东西一定要分享，张角学成后，四处传教，广收门徒。

别人凭什么相信你说的呢？张角自有妙方——用符水治病。

看病难、看病贵自古就是个老大难问题，这边出了个免费治病的，听说医术还不赖，四邻八舍都跑来了。

符水真有那么神吗？不看广告看疗效，还真有些人给治好了。

不排除张角真可能学过几天医，但充其量不过是赤脚医生的水平。所以，所谓"神水"是怎么回事儿都懂得了吧，别真以为把神符烧成灰，用水喝下去就能药到病除。

别逗了，能治好多半是因为患者的心理作用，治不好呢，张角有自己的说辞，并非药不行，是这些人心不诚。

一传十，十传百，张角就这样成为网红人物。

摊子越铺越大，光靠张角和两个兄弟张梁、张宝实在忙不过来，再说了，要想扩大经营，必须要开立分店。

"派遣弟子八人，始于四方，然后以善道教化天下。"张角派遣了八个授权代表去找合适的地方开设"分公司"。

这招还真管事儿，十余年，教众已达几十万人之多，汉末十三州中有八州都有了分支机构。

更令人想不到的是，教徒中有不少的豪强、大户、官员，甚至还有宫中的宦官加入。

贫苦百姓活不下去，寻求精神寄托可以理解，这些锦衣玉食的家伙跟着凑热闹，就有些想不通了。

只能说明，张角的号召力实在太强了！

人多了是好事，但新问题又来了，如此庞大的组织该如何有效管理呢？

张角引入了"方"的概念，全国设置三十六方，大方有万余人，小方也有七千人左右，每方派一个"渠帅"去管理。

张角如此大的动静，东汉朝廷难道没有警觉吗？

还真有人意识到了风险隐患，司徒杨赐等人多次上疏，请求取缔这个非法组织，但奏章呈上犹如泥牛入海。

刘宏正忙着卖官赚钱呢，哪里有工夫搭理这个。消灭张角的最佳时机，就这样错过了。

张角已经不满足只做教主了，心中有了更高的理想——

做皇帝。

有这样的追求很正常，教徒和弟子有几十万人，只要拿起了武器，那是一股相当可怕的力量。

造反总要有一个朗朗上口的口号，陈胜喊出了"王侯将相，宁有种乎"，后来的李自成整出一个"吃他娘喝他娘，开了大门迎闯王，闯王来了不纳粮"。

张角提出的革命口号是——"苍天已死，黄天当立，岁在甲子，天下大吉"。

队伍有了，口号有了，接下来应该开干了。

从哪里打响第一枪呢？都城洛阳。

担任前敌总指挥的是大方首领马元义，他和张角的忠实信徒宫中中常侍封谞、徐奉暗中接头，相约来年三月初五正式起事。

这个日子是张角定的，据说推算了半天，是个大吉日，宜造反。

时间没到，就出大事情了！

张角的一个信徒唐周对前途感到悲观，上书官府告发了起义之事。

刘宏惊了，如此大的事情发生在自己眼皮子底下，竟然毫无所知，宣布洛阳戒严，展开大搜捕。

马元义落网并被五马分尸，大量太平教教徒被捕，一个月内仅在洛阳一地，被杀者多达一千余人。

京城天天抓人，天天杀人，好一个"白色恐怖"。

张角作为匪首，自然不能放过，朝廷严令冀州务必将张角等造反集团核心成员悉数捉拿归案。

要么交枪，要么起兵，没有第二条路可走。张角紧急召集骨干开会，一致同意提前发难。

一时间，道路上到处都是传达教主紧急指令的信使。

张角是个讲究人，要求起义的教徒必须穿戴统一的制服，否则看上去像是一群乌合之众。

制服是什么样的呢？其实很简单，用一块黄色的布包在头上，所以历史上称这支队伍为"黄巾军"。朝廷的叫法是"黄巾贼"，这次造反称作"黄巾起义"。

别小看了这块黄布，一个人戴没什么，十个人戴也没什么，但十万人都戴黄巾杀过来那就很吓人了。

张角自称"天公将军"，张梁、张宝分别为"地公将军""人公将军"，正式开干。

黄巾军开始所向披靡，攻无不克，战无不胜，犹入无人之境。

是战力强吗？非也，绝大部分都是贫苦百姓，没有受过正规训练，装备也极其简陋，逮什么武器就用什么武器。

问题出在地方官府身上，许多年都没打仗了，一下子遇到如此多叛军，而且是乌压压的一片黄，吓都吓死了，哪里还有心思抵抗？

刘宏有些慌了，紧急召开会议，商议对策。

将领皇甫嵩站出来讲了三点：一是解除党锢，让党人出来为国效力；二是将西园精心喂养的御马放出来做军用；三是让刘宏将小金库里的钱拿出一部分做军费救济。

刘宏傻了，本来让你们提出退兵良策，没想到皇甫嵩上来就打自己主意。

解除党锢没什么，放出御马虽然有些舍不得，但也能接受，至于让自己出钱，简直像割肉一样。

他好不容易靠各种搜刮再加上卖官，才有了不少积蓄，如今让他拿出钱，这不是要他的命了吗，再说了，国家有难，匹夫有责，为什么只让朕一个人出钱？

所以刘宏迟迟没表态，没说同意，也没说不同意，不过意思都懂的，那就是不同意。

私房钱的事以后再说,当务之急是如何派兵镇压。

会议作出三方面军事部署:其一是稳固京师,大将军何进率军拱卫洛阳,同时在周边设置八个关隘,每处都派重兵把守,防范黄巾军进入洛阳;其二,北中郎将卢植率军渡河北上进攻张角的大本营;其三,左中郎将皇甫嵩、右中郎将朱儁率部围剿颍川的黄巾军。

双方就此交上了火,你来我往,互有胜负。

就在胶着之际,传来一个惊人的消息——张角挂了,而且是病死的。

这就有意思了,用符水包治百病的"半仙"自己却先病死了,让追随的信徒情何以堪。

形势急转直下,张角病死同月,张梁战死,又过一月,张宝也被斩杀。

张角、张梁、张宝都挂了,黄巾起义宣告失败,虽然还有些残余势力,但已经无关大局。

这次造反,起初声势很大,感觉会打很久,但实际上从二月起事,大半年后便偃旗息鼓。

为什么会这样?如果让张角分析原因,他肯定要讲如下客观理由:

其一，计划被叛徒出卖，没完全准备好，只能仓促发动；

其二，面对的敌人不仅有政府军，还有各地豪强地主武装；

其三，东汉王朝战力尚存，特别是拥有皇甫嵩、朱儁等名将。

说来说去就一句话，不是我们不行，是敌人太强大了。

这些是理由吗？的确是，但最关键的没说——这场起义败就败在张角身上。

这位"天公将军"好像是为了造反而造反，脑子里根本没有战略，一副打到哪里算哪里的样子。

擒贼先擒王，起义之初，洛阳布防空虚，如果集中主力南下，直捣京城，东汉朝廷想必早已"关门歇业"了。

张角倒好，几个月里就在河北大地瞎转悠，忙着烧官衙、毁庄园、抢粮食，只想着多占几个城池。

想弱弱地问一句张角，您到底有没有主攻方向？

更让人不解的是，张角只顾着自嗨，不想着联络各地的黄巾军，导致各自为战，无法形成合力，最后被政府军各个击破。

张角犯了不少错误，不过有一说一，他白手起家的经历对于创业者大有裨益。

如何将一个创业公司做大,至少从中可以获得这样几点启发。

一是要有共同的愿景。大伙儿凑在一起总得有个共同目标,张角定位的愿景很明确,往大了说是天下太平,往小说是填饱肚子。

二是要有吸引人的手段。人家投奔你总是要图个啥,是收入、官职还是发展前景,张角的手段是万能的符水。

三是要有广泛的渠道。朋友多了路好走,三教九流,各色人等都要结交,学学人家张角把皇帝身边的宦官都发展成了卧底。

四是要有严密的组织架构。是母子公司还是总分公司,是有限授权还是"负面清单",总之要能实现有效管控,张角的分公司制其实就挺不错的。

五是要有响亮的经营口号。口号不能瞎起,又要朗朗上口,又要显得有文化,"苍天已死,黄天当立,岁在甲子,天下大吉",完全符合这两点要求。

六是要有统一的着装。制服是门面,看上去像一个公司的样子,不过只裹一块黄布太过简单,如果经费足够,可以搞得更正规一些。

玩笑归玩笑,还是要说一说黄巾起义的历史意义,官方的说法是:张角领导的黄巾起义震撼了东汉王朝的根基,直接导致东汉末年军阀割据混战,进而演变为三国鼎立的局面。

一句话,没有黄巾起义就没有后来的三国演义。

黄天未立,依旧黑暗,不过在暗夜中,有一些星辰即将闪烁耀眼的光芒,他们是曹操、刘备、孙坚……

刘宏根本没有意识到动了根基,只是觉得晃了晃而已。本来做好了持久战的准备,没想到张角这么不禁打。

他可以继续按照自己的方式生活了,该卖官卖官,该捞钱捞钱,该玩乐玩乐。

只是,这样的日子只持续两年,公元189年,刘宏挂了,活了33岁。如此早见了阎王和他自我加压的私生活应该有很大关系。

刘宏在死前又办了两件大蠢事。

一是同意设置州牧,这个职位凌驾于刺史、太守之上,将行政权、军权和赋税权集于一身,为搞独立王国创造了条件,也成为东汉覆灭的一个重要推手。

二是想废长立幼,关键是自己生前下不了决心,想着死后借助宦官蹇硕来完成重任。结果蹇硕没有除掉大将军何进，反而被何进所杀。

何进又想除掉宦官集团"十常侍"，接下来就是董卓进京，再接下来大家都知道了，因为《三国演义》从这里接上了。

刘宏的谥号为"灵"，所以称他为"汉灵帝"，解释是"乱而不损曰灵"。

"乱"很贴切，确实够乱的，荒淫无道，声色犬马，卖官捞钱，重用宦官，几乎没干过什么好事。

"不损"就有些不恰当了，虽然表面上看东汉不是亡在他手里，但实际上刘宏已经将这个王朝整得散了架，灭亡只是迟早的事情。

各路人马从此粉墨登场，有枭雄，有豪杰，有无赖，也有小人，反正是挺热闹的。后来罗贯中整出一本《三国演义》就更热闹了。

就以明代杨慎的《临江仙·滚滚长江东逝水》作为结尾吧，这也是1994年版电视剧《三国演义》的片头曲。

　　滚滚长江东逝水，浪花淘尽英雄。是非成败转头空。青山依旧在，几度夕阳红。

　　白发渔樵江渚上，惯看秋月春风。一壶浊酒喜相逢。古今多少事，都付笑谈中。